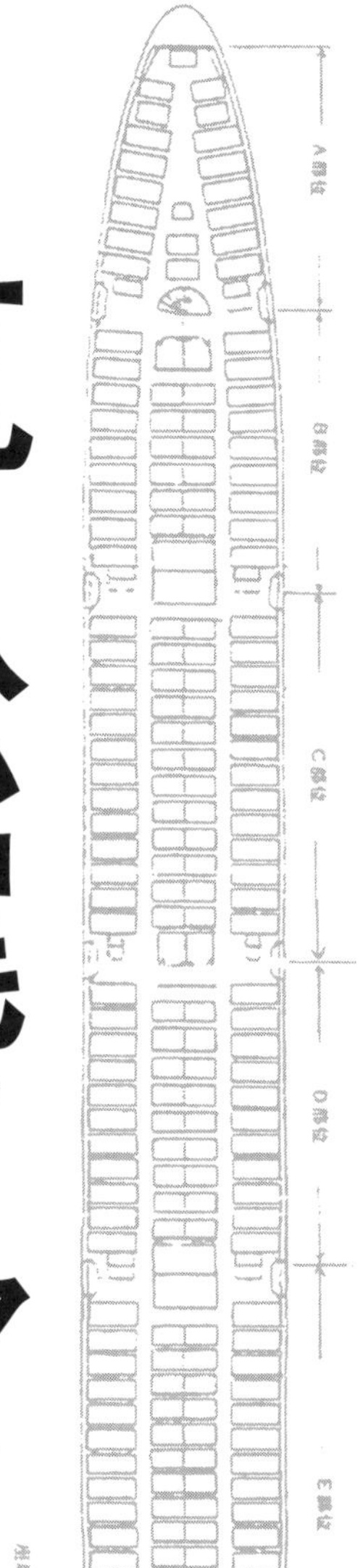

日航・松尾ファイル

日本航空はジャンボ機墜落事故の加害者なのか

木村良一

徳間書店

はじめに

7年前の夏、北アルプスの剱岳《つるぎだけ》に登った。

剱岳は新田次郎の小説『劒岳・点の記』の舞台として知られ、この小説では陸軍の陸地測量部と民間の山岳会が初登頂を競い合う。深田久弥の『日本百名山』では「太刀《たち》（剣）を立ちつらねたようなさま」と形容され、「永らく登頂不可能の峰とされていた」と説明している。深田はその風格について「どこから見ても断崖と岩壁に鎧《よろ》われていて、どこから登り得るか見当のつけようさえなかった」とも記す。

高原バスで室堂平に入り、1泊する剱御前《つるぎごぜん》小舎《ごや》に向かう。その山小屋で夕方、剱岳が目の前の雲の中から突然現れた。大きなその山容は、まるでゴジラの背中のようにゴツゴツした岩々の塊で覆われ、圧倒される。一体この山は、どこからどう登ればいいのか。威圧感だけではなく、恐怖感さえ覚えた。

翌日の早朝、剱岳直下の剣山荘に立ち寄ってザックの中の余計な荷物を置いて親しいプロの登山家のガイドで一気に登った。初めての登頂だった。一服剱、前剱、平蔵のコル、カニのたてばい（50メートル続く垂直の岩場）…と登っていくと、標高2999メートルの頂を有するだけに高度感はある。しかし、垂直の岩壁でも大きな岩と岩の間に自分の体がすっぽりと入って岩々に包まれると、周囲が見えなくなり、恐怖感はない。離れたところから眺めるのと、実際に岩肌に取り付いて登ってみるのとでは感じ方が大きく違った。

ところで、社会を観察する方法に「鳥の目」と「虫の目」というのがある。鳥の目は空の高みから広く鳥瞰する見方で、虫の目は地べたをはい回りながら1つ1つをきめ細かく確認するという観察方法だ。社会を観察して真相を探り出し、真実を判断するにはこの鳥の目と虫の目が欠かせない。取材でもこの2つを巧みに使いこなしながら取材対象を眺めて考えることが大切だ。視点を変えると、発想も考え方も感じ方も違ってくるからだ。

事件や事故の取材は、それが起きた現場に出かけて加害者や被害者の気持ちになって考えてみると、取材の新たな糸口が見えてくることがある。遠くから眺めていると分からなかったことが、近づいてみると理解できるようになる。その逆に離れて眺めてみると、取材対象に近寄っているときには見えなかったものが見えてくる。

登山にしても山肌に接しながら登り切って頂上に立つと、頂上からの景色に心を動かされる。眼下には尾根と沢がいく筋も延び、遠くには山々が霞んで見える。虫の目で登り、鳥の目で頂上に立つ。登山の醍醐味である。

鳥の目と虫の目は空と地という空間的相違を利用した観察方法だが、社会は過去と現在という時間的相違からも観察できる。事件や事故が起きた直後と時が過ぎた後では、その見え方が違ってくる。時間の経過がまとわり付いていた社会通念や固定観念、雑念を拭い去ってくれるからである。

過去の事件や事故について関係者をあらためて取材して考え、当時のことが書かれた新聞や雑誌の記事を探しては読んで考察する。そうすることで真相により迫ることができると思っている。

劒御前小舎に入ってしばらくすると、雲の合間から劒岳が姿を見せた＝2017年9月3日17時51分、富山県立山町・上市町（撮影・木村良一）

目次

目次

目次

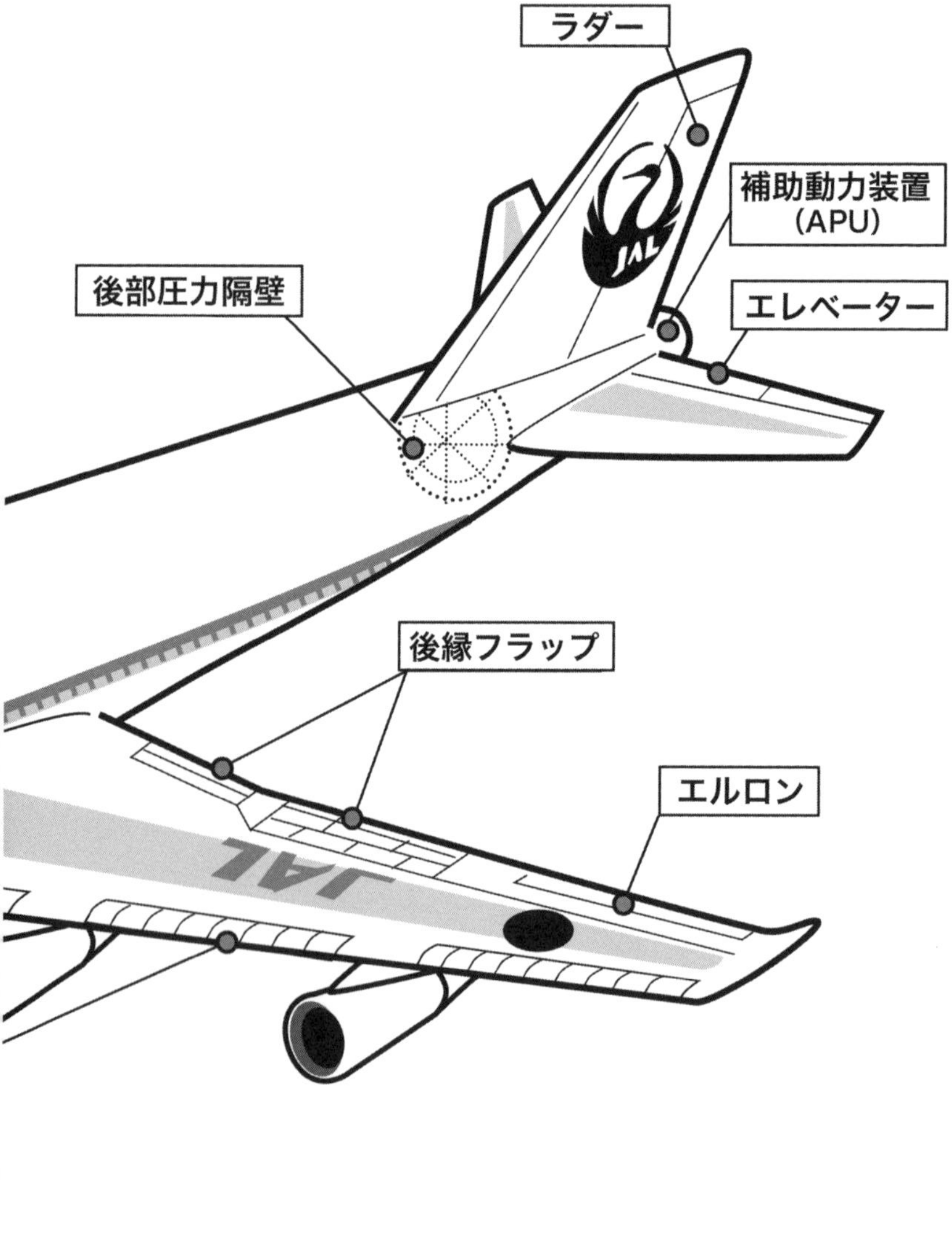
ラダー
補助動力装置
(APU)
後部圧力隔壁
エレベーター
後縁フラップ
エルロン

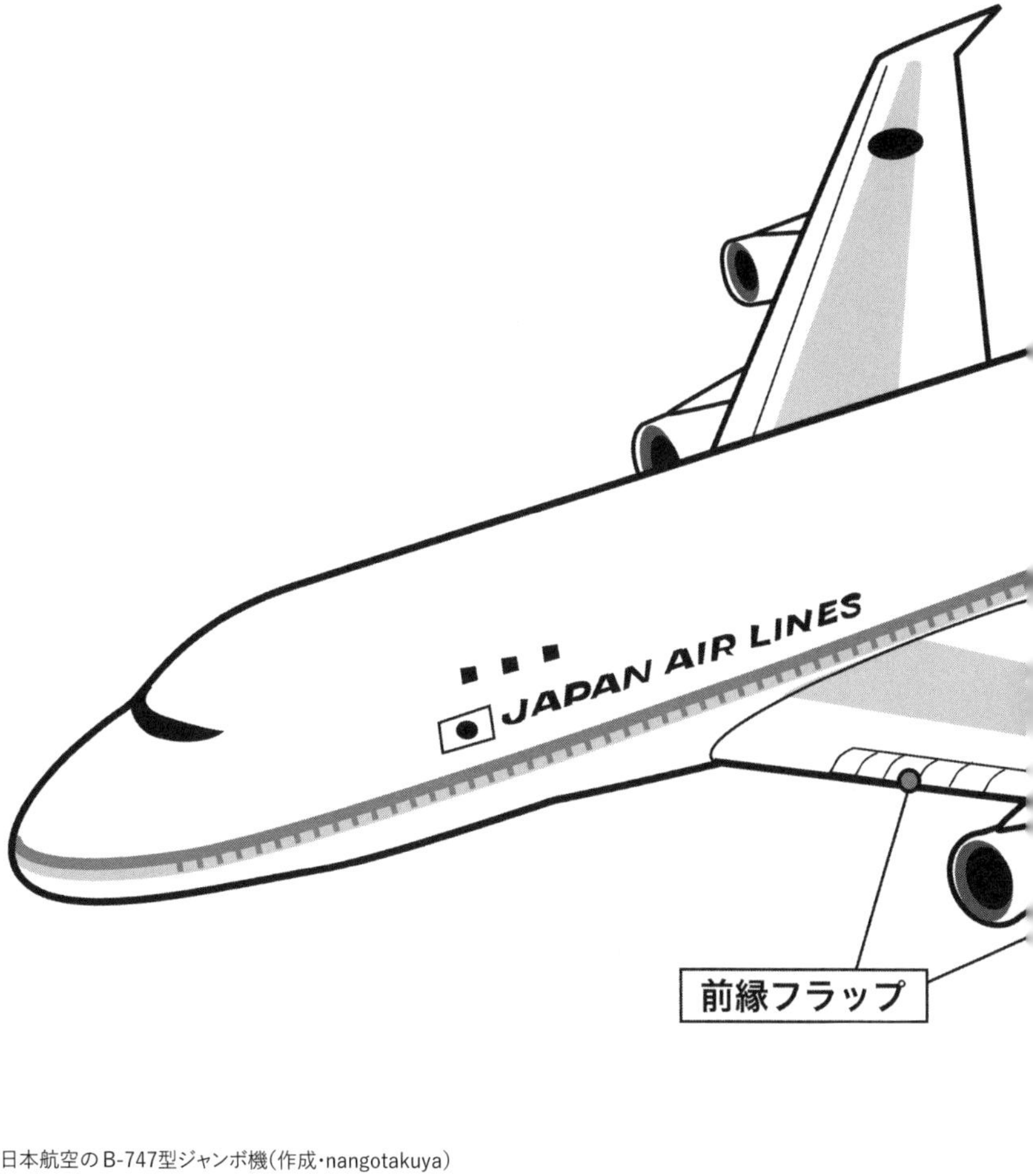

日本航空のB-747型ジャンボ機（作成・nangotakuya）

序章 疑問が次々と湧いてくる

航空史上最悪の「日航ジャンボ機墜落事故」のあるファイルを手に入れた。入手のいきさつは後で説明するが、「手に入れた」というよりも「託された」のだと思っている。もちろん、このファイルが外部に出るのは初めてのことである。

ファイルは１９８５（昭和60）年8月12日の墜落事故の発生時、日航取締役の整備本部副本部長で、日航社内で事故原因の調査を担当した最高責任者の松尾芳郎によって書かれ、まとめ上げられた。松尾は事故当時54歳だった。

墜落事故の機体（型式Ｂ‐７４７ＳＲ‐１００、国籍・登録記号ＪＡ８１１９）が7年前に大阪国際空港（伊丹空港）で起こした「しりもち事故」のときには松尾は技術部長という要職にあり、後部圧力隔壁の修復を含めた機体の修理をアメリカの航空機メーカー、ボーイング社に「すべて任せるべきだ」と進言した人物である。後にこの圧力隔壁の修理ミスが墜落事故の原因に結び付くことになる。

ファイルには松尾が警察と検察に受けた事情聴取の内容が克明に記されている。松尾は群馬県警察特別捜査本部の取り調べが終わると、取り調べの内容やその様子をノートに書き上げ、その日のうちに宿泊先の前橋市内のホテルからファクシミリで東京・丸の内の日本航空の本社に送った。いまと違いパソコンや携帯電話はなく、ファックス、固定電話、郵便が伝達手段だった時代である。

日航ジャンボ機墜落事故の取材でも、新聞社やテレビ局は墜落現場の山中から原稿や写真、映像、音声を送るのにかなり苦労した。無線機を使って送稿、送信しようとしても電波の届きが悪かった。中継の電送車やヘリコプターを配置したが、それでも思うようには送れなかった。

ファイルには墜落事故に関する日航の資料はもちろんのこと、墜落事故に対する松尾自身の意見や考え方、見解も書かれている。日航の内部文書であると同時に松尾の個人的資料でもある。それゆえ、このファイルを「日航・松尾ファイル」と呼び、そのまま本書のタイトルに据えた。ファイルの大半は松尾の手書きである。松尾とやり取りしたメールの記載内容もファイルの一部だと筆者は考え、本書に入れた。

◇

松尾は慶應義塾大学工学部機械工学科を卒業して１９５４（昭和29）年4月に日航整備会社（１９６３年に日本航空に吸収合併される）に入社し、入社の翌年にはアメリカのカリフォルニア大学バークレイ校工学部に留学し、復職後は一貫して技術・整備畑を歩んだ日航生え抜きの航空技術者（航空エンジニア）である。１９３０（昭和5）年9月30日生まれだから卒寿の90歳を軽く超えている。だが、そんな高齢とはとても思えない活躍ぶりで、ＩＴ（情報技術）の知識を駆使して運営するＷｅｂサイト（ＴＯＫＹＯ ＥＸＰＲＥＳＳ）に自らの航空論文を掲載し、時間を見つけては好きなゴルフに打ち込む日々を送っている。

松尾に対する本格的な取材は２０２２年の春から始めた。新型コロナウイルス感染症が流行を繰り返すなかで、通常だったら高齢の松尾に対する取材は難しいだろう。だが、幸いなことに松尾はパソコンを使う能力にも長けていた。ファイルを繰り返し読みながら、メールで何度もやり取りすることができた。筆者は基本的にメールでの取材は避けているが、今回はメールという現代のツールがとても役に立った。

◇

ファイルを読み込むと、任意の事情聴取にもかかわらず、警察や検察が松尾の刑事責任を厳しく追及する様子がよく伝わってくる。群馬県警の取り調べでは「お前」「あんた」と呼ばれ、まるで殺人事件の容疑者のように何度も怒鳴られ、日航の刑事責任を容認するよう強要された。群馬県警の取調官に刑事責任があることを認める供述調書を強引に取られそうになったこともあった。

松尾に対する群馬県警の取り調べは、事故原因を特定した運輸省（現・国土交通省）航空事故調査委員会の事故調査報告書が公表された4カ月後の1987（昭和62）年10月29日から始まった。ファイルにはたとえば、こんなくだりがある。

〈「警察をなめるな」「俺の言うことが分からないのか」「こんなことでは逮捕勾留しての取り調べもあり得る」〉（1987年11月25日付）

〈「お前は諸規定を自分の都合の良いように説明している」「この調子で警察の言うことを理解しない態度を続けると取り調べはかなり長くなるぞ」「技術部としての責任を認めるべきだ」〉（同年12月9日付）

〈相手（群馬県警）側は時間切れをチラつかせて回答を急がせ、自分たちの意図する方向に調書を作ろうとする態度が見える。まったく油断できない〉（1988年4月27日付）

人権を無視した取り調べ、事情聴取である。松尾に対する事情聴取が始まる前の1987年3月には、群馬県警の取り調べを受けていた元運輸省職員が自殺している。群馬県警の事情聴取は聴取相手を自殺に追い込むほど過酷なものだった。それでも松尾は自分や日航に過失のないことを群馬県警の取調官に繰り返し説明し、決して自らの主張を曲げなかった。日航、運輸省、ボーイング社の関係者とともに業務上過失致死傷容疑で前橋地方検察庁に書類送検されたが、結果は全員が不起訴で終わっている。群馬県警の取り調べがいかに理不尽だったかがよく分かる。

それにしてもどうして群馬県警はここまで刑事立件にこだわり、やっきになったのか。検察（検察は前橋地検と東京地検の合同捜査）の事情聴取も甘くはなく、厳しいものだった。警察や検察が松尾の取り調べを始める前にボーイング社は「事故の原因は自社の修理ミスにある」と認めた。ところが、警察と検察は「日航が修理中及び修理終了直後の領収検査で修理ミスを見逃した」「その後の定期検査でも修理ミスによって発生する亀裂（クラック）を見落とした」と判断し、非情な取り調べを続けた。なぜだろうか。捜査の土台となった航空事故調査委員会の調査は的確だったのか。ファイルを読んで感じる大きな疑問である。

◇

1978（昭和53）年6月2日のしりもち事故の後、日本航空はJA8119号機に仮の修理を施し、大阪・伊丹空港から東京・羽田空港に飛ばした。圧力隔壁などが壊れていたので与圧せずに通常より低い高度で飛んだ。羽田空港に着陸すると、機体を日航のハンガー（格納庫）に運び込み、ボーイング社の修理チームを待った。この空輸には当時、整備本部の技術部長だった松尾もコックピット（操縦室）のオブザーバー・シート（補助席）に座って同乗している。

松尾の進言によって日航はボーイング社の航空技術を信頼し、機体の修理をすべて任せた。ボーイング社の航空技術は世界最高の水準にあると言われていたし、機体はボーイング社が製造したものだった。日航が修理を委託するのは当然だった。しかし、ボーイング社は後部圧力隔壁の修理で、1枚の中継ぎ板を2枚に切断して上部半分と下部半分の接続部の一部にそれぞれ差し込み、結果的にリベットが1列打ちと同じ状態となり、隔壁の強度が落ちた。初歩的で単純なミスだった。

何度も飛行を繰り返す間に金属疲労から多数の亀裂が生じ、隔壁は7年後の飛行で破れた。それが1985（昭和60）年8月12日に起きた、520人の命を奪った航空史上最悪の日航ジャンボ機墜落事故である。

墜落事故の概要をもう少し説明してみよう。乗客乗員524人を乗せた日航123便（JA8119号機）は、羽田空港を離陸して12分後に「ドーン」という異常音とともに客室内の与圧空気が圧力隔壁の裂け目から一気に吹き出した。旅客機は地上とほぼ同じ気圧を保って飛行するために客室内は与圧されている。つまり、航空機は風船のように膨らんだ状態で飛ぶ。客室と機体尾部の非与圧空間とを仕切っているのが、大きなお椀の形をした後部圧力隔壁（直径4・56メートル、深さ1・39メートル）だ。

圧力隔壁の裂け目から機体尾部の非与圧空間に吹き出した与圧空気は、上部の垂直尾翼を吹き飛ばすとともに機体をコントロールする4系統すべての油圧装置（ハイドロリック・システム）を破壊した。機体は操縦不能となった。

ドーンという異常音で始まる隔壁の破断から機体尾部の破壊まで1秒もかかっていない。破断、破壊は瞬間的に起きていた。それだけ与圧空気の力は強く、すさまじかった。

コックピットの機長や副操縦士たちは何が起きたか分からず、32分間、機体を激しく上下左右に揺さぶられながら迷走飛行を強いられた末、午後6時56分過ぎ、群馬県多野郡上野村の御巣鷹の尾根に墜落した。

◇

なぜ世界最高の高度な技術を持つボーイング社の修理チームが初歩的な修理ミスを犯したのだろうか。圧力隔壁の修理はしりもち事故で壊れた下半分を新品と交換して既存の上半分に接合するもので、ボーイング社の修理チームにとっては簡単な作業だった。板金加工並みの単純な仕事である。羽田空港の作業現場でアメリカ連邦航空局（Fed

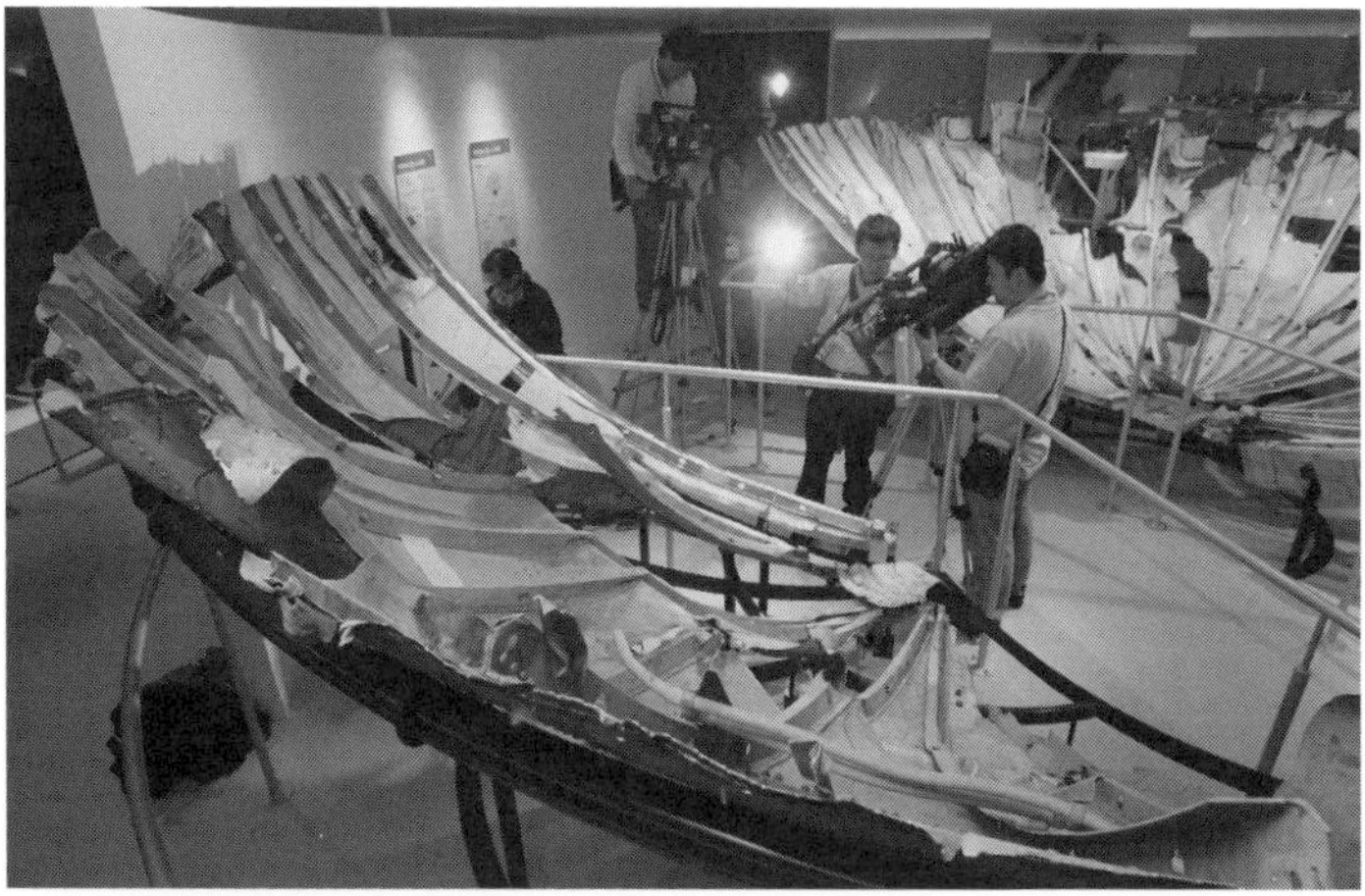

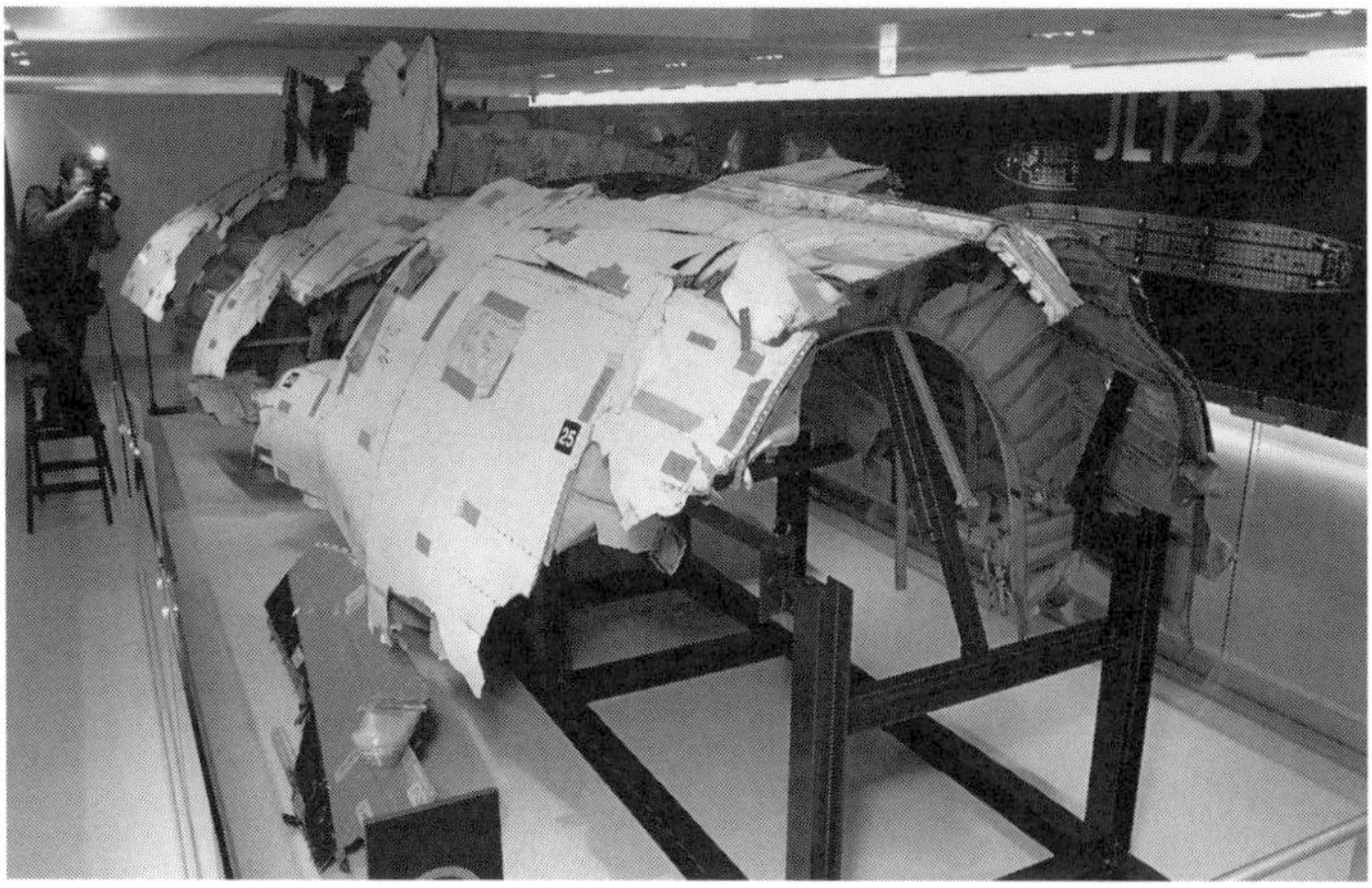

日航123便の後部圧力隔壁（写真上）と後部胴体の一部（写真下）。ともに日航安全啓発センターに展示され、隔壁は上半分と下半分がそれぞれやぐらの上で固定されている。2006年4月19日に報道陣に公開され、撮影された。同センターはその5日後の4月24日に東京モノレール・整備場駅近くのビルにオープン、2013年12月10日から新整備場駅前のビルに移された＝東京都大田区羽田空港

eral Aviation Administration＝FAA）の認定資格を持つ、ボーイング社の技術者（エンジニア）が作業員（メカニック）に出した作業指示・記録書（Field Rework Record＝FRR）は間違ってはいなかった。だが、作業員は指示通りに修理をしなかった。なぜ指示通りに作業をしなかったのだろうか。

日本航空はボーイング社を信頼して契約を結んで修理を依頼した。ボーイング社にとって日航は顧客である。日航は大切なお得意さまだ。それにもかかわらず、日航は裏切られた。もちろん日航に安全運航上の義務や責任はあるが、日航・松尾ファイルを読み進むと、ジャンボ機墜落事故の責任は全面的にボーイング社にあることが分かってくる。日航は本当に加害者なのか。被害者ではないのか。どうして日航はボーイング社に対し、訴訟を起こさなかったのだろうか。

ボーイング社はジャンボ機墜落事故の1カ月後にしりもち事故の修理ミスが事故原因であることを認めた。JA8119号機だけの固有の問題にとどめたかったからだろう。ただし、修理ミスが事故原因だと認めてもボーイング社はその修理ミスがどうして起きたかについて背景を含めこの40年近く、何も明らかにしていない。

問題の修理ミスは修理作業の過程でどのように起きたのだろうか。後部圧力隔壁の上半分と下半分をつなぎ合わせる際、接合面の一部分が不足して1枚の中継ぎ板を使う指示が出された。だが、作業員はこの中継ぎ板を2つに切り分けて使用した。そのために強度不足が生じた。なぜそんな作業をしたのか。ボーイング社は当然、修理ミスが起きた原因を究明・検証したと思うが、どうしてその内容をつぶさに日本側に伝えなかったのか。

ボーイング社だけではない。アメリカの司法当局も日本の警察や検察の国際捜査共助の求めに応じなかった。元首相の田中角栄を逮捕したロッキード事件のときには、アメリカは日本の求めに応じて嘱託尋問まで行った。それなのになぜ、日航ジャンボ機墜落事故では日本側の捜査共助の要請を断ったのだろうか。政治・外交レベルでの日本とアメリカの関係はどのようなものだったのかも考える必要がある。

ここまでざっと考えただけでも疑問が次々と湧いてくる。

◇

これから書き出す文章には、普段見られない航空用語や難解な航空理論、航空機の構造論などが登場する。できる限りかみ砕いて分かりやすく書き進めていきたい。そのために繰り返し説明することもある。

ファイルや松尾芳郎とのメールでのやり取り、それに事故調査報告書、専門書、関係書籍、当時の新聞記事などの資料からの引用文は基本的に〈〉や「」で示し、なるべくそのまま記述するが、読みやすくするために省略したり、手を加えたりする場合もある。この序章を含め、第1章から第6章まで登場人物の敬称は省略する。章を構成する各項には1〜30の通し番号を振ることにする。

第1章

機影がレーダーから消えた

1 ミステリアス

松尾芳郎は愛車を運転して川崎市内の自宅から日航整備本部のある羽田空港まで通勤していた。

愛車はホンダ・アコードの最新モデルだった。夜間でも映えるようにと、ボディカラーはベージュを選んでいた。その後もホンダの車種を乗り継いでいくが、松尾には日本の航空エンジニア（技術者）の1人として小型航空機と航空機用エンジンの研究・開発からスタートして、世界の航空業界で認められるビジネスジェット機まで製造できるようになったホンダ（ＨＯＮＤＡ、本田技研工業）を応援したいという思いが強くある。

その日は愛車ではなかった。所用があったため、日中の仕事を終えた後、役員が使う社用車の黒塗りのハイヤーに乗って都内に向かっていた。松尾は１９８３（昭和58）年6月から技術部門を統括する取締役・整備本部副本部長という役職に就いていた。54歳だった。

◇

整備本部は航空機の点検・整備と改修、それに次期運航機を検討することが主な業務となっている。パイロットの訓練や飛行計画は運航本部が担当し、キャビン・アテンダント（ＣＡ）の訓練と客室サービスは客室本部が受け持った。このほかに営業本部、運送本部、貨物本部があり、日本のナショナル・フラッグ・キャリア、日本航空（ＪＡＬ）を支えていた。

大きな会社組織とはいえ、１９５３（昭和28）年10月の日本航空株式会社法の施行以来、34年間、日航は政府から出資を受ける半官半民の特殊法人だった。１９８７（昭和62）年11月18日、日航株式会社法の廃止法が施行されると、日航は完全民営化する。

◇

松尾を乗せた社用車が首都高速1号羽田線を走っていたそのときである。緊急のニュースが車のラジオから流れた。

「運輸省の救難調整本部（ＲＣＣ）に入った連絡によりますと、12日午後6時50分から午後7時にかけ、東京発大阪行きの日航１２３便の機影が埼玉県所沢市にある東京航空交通管制部（東京ＡＣＣ）のレーダーから消えました。１２３便の機種は、Ｂ（ボーイング）-７４７型です。ジャンボ機です」

「繰り返します。臨時ニュースを申し上げます。日航１２３便の機影がレーダーから消えました」

運輸省は航空から鉄道、海運まで日本の交通行政を担う霞が関の中央省庁で、２００１（平成13）年1月の省庁再編によって建設省や国土庁とともに統合され、現在の国土交通省へと名称が変わる。ＲＣＣとは「Ｒｅｓｃｕｅ Ｃｏ-ｏｒｄｉｎａｔｉｏｎ Ｃｅｎｔｅｒ」の略だ。東京・羽田の運輸省東京空港事務所に設置されている救難調整本部を指す。航空機が遭難あるいは行方不明になったときに運輸省（当時）、警察庁、防衛庁（同）、海上保安庁、消防庁が結んだ協定に基づいて捜索・救難活動の調整を担う。

羽田空港では日航ジャンボ機墜落事故の前年(1984年)1月から沖合展開事業がスタート。拡張が進んでいった=1997年5月21日撮影

ラジオのアナウンサーが読み上げた臨時ニュースに松尾は思わず、「大変なことが起きた」と声を上げ、不安に襲われた。

「東京から大阪に向かう最終便の1つ前の便だ。満席に違いない」

「しかもジャンボ機だ。500人以上は乗っている。あすからお盆休みが始まる。帰省客や家族連れも多いはず」

「外はすでに暗くなっている。捜索が難しくなる」

「とんでもない事故が起きた」

松尾は次々と思いをめぐらせた。愛車を運転しているわけではなく、ハイヤーの後部座席だったからいろいろと考えることができた。しかし、情報が足りない。日航のオペレーションセンターに問い合わせたくとも、社用車のハイヤーには自動車電話が付いていなかった。もちろん、いまと違い、携帯電話などない。ポケットベルも持っていなかった。情報が少ないなかで不安は膨らむばかりだった。

「高速を降りて公衆電話を見つけ、オペセンに電話を入れるよりも直接行った方がいいだろう」

松尾は所用を先送りにすることを決め、運転手にUターンしてすぐに羽田に戻るように告げた。

この日の日没は午後6時40分だった。辺りはすでに薄暗くなっていた。松尾を乗せたハイヤーはライトを上向きに替え、首都高速1号羽田線を東京国際空港（羽田空港）の日航オペレーションセンターに向けてスピードを上げた。

オペレーションセンターは本社機能と運航部門が入った航空会社のいわば心臓部である。オペセンの通称で呼ばれている。

◇

この日、1985（昭和60）年8月12日（月曜日）は高温多湿の蒸し暑い1日だった。東京の最高気温は31・5度、最低気温は25・7度。西から太平洋高気圧が張り出し、関東周辺の大気の状態は不安定で、午前中は晴れていたが、午後から雲が出てきた。夕方になると、北関東の山間部には積乱雲がいくつも発生した。大気はこの季節特有の湿り気を持ち、風は生温かく、それが夜まで続いた。

◇

ところで、飛行経路や高度を管制官の指示を受けながら飛ぶ計器飛行方式の旅客機は、大きく分けて空港とその周辺を担当する離陸・進入管制と、それより先の航空路をカバーする航空交通管制によって支えられている。領空侵犯などを警戒する航空自衛隊のレーダーサイトなども日本の空を監視している。つまり、旅客機は常にいくつものレーダーでチェックされていることになる。日航123便は離陸後の羽田空港進入管制所（東京APC、東京ターミナル管制所）の管制下からその先の埼玉県所沢市の東京航空交通管制部（東京ACC）の管制下に移っていたが、この両者の管制を含む複数のレーダーサイトから機影が消えたというのである。
APCはApproach Controlのことだ。一方、ACCはArea Control Centerの

パンアメリカン航空が世界で最初にB-747型ジャンボ機を定期便に就航させた。そのパンナムのジャンボ機が初めて日本に飛来、多くの航空ファンが見学に集まった=1970年3月11日、東京・羽田空港

略で、空域を札幌、東京、福岡の3つに分けてそれぞれに管制所を設置し、高い巡航高度を飛ぶ航空機に対して飛行間隔や高度を指示する運輸省の航空交通管制部を指す。

航空に携わる者にとって機影がレーダーから消えるということは、そのまま墜落事故の発生を意味する。それが航空界の常識である。少し引いて考えると、どこかに不時着できたか、あるいは墜落したかのどちらかになる。だが、いずれにせよ、異常事態には違いない。レーダーがカバーする高度よりもかなり低い高度を飛んでいることも想定できるが、燃料が尽きれば墜落するし、低空飛行は山に激突する危険性がかなり高い。

整備部門で技術畑を歩んできた日本航空を代表する航空技術者であり、自家用操縦士技能証明書（１９６７年12月取得）や3等航空通信士技能証明書などを持ち、小型飛行機の操縦桿を握る航空知識の豊富な松尾が「大変なことになった」と判断したのはしごく当然のことだった。

大半の航空事故は「クリティカル・イレブン・ミニッツ」といって、離陸後の3分と着陸前の8分を合わせた11分間に起きている。だが、日航１２３便ジャンボ機の墜落事故はこの魔の11分の法則から外れていた。しかもジャンボ機の安全性は、それまでの機種に比べ、高く評価されていた。

日航１２３便の機影がレーダーから消えたのは、飛行計画だと伊豆半島手前の相模湾上空で上昇飛行を終え、安定した巡航（水平）飛行に移ろうとしていた時間だ。B-７４７型ジャンボ機が巡航飛行途中に墜落するような事故は、なかったと言っていいだろう。しかし、「レーダーから機影が消えた」という以上、何らかのトラブルが発生したことは間違いない。巡航中のジャンボ機の墜落事故となれば、世界中で６００機も就航していたジャンボ機の安全神話が大きく崩れ去ることになる。

日航１２３便に一体、何が起きたのか。松尾をはじめ第1報を聞いた航空従事者や航空関係者は疑問を持った。どう考えても極めてミステリアスだった。

◇

「ジャンボ」の愛称で親しまれたB-７４７型機は、１９７０（昭和45）年4月に1号機を日本航空が導入（ボーイング社からの受領）し、日本の空に初めて登場した。それまでの旅客機とは違い、4基のエンジンを主翼下面に吊るし、2倍の５００人以上の乗客を運べるというのが最大の特徴だった。ワシントン州シアトルで誕生した、アメリカの航空機メーカーのボーイング社によって製造され、初飛行は１９６２年2月だった。

このB-７４７型機の登場によって世界の航空業界は高速大量輸送時代に突入した。航空運賃が引き下げられ、世界各国の人々にとって海外旅行が身近な存在となった。日本では高度経済成長期の１９６４（昭和39）年に海外渡航が自由化され、庶民が外国に行く機会が年々増えていた時代であり、さらにその後のバブル経済（１９８６年12月〜１９９１年2月）の到来とともにジャンボ機による安いパック旅行が海外旅行ブームに拍車をかけた。短時間で安く国内外に飛べるとあってビジネスマンにも高い人気があった。航空旅客の数は右肩上がりで増えた。B‐747型機は急成長を遂げる日本経済にとって欠かせない存在だった。

日本航空はB‐747型ジャンボ機を2011（平成23）年10月の全機引退までに計113機を保有した。ライバル会社の全日本空輸（ANA）も1979（昭和54）年から2014（平成26）年にかけ、計47機を運航した。

利点は500人以上を運べるその大きさだけではなく、当時の最新の航空技術によって何重にも安全性が保たれ、「安心して操縦できる機体」と世界のエアライン（航空会社）やパイロット、航空関係者から高い信頼を得ていた。

1988年4月にはコンピューター技術を駆使してヒューマンエラー（人為的ミス）をなくし、機長と副操縦士（Co‐Pilot、コ・パイ）の2人で操縦できるハイテクジャンボ機（B‐747‐400）が登場（初飛行）し、「ダッシュ400」の通称名で親しまれた。それ以前の航空機関士（FE、フライト・エンジニア）の必要な機体は「クラシックジャンボ」と呼ばれた。日航は1990年1月にこのダッシュ400を導入している。

ボーイング社は2023年1月31日、1574機目となる最後の機体をアメリカの航空貨物会社のアトラス航空に引き渡し、ジャンボ機の生産をすべて終了した。

◇

皮肉なことに高速大量輸送の機体ゆえ、日航ジャンボ機墜落事故では520人という多くの死者を出した。航空事故としてはいまもなお最大の死者数である。ただし、参考までに挙げると、1977年3月27日にスペイン領のカナリア諸島・テネリフェ島のロスロデオス空港で起きたジャンボ機同士の地上衝突事故では、両機合わせて583人の死者数を記録している。雲と霧で視界が悪い中、滑走路上でKLMオランダ航空のジャンボ機とパンアメリカン航空（パンナム）のジャンボ機が正面衝突した事故で、航空史上最悪の事故と語り継がれている。

新聞やテレビで日航ジャンボ機墜落事故を説明する際に「単独機の航空事故として史上最大の死者数を出した」と「単独機」と断るのは、このテネリフェ島での衝突事故が520人を超える583人の死者数を出しているからである。

2 フラッシュ（速報）

他社に先駆け、第1報を報じたのは時事通信社だった。8月12日午後7時13分、新聞各社やテレビ各局の編集局に「緊急」を知らせる「プー、プー」という低い音とともに短く1行だけ「東京発大阪行きの日航123便がレーダーから消えた」と書かれた感熱紙が、時事通信専用のファクシミリから流れ落ちた。フラッシュ（速報）だった。

東京（羽田）空港事務所の航務課から「迷走飛行の情報」をつかんだ羽田空港記者クラブ詰めの時事通信の記者が、墜落直後に打ったスクープだった。松尾芳郎が社用車のハイヤーの中で聞いた臨時ニュースもこの時事通信の速報がもとになっていた。後のコックピット・ボイス・レコーダー（CVR、操縦室内音声記録装置）とデジタル・フライト・データ・レコーダー（DFDR、計数型飛行記録装置）の解析によると、墜落時間は午後6時56分だ。時事通信社は墜落後わずか17分後の午後7時13分に速報を報道各社に配信している。通信社らしい速報の特ダネである。この特ダネを書いた記者はわずか10数分間で航空担当記者として自分の培った取材ルートを通じて数カ所に確認の取材を行い、1行の記事を本社の社会部に送った。結果は大きなスクープだった。しかし、確認作業が十分にできなかったら記事は送れなかっただろう。

◇

墜落場所は群馬、長野、埼玉の3県境にまたがる三国山（1834メートル）に近い「御巣鷹の尾根」（群馬県多野郡上野村大字楢原字本谷3577番地、三国山の北北西約2・5キロメートルにある標高1565メートルの北緯35度59分54秒、東経138度41分49秒付近）だった。日本のチベットといわれ、人家などまったくない山中だ。実際には御巣鷹山（1639メートル）の尾根とは別の、名前もない尾根だった。墜落事故後に上野村の村長が御巣鷹の尾根と名付けた。

◇

新聞社やテレビ局の編集局は時事通信社の緊急音とフラッシュには慣れていた。通常はびっくりするようなニュースはまずなかったからだ。自社の取材や共同通信社の配信で知っているニュースが多く、中には時事通信が配信した記事の差し替えや訂正のケースもよくあった。しかし、このときばかりは違った。どの新聞社の編集局も社会部、整理部、写真部の各部署にストンと落ちてきた速報のファックスを見てみな驚いた。「大変だぞ」と叫んだ。編集局内はハチの巣を突っついた騒ぎとなり、社会部では遊軍長（クラブ詰めでなく、社をベースに活動する遊軍記者のトップ。部次長クラス）が警察庁、警視庁、司法などの各記者クラブに次々と電話を入れ、記者の大半に社に上がるように命じた。取材に出ていた遊軍記者や泊まり明けで既に帰宅していた部員もポケベルで呼び戻した。その日の当番のデスクは運輸省や羽田空港に詰めている記者と連絡を取り、時事通信のフラッシュの確認を急いだ。大阪社会部とも何度

墜落現場は11時間たってもくすぶり続けた＝1985年8月13日午前5時40分、群馬県上野村の御巣鷹の尾根

も連絡を取り合った。すぐに共同通信も高音の「ピーコ」で始まる緊急を知らせるアナウンスとともに配信記事で同様のニュース速報を流してきた。

◇

　管制業務については「1 ミステリアス」で触れたが、もう一度簡単に説明しておこう。航空機の管制は、滑走路での誘導や飛行の順番など離陸するまでを空港の管制塔が担当（目視による飛行場管制）し、離陸すると空港ビルのレーダー室（ターミナル・レーダー管制、ＡＰＣ）に引き継がれ、さらに巡航高度の航空路に達すると、札幌、東京、福岡の航空交通管制部（ＡＣＣ）がそれぞれ担当する。着陸の場合はこの逆となる。

　午後6時56分過ぎ、日航１２３便の機影は羽田空港進入管制所（東京ＡＰＣ）と東京航空交通管制部（東京ＡＣＣ）のレーダーから消えている。

　すぐに日航機行方不明の情報が防衛庁（当時）、警察庁、海上保安庁、運輸省（同）に入る。午後7時1分、航空自衛隊のＦ‐4ＥＪファントム戦闘機2機が、茨城県小美玉市の百里基地から飛び立つ。外国機の領空侵犯行為に対し、スクランブル（緊急発進）をかけるために３６５日24時間いつでも5分以内に飛び立てるように待機している迎撃戦闘機である。運輸省などからの出動要請のない異例の緊急発進だった。群馬、長野、埼玉県などの各県警や各消防署も一斉に墜落現場の確認を急いだ。

◇

　午後7時15分、在日アメリカ軍横田基地のＣ‐１３０輸送機が墜落現場を確認し、「ラージ・ファイア。フロム・ヨコタ、３０５（度）35（マイル）」と埼玉県狭山市の航空自衛隊中央救難調整所経由で防衛庁の航空幕僚監部（空幕）に連絡が入る。午後7時21分には、緊急発進（スクランブル）した2機のＦ‐4ＥＪファントム戦闘機からも「炎を確認。横田タカンから３００度、32マイル」と報告が上がる。午後8時42分には百里基地のＶ‐１０７救難ヘリコプターが「山腹が１５０メートルから２００メートルにわたって炎上している。横田タカンから２９９度、35・5マイル」と報告する。これらの情報はすぐに運輸省航空局、羽田の東京空港事務所、日本航空のオペレーションセンター（オペセン）に伝えられ、墜落が確実となった。

　午後9時6分には、羽田の格納庫から飛び立った朝日新聞社のヘリが墜落現場から立ち上る煙と点々と延びる火を見つけて撮影し、その24分後には読売新聞社のヘリも撮影に成功している。

「ヨコタ、横田」は東京都の立川、昭島、福生、武蔵村山、羽村の5市と瑞穂の1町にまたがる国内最大級のアメリカ空軍横田基地を指す。ここには航空自衛隊の基地も併設されている。タカン（ＴＡＣＡＮ）とは「Ｔａｃｔｉｃａｌ Ａｉｒ Ｎａｖｉｇａｔｉｏｎ Ｓｙｓｔｅｍ」の略で、軍用航空機に対してタカン局（この場合は横田基地）からの方位と距離を伝える航法援助システムのことである。

　米軍機も自衛隊機も長野、群馬、埼玉の3県の県境付近

表 3　各航空機の測位結果　　(*日没；12 日 18:40　日出；13 日 04:55*)

時刻	航空機	報告、活動	位置(図上の位置)	誤差
19:15	米軍(C-130)	火災発見	横田 TACAN から 305°　35 マイル(①)	3km
19:21	航空自衛隊戦闘機(F-4EJ×2)	炎を確認	横田 TACAN から 300°　32 マイル(②)	6km
20:42	航空自衛隊ヘリコプター(V-107)	炎を確認	横田 TACAN から 299°　35.5 マイル(③)	4km
01:00	航空自衛隊ヘリコプター(V-107)	地上の県警を誘導、失敗	入間 TACAN から 291°　36.3 マイル(④)	2km
04:39	航空自衛隊ヘリコプター(V-107)	捜索	三国山西約 3km、 扇平山北約 1km(⑤)	3km
05:00	陸上自衛隊ヘリコプター(HU-1B)	捜索	三国山北西約 2km (⑥)	1km 以下
05:33	航空自衛隊ヘリコプター(V-107)	捜索	三国峠の 340°　3km (⑦)	1km

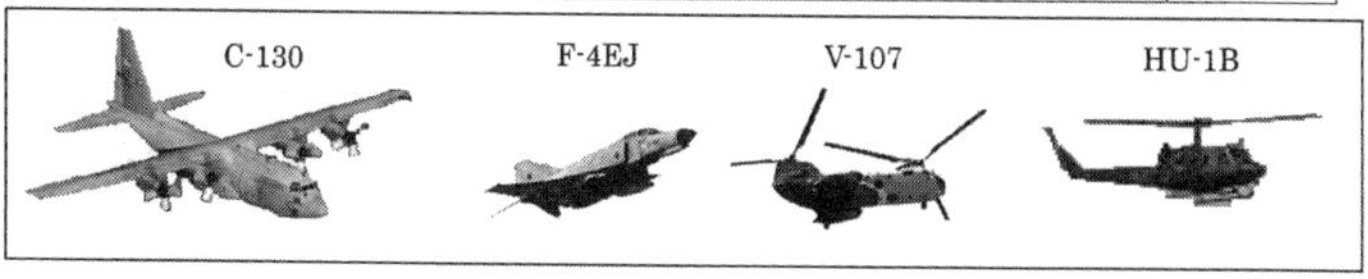

事故調査報告書の「解説」19ページ。「表3　各航空機の測位結果」

の墜落現場の上空に到着していた。しかし、タカンを使った墜落地点の割り出しは、どの連絡も報告も墜落現場から3キロ（米軍C‐130輸送機）、6キロ（空自F‐4EJスクランブル機）、4キロ（空自V‐107救難ヘリ）とそれぞれ誤差があった。情報は混乱し、墜落地点の特定がなかなか進まなかった。

上空から墜落現場を発見できても、正確なその位置が特定できていないと、地上から墜落現場に入ることは難しい。警察官や消防隊員、自衛隊員ら大勢の救助隊が地上から救助に向かうことができない。人の足の場合、山間部で目的地点まで数キロの誤差があると、登山道のないところをひと山、ふた山と越えなければならないケースが出てくる。越えなければならない山や尾根が高く険しいとその難しさは倍になる。正確な墜落位置を少しでも早く特定して救難救助に結び付けようと、関係省庁やその各部署は焦った。

しかし、いまと違って人工衛星からの電波で正確に位置を割り出すGPS（全地球測位システム）はない。タカンではどうしても誤差が出た。情報が二転三転して墜落現場の位置の特定に時間がかかり、救難活動が遅れ、問題となる。

◇

首相官邸では午後7時30分、秘書官の平沢勝栄が官房長官の藤波孝生（1932年12月～2007年10月。享年74歳）に2度目の電話を入れ、「123便の大阪到着の予定時刻を過ぎました。事故の発生はほぼ間違いないと思われます。大至急お戻りください」と伝え、その15分後に藤波が首相官邸に戻ってきた。

当時の首相は中曽根康弘（1918年5月～2019年11月、享年101歳）だった。中曽根は1982（昭和57）年11月から1987（昭和62年）11月にかけ、通算の在職日数が1806日と長期にわたって首相を務めた。午後7時47分、その中曽根が静養先の軽井沢から首相公邸に到着する。

『中曽根康弘が語る戦後日本外交』（2012年10月発行、新潮社）の「第20章　貿易摩擦と経済大国の役割」のなかにある「日航機墜落事故」の項には、事故発生直後の模様についてこう書かれている。同書は政治・外交史の7人の研究者が中曽根に行ったインタビューの記録である。

〈日航ジャンボ機の墜落の報告が私に届いたのは、軽井沢から東京に戻る列車の中で午後七時過ぎでした。それで、八時頃から首相官邸の執務室に入って、即時に色々な報告を受けたし、こちらから対策の指令も出した。国民に対して政府の正式見解を出すのは、事態の調査に遺漏のない状態で、万全を期してから発表しなくてはいかん、それまでは、私に留めて、私が合図するまでは公式に発表してはならんと指示しました〉

〈実際、静岡に落ちたとか、群馬県に落ちたとか、情報がずいぶん迷走していました。米軍もレーダーで監視していたから、当然事故については知っていました。あの時は官邸から米軍に連絡は取らなかった。しかし、恐らく防衛庁

と米軍でやり取りがあったのだろう〉

憶測だが、急がねばならない状況下での「事態の調査に遺漏のない状態で、万全を期してから発表しなくてはいかん」という中曽根のこの指示が、墜落現場の位置確認を遅らせた要因の1つではないだろうか。つまり、情報が錯そうするなか、運輸省、防衛庁、警察庁は位置の特定に手抜かりがあって首相の指示に反してはならないと慎重になる余り、右往左往して混乱に拍車をかけてしまった側面がある。

それにしても中曽根の地元、選挙区は群馬である。航空史上最悪の犠牲者を出す日航ジャンボ機墜落事故の悲惨さにもかかわらず、「静岡に落ちたとか、群馬県に落ちたとか」という中曽根の言葉も人ごとのように妙に落ち着いている。

3 異常音

羽田空港が沖合展開事業（1984～2007年）によって拡張され、新たなターミナルビルや滑走路が新設される以前、羽田空港の記者クラブは空港ビルの5階にあった。そこには各社が使う共同の大部屋と新聞社や通信社、NHKの個別の部屋が通路に沿って並び、それぞれの部屋の大きな窓からは高速大量輸送時代を象徴するワイドボディ（広胴型の機体）の旅客機を間近で目にすることができた。B‐747型ジャンボ機や同機と並び称された米マクダネル・ダグラス社（1997年にボーイング社によって吸収合併）の「DC‐10」や、米ロッキード社（1995年にマーチン・マリエッタ社と合併してロッキード・マーチンとなる）の「L‐1011トライスター」、それに欧州共同体エアバス・インダストリー（現・エアバス社）の「A‐300」などである。

ワイドボディの旅客機の雄姿が見られる羽田空港の記者クラブは、記者たちを日常の忙しさから気分的に解放してくれた。だが、この高速大量輸送のジャンボ機が520人という世界の航空史上最悪の犠牲者数を出すことになる。

◇

8月12日午後6時4分、日航123便が羽田空港の18番スポット（駐機場）から牽引車に押されて後退を始めた。ランプ・アウト（車輪の動き出し）である。乗員15人、乗客509人（うち幼児12人）の計524人が搭乗していた。いつもはビジネスマンばかりの大阪行きの便もあすからお盆休みとなるだけに、帰省客や家族連れの姿も多く見られた。右席に機長（キャプテン）、左席に副操縦士（コ・パイ）が座った。通常、機長席は左側だが、副操縦士の機長昇格訓練を兼ねていたため、副操縦士が左席で操縦輪（操縦桿に付いたコントロール・ホイール）を握った。旅客機のコンピューター化がまだ十分に進んでいないこの時代、コックピット（操縦室）ではもう1人、フライト・エンジニア（FE）と呼ばれるエンジン類の調整や監視を行う航空機関士が操縦業務に就いた。

午後6時11分に離陸許可が出た。羽田の空は晴れ。午後6時12分過ぎ、3時間15分飛行できるジェット燃料を搭載したジャンボ機（B‐747型、全長70・5メートル、全幅59・6メートル、全高19・3メートル、重量約240トン）の巨大な機体が、時速160ノット（時速300キロ）のスピードでC滑走路（長さ3150メートル）のランウエイ15Lを走って離陸し、飛び立った。離陸後およそ1時間で大阪国際空港（伊丹空港）に到着するはずだった。

◇

機体はB‐747の後に「SR」と付き、事故調査報告書には「ボーイング式747SR‐100型JA8119」と記されている。SRはショート・レンジ（短距離用）の略、JA8119が機体記号（機体の国籍・登録記号）を示す。国土の狭い日本で頻繁に何度も離発着ができるようにランディング・ギア（脚と車輪の付いた降着

墜落した日航123便のB-747型ジャンボ機。7年前、大阪国際空港でしりもち事故を起こし、尾部が傷付いた=1978年6月2日

装置）や主翼の取り付け部分を強化した特注タイプだ。１機のジャンボ機で１日に４〜５回は飛んでいた。ＪＡ８１１９号機もこの日に東京－福岡間などを往復し、大阪行きは５回目の飛行となる最終フライトだった。

ＪＡ８１１９号機が「頻繁に何度も離発着ができる」特注の機体だったところに大きな落とし穴があった。皮肉にも思える。なぜなら頻繁に飛行を繰り返すことで修理ミスを犯した後部圧力隔壁（アフト・プレッシャー・バルクヘッド）に想定以上に早く金属疲労が起こり、多数の亀裂（クラック）が発生し、それが墜落事故の原因に結び付くからである。

日航１２３便となったこのＪＡ８１１９号機の製造年月日は、１９７４（昭和49）年１月30日だった。日本航空のジャンボ機としては初期の機体で、日本の空を11年は飛んでいた。この間に計１万８８３５回飛行し、総飛行時間は２万５０３０時間18分となっていた。

◇

午後６時16分55秒、日航１２３便は予定の伊豆大島三原経由をキャンセルし、「シーパーチ（ＳＥＡＰＥＲＣＨ）へ直行したい」と東京航空交通管制部（東京ＡＣＣ）にリクエストすると、18分33秒に許可が下りる。シーパーチとは大島から磁方位２５３度、74マイル（１３７キロ）の洋上にあるウェイポイント（飛行経路上のチェック地点）で、方位磁針（コンパス）の示す方向が磁方位である。

墜落事故につながる異常が起きたのが、離陸して13分後の午後６時24分35秒だった。機体後部で「ドーン」という激しい音がした。機体は伊豆半島南部の東側の上空にさしかかって高度２万４０００フィート（７３１５メートル）近くに達し、上昇飛行から高度を保つ水平の巡航飛行に移ろうとしていた。高度２万４０００フィートといえば、富士山のおよそ２倍、エベレストの８合目以上に相当する高さである。空気はかなり薄く、気温はマイナス数10度と低い。強い偏西風（ジェット気流）も吹いている。人間が生存できる環境ではない。

異常音から墜落までの32分間の詳細な状況は、墜落現場から回収されたコックピット・ボイス・レコーダー（ＣＶＲ、操縦室内音声記録装置）とデジタル・フライト・データ・レコーダー（ＤＦＤＲ、計数型飛行記録装置）にはっきりと残されていた。

ボイス・レコーダーは操縦室内の機長、副操縦士、航空機関士の会話や管制とのやり取りなどが、30分間にわたって前の録音を消去する方法でエンドレスに記録される。音声は天井のマイクが感知する。デジタル・フライト・データ・レコーダーの方には、機体の高度、速度、機首方位、エンジンの状態など20以上の飛行データがデジタル方式で磁気テープに25時間、これもエンドレスで記録される。２つともブラックボックスと呼ばれ、記録の方式が年々進歩し、時間や範囲、鮮明度が増している。

◇

異常音と同時に機体は前後方向と横方向の加速度が増し、

大きく揺れた。ダッチロール（蛇行運動）とフゴイド運動（縦揺れ）を繰り返し、コックピット内では複数の警報音が何度も鳴り響き、警報ランプがいくつも点滅した。キャビン（客室）からは乗客の叫び声が聞こえてくる。

機体が左右に傾くローリングと機首を左右に振るヨーイングとが合成された8の字を描くような蛇行運動を短い周期で繰り返す状態がダッチロールで、墜落につながる危険な状態である。高速のジェット機では、主翼の後退角（機体の左右軸に対して25〜40度ほど後方へ傾く角度）による横安定と垂直尾翼による方向安定がアンバランスになって発生する。このダッチロールをパイロットが手動で制御することは難しく、防止するためにヨー・ダンパーと呼ばれる装置が方向舵に装備されている。オランダのスケートのスタイルに似ていることからダッチ（オランダ人）という名称が付いたともいわれる。

フゴイド運動は外部から力が加わることによって飛行高度と速度が大きく変化する周期の長い縦揺れだ。通常ならば、操縦の仕方で止められる。

◇

「ドーン」という異常音は何の音なのか。機体の後部で何が起きたのか。なぜ、ダッチロールを引き起こしたのか。機体はどうなってしまうのか。極度の緊張と恐怖がコックピットのクルーを襲う。その断末魔のなかで機長と副操縦士、航空機関士はなんとか機体を立て直して羽田空港に戻ろうと必死で操縦を試みた。

4　操縦不能

墜落までの日航123便（JA8119号機）のコックピット（操縦室）やキャビン（客室）はどんな様子だったのか。墜落事故から3日後の8月15日に墜落現場から見つかったコックピット・ボイス・レコーダー（CVR）とデジタル・フライト・データ・レコーダー（DFDR）の解析内容をもとに再現してみよう。

◇

1985年8月12日午後6時

12分16秒　離陸。その後12分19秒間は異常な飛行記録はない。

24分35秒　シーパーチ（SEAPERCH、飛行経路上のチェックポイント）へ直行する途中、「ドーン」という大きな異常音がする。前後方向加速度が0・11Gを示し、前向きに大きな衝撃力が働く。垂直加速度もゆっくりかつわずかに増加し始める。

24分36秒　水平尾翼のホリゾンタル・スタビライザー（水平安定板）が異常を示す。ラダー（方向舵）・ペダルも右いっぱいを示し、1・5秒間ほどほぼ同じ値が続く。しかし、機体に反応はない。方向舵の操縦系統に異常が発生していたことが、DFDRの記録から分かる。

垂直尾翼は大きなバーティカル・スタビライザー（垂直安定板）にラダーがヒンジ（蝶番）止めされている。ジャンボ機の場合、上下にラダーが2つ取り付けられていた。操縦席下のラダー・ペダルを左に踏み込むと、機首が左に向き、右に踏み込むと、機首を右に向ける。

日航123便ではこのとき、高さ10メートルほどの垂直尾翼の大半が吹き飛ばされ、垂直尾翼の上下2つのラダー（方向舵）に接続する4系統すべての油圧配管のハイドロリック・システムも破断し、そこから高圧の作動油（ハイドロリック・フルイド、通称ハイドロ）が吹き出した。油圧で動く方向舵が効かなくなったのは当然だった。

◇

24分37秒　離陸警報音と客室高度警報音が鳴る。対気速度（大気との相対速度）がやや減少し、抑え角及び縦揺れ角が増大する。前後方向加速度と垂直加速度が大きく変動し始める。

24分39秒　**機長**「なんか爆発したぞ」

24分42秒　**機長**「スコーク77」

24分43秒　**副操縦士**「ギアドア」

機長「ギア見て、ギア」

航空機関士「えっ」

機長「ギア見てギア」

24分44秒　機長は機体下部のランディング・ギア（降着装置）の格納扉が故障で開いてギアが下りた音だと考えて航空機関士に確認を求めたが、ランディング・ギアに異常はなかった。

スコーク（squawk）とは、コックピット内の

付図－1　JA8119飛行経路略図

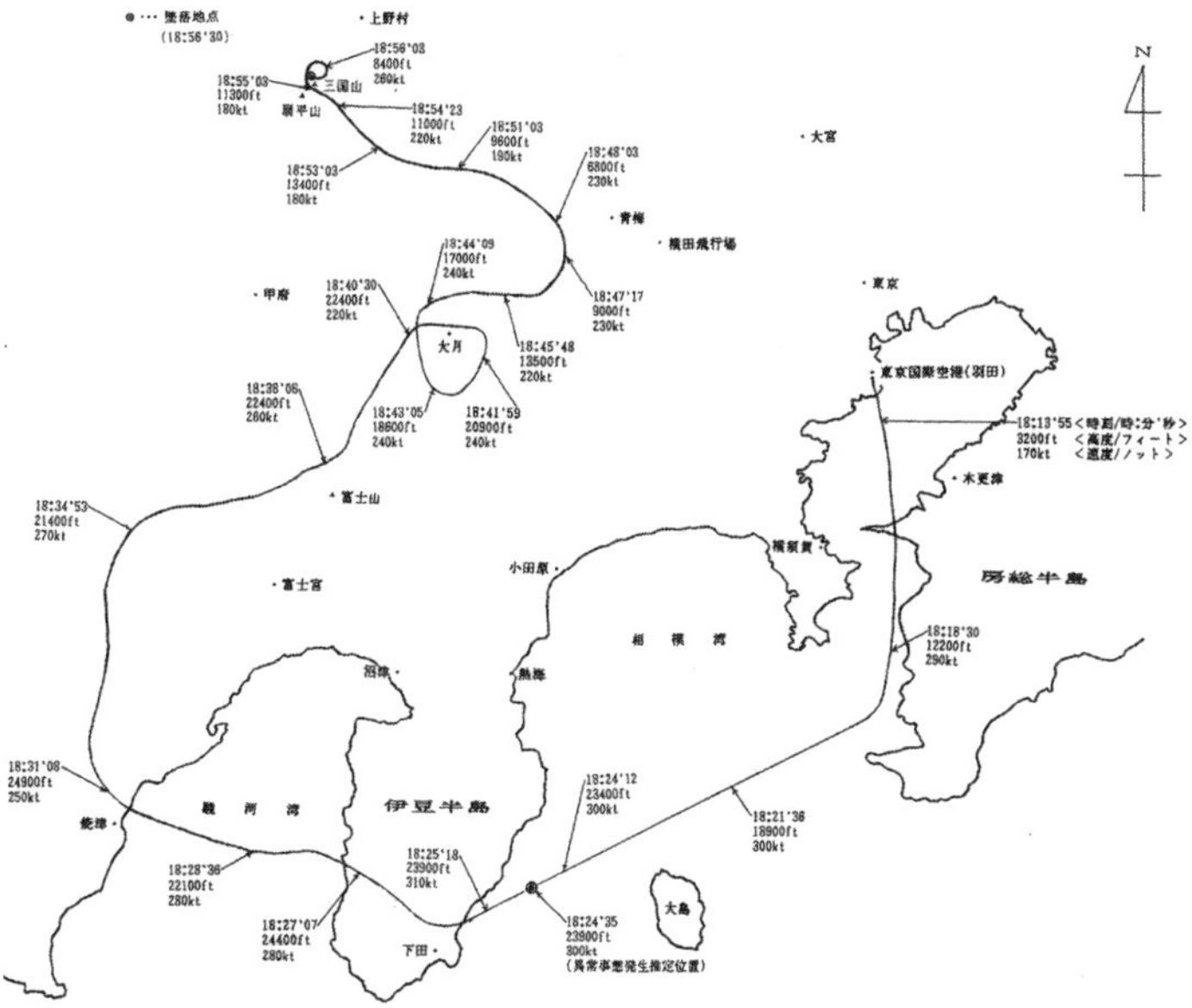

時刻　時:分′秒
高度　ft(フィート)　10000ft＝3048m
速度　kt(ノット)　1kt＝時速1·852km
事故調査報告書137ページの「付図－1　JA8119飛行経路略図」

ATCトランスポンダー（航空管制自動応答装置）にセットされる4桁の数字を指し、スコーク77は「スコーク7700」の略で緊急・異常事態の発生を意味する。この7700の数字が入力されると、管制側に自動的に信号が流されてレーダー・スコープ上で識別できる。このときの機長の緊張感はレベル7（音声分析から分かる緊張度）まで上がっていた。ちなみにスコークの原義は「アヒルがガーガー鳴く」である。

◇

24分46秒　機長「エンジン？」
24分47秒　副操縦士「スコーク77」
24分48秒　航空機関士「オールエンジン…」
　客室乗務員（キャビン）「酸素マスク着けてください。酸素マスクを着けてください。ベルトはベルトをしてください」
24分51秒　副操縦士「これ見てくださいよ」
24分53秒　航空機関士「えっ、オールエンジン…」
　運輸省航空事故調査委員会（当時）の調査によると、日航123便の4基のエンジンに異常はなかった。CVRの録音では聞き取れないが、航空機関士は「すべてのエンジンにトラブルはありません」と言ったのだろう。問題はこの後である。
24分57秒　副操縦士「ハイドロ・プレッシャー見ませんか」
24分59秒　機長「なんか爆発したよ」
25分04秒　航空機関士「ギア　ファイブ　オフ」。離陸警報音と客室高度警報音が再び鳴る。
「ハイドロ・プレッシャー」とは油圧や油圧システムのことを指す。繰り返すが、大型の航空機ではフラップ（高揚力装置の下げ翼）やエルロン（補助翼）、エレベーター（昇降舵）、ラダー（方向舵）、ランディング・ギアなど様々な装置を動かすために圧力をかけた作動油（ハイドロリック・フルイド、通称ハイドロ）が使われている。この駆動体系を油圧装置（ハイドロリック・システム）と呼んでいる。日航123便はこのハイドロ・プレッシャーを喪失し、操縦不能に陥った。「ギア　ファイブ　オフ」はランディング・ギアの脚が5本（主脚4本、前脚1本）ともすべて格納されているとの意味だろう。

◇

25分13秒　DFDRにラダー（方向舵）・ペダルの戻し操作が記録されている。しかし、機体は反応しない。
25分16秒　機長「ライトターン（右旋回）、ライトターン」
25分19秒　副操縦士「プレッシャー？」
25分20秒　航空機関士「落っこった」
25分21秒　機長「すぐに羽田空港に戻りたい。2万2000フィート（6706メートル）に降下してその高度を維持したい。どうぞ」
25分37秒　東京ACC（東京航空交通管制部）「了解。リクエストを認めます」
25分40秒　日航123便「大島へのレーダー誘導を求める」

回収されたオレンジ色のコックピット・ボイス・レコーダー(CVR、左)とデジタル・フライト・データ・レコーダー(DFDR)。日航安全啓発センターに展示・保存されている=東京都大田区羽田空港

25分42秒　東京ACC「了解。右旋回にしますか。左旋回ですか」
25分45秒　機長「右旋回」
緊急アナウンス（キャビン）「ベルトを締めてください。煙草は消してください。ただいま緊急降下中」（緊急アナウンスは乗客向けに事前録音されたもので、日本語と英語で繰り返される）
25分50秒　東京ACC「了解。右旋回、磁方位（方位磁針の示す方向）090（90度）で大島へレーダー誘導する」
25分52秒　日航123便「090」
25分53秒　機長「バンク（旋回に必要な機体の傾き）とんな、そんなに」
旋回は主に操縦輪を左右に動かすことによって主翼に付いているエルロンと呼ばれる補助翼を作動させて行う。
25分54秒　副操縦士「はい」
25分55秒　機長「バンクそんなにとんなってんのに」
25分57秒　副操縦士「はい」
25分59秒　機長「なんだよ、それ」
すでに機体が思うように動かなくなっていた。操縦輪を動かしても機体は反応しない。機長たちはなぜそうなったのかまったく理解できない。機長の「なんだよ、それ」という言葉からそのことが分かる。
もちろん、羽田空港に戻るための右旋回もできない。機体はそのまま伊豆半島を西に向けて横切ろうとしている。機長たちは日航123便を正常に飛行させようと試みるが、操縦輪や操縦桿の操作はまったく効かない。機体に何が起きたかが分からない。26分ごろには、顕著なダッチロールとフゴイド運動が発生する。それでも機長、副操縦士、航空機関士は懸命な操縦を続ける。だが、機体はいつ墜落してもおかしくない過酷な状況に追い込まれていく。

◇

26分00秒　航空機関士「ハイドロ・プレッシャーが落っちています。ハイドロが…」
26分03秒　機長「バンクそんなにとるな、マニュアルだから」。客室高度警報音が鳴り響く。
26分05秒　副操縦士「はい」
26分11秒　機長「戻せ」
26分12秒　副操縦士「戻らない」
26分15秒　機長「プルアップ（機首を上げろ）」
26分27秒　機長「ハイドロ全部だめ?」
26分28秒　航空機関士「はい」
26分31秒　機長「ディセント（descent、降下）」
26分32秒　副操縦士「はい」
26分33秒　航空機関士「ディセンド（descend、降下する）した方がいいかもしれないですね」
26分35秒　副操縦士「ディセンド」
26分41秒　機長「なんでこいつ…」
客室乗務員（キャビン）「えー、酸素マスク十分にお着けになって。バンドは頭にかけてください。バンドは頭にかけてください」

26分45秒　機長「OK、ライトターン」

26分47秒　副操縦士「ライトターン」

27分02秒　東京ACC「JL（ジャパンエア）123、確認します。エマージェンシー（緊急事態）を宣言するのですね」

　JL１２３は日航１２３便を指す。日本航空はIATA（国際航空運送協会）の航空会社コードで「JL」と表記され、コールサインがジャパンエアである。全日本空輸（ANA）は「NH（オールニッポン）」だ。

27分11秒　機長「その通りです」

　続いて東京ACCが「JL１２３、了解。どのような緊急状態ですか」と問い合わせたが、日航１２３便からの応答はない。

27分31秒　機長「ハイドロは」

27分32秒　航空機関士「はい…」

27分47秒　航空機関士「ハイドロ・プレッシャー、オールロス」

27分49秒　副操縦士「オールロスですか」

27分50秒　機長「いや、ロック」

27分51秒　航空機関士「オールロス」

27分52秒　副操縦士「オールロスね」

　航空機関士「はい」

27分54秒　副操縦士「カンパニー（日航の社用無線）、えー、…お願いします。えー、そうしてください。カンパニーにリクエストしてください」

28分00秒　機長「なんで騒いでんの？」

28分14秒　航空機関士「下がりましょう」

28分31秒　東京ACC「JL１２３、大島へのレーダー誘導のため、磁方位０９０で飛行せよ」

28分35秒　機長「バット、ナウ、アンコントロール（しかし、現在、操縦不能）」

　機長はこの後を含め、少なくとも4回も「アンコントロール（操縦不能）」と答えている。動翼の作動などありとあらゆる操作を試みても機体を制御できない。なぜ、制御できないのか。どうしてコントロールできないのか。機長や副操縦士、航空機関士にはその原因がまったく理解できなかった。いつ墜落してもおかしくはない。コックピット内は極度に緊張していた。

◇

28分39秒　東京ACC「操縦不能。了解、分かりました」

「ドーン」という異常音から4分ちょっと。このとき日航１２３便は駿河湾上空を西へ向けて飛行し、午後6時30分ごろに静岡県焼津市の北側付近の上空を通過した。機体は上下左右に大きく揺れる。警報音が鳴り、止まり、また別の警報音が鳴り響く。警報ランプも次々に点滅する。飛行といっても、機体はコントロールできず、迷走しているにすぎなかった。しかも、機長、副操縦士、航空機関士の３人のコックピット・クルーは、アンコントロール（操縦不能）の原因をまったく知ることなどできずにいた。

ＣＶＲ（コックピット・ボイス・レコーダー）の録音内容は「なんで騒いでんの？」という機長の発言など意味不明のところもある。だが、コックピットのクルーが状況を理解できず、操縦不能に対する恐怖や不安、焦りと戦いながら操縦に全力投球する緊迫した様子が生々しく伝わってくる。

5 遺書

「ドーン」という異常音がして機体に衝撃が加わると、キャビン（客室）で「ウワッ」「キャッ」という悲鳴が上がった。同時に濃い白い煙のようなものが発生し、乗客の多くは耳が詰まるような違和感を強く感じた。客室の気圧低下を警告する高度警報装置が鳴り出し、天井のプレートが開いて酸素マスクが落ちてきた。機体の揺れでいくつものマスクが空中を跳ねた。マスクを引っ張ると、酸素が流れ出す。白い煙のようなものは数秒で消えた。

客室乗務員が「酸素マスクを着けてください」と乗客に求める声がコックピット・ボイス・レコーダー（CVR）に録音されている。乗客が機内を撮影し、後に遺族が公開した写真にも酸素マスクの下りた様子が写っている。コックピットでは懸命な操縦が続いていた。

乗客たちは急いで酸素マスクを着けたが、機体が大きく左右に揺れるたびに悲鳴を上げた。赤ちゃんの泣き声がする。揺れに気持ち悪くなって嘔吐する人がいる。墜落という恐怖と不安に耐え切れず、泣き出す男性もいる。客室乗務員が「大丈夫です。大丈夫ですよ」と励ます。乗客同士でも励まし合ったり、助け合ったりしてみんなでがんばる。

◇

そんな状況下、乗客たちは手帳やノート、封筒、手元にあった紙に妻や子供たち家族に向けた言葉を綴った。死を覚悟した遺書である。事故後、墜落現場からそれらの遺書が見つかると、遺族のもとに届けられ、新聞やテレビで報じられた。

この後に遺書をいくつか列挙するが、読みやすくするために分かりにくいところは多少整えてある。名前や年齢は伏せた。

〈どうか仲良く　がんばって　ママを助けてください　パパは本当に残念だ　きっと助かるまい　原因は分からない　いま5分たった　もう飛行機には乗りたくない　どうか神様　助けてください　何か機内で爆発したような形で　煙が出てきて　降下し出した　さようなら　子供たちのことをよろしく頼む　いま6時半だ　飛行機は　回りながら急速に降下中だ〉

〈恐い　恐い　恐い　助けて　気持ちが悪い　死にたくない〉

〈突然　ドカンといってマスクがおりた　ドカンといって降下しはじめる〉

〈機体が大きく左右に揺れている　18・30急に降下中　水平ヒコーしている　みんな元気で暮らしてください　さようなら　18・45機体は水平で安定して　酸素が少ない　気分が悪い　機内よりがんばろうの声がする　機体がどうなったのかわからない　18・46着陸が心配だ　スチュワーデ

スは冷静だ〉

アシスタント・パーサー（チーフパーサー、パーサーに次ぐ職位の客室乗務員）の1人が不時着を想定して書いた緊急アナウンス用のメモ書きも見つかっている。

〈おちついていて下さい　ベルトをはずし　身のまわりを用意して下さい　荷物は持たない　指示に従って下さい

ＰＡＸ（乗客、ｐａｓｓｅｎｇｅｒ）への第一声　各ＤＯＯＲの使用可否　機外の火災ＣＫ（チェック）

ＣＲＥＷ（乗員）のチェック　ベルトを外して　ハイヒール　荷物は持たないで　前の人2列　ジャンプして　機体から離れて下さい　ハイヒールを脱いで下さい　荷物を持たないで下さい　年寄りや体の不自由な人に手を貸して下さい　火災　姿勢を低くしてタオルで口と鼻を覆って下さい　前の人に続いてあっちへ移動して下さい〉

◇

再び、コックピット・ボイス・レコーダー（ＣＶＲ）とデジタル・フライト・データ・レコーダー（ＤＦＤＲ）の解析記録をのぞいてみよう。

午後6時28分35秒の機長の「アンコントロール（操縦不能）」という発声。その13秒後に副操縦士が「ライトターン　ディセンド（降下する）」と告げる。

29分00秒　機長「気合を入れろ」
副操縦士「はい」

29分05秒　機長「ストール（失速）するぞ。本当に」
副操縦士「はい。気を付けてやります」

29分59秒　機長「なんだこれ…」

日航123便（ＪＡ8119号機）は、焼津市の北付近を通過する。

31分02秒　東京ＡＣＣ（埼玉県所沢市の東京航空交通管制部）「降下できますか」

31分07秒　機長「了解。現在降下中」

31分08秒　東京ＡＣＣ「オーライ。現在の高度をどうぞ」

31分11秒　機長「２４０（2万4000フィート、７３１５メートル）」

31分14秒　東京ＡＣＣ「オーライ。現在位置は名古屋空港へ72マイル（１３３キロ）。名古屋空港へ着陸できますか」

31分21秒　機長「できない。羽田に戻りたい」

31分26秒　東京ＡＣＣ「オーライ。これからは日本語で話していただいて結構ですから」

航空機のクルーと管制官とのやり取りは通常、専門的な用語や慣用句を交えた英語で行われるが、東京ＡＣＣは深刻な事態だと考え、より分かりやすい日本語でのやり取りに切り替えたのである。それだけ事態は逼迫していた。

31分31秒　機長「はい、はい」

◇

35分過ぎ、日航１２３便はカンパニー無線（社用無線）を使って日本航空のオペレーションセンター（通称・オペ

墜落現場で合掌する自衛隊員=1985年8月、群馬県上野村の御巣鷹の尾根

セン）に「R5ドア　ブロークン（機体の右側最後部のドアが壊れた）。機内の気圧が下がっている。緊急降下中です」と連絡している。

事故直後、この「R5ドア　ブロークン」の声を根拠に「右側最後部のドアが吹き飛んで垂直尾翼にぶつかり、垂直尾翼を破壊して操縦不能になった可能性がある」と報じる新聞社もあった。しかし、墜落直後の航空事故調査委員会の事故現場検証によってこのR5ドアに異常がなかったことがすぐに判明する。

操縦不能の日航123便の機体は東京国際空港（羽田）に戻れず、富士山の西側を飛んで山梨県大月市上空を右回りに360度旋回して山間の東京都西多摩郡奥多摩町に向かった後、群馬、長野、埼玉の3県にまたがる三国山から北北西1・4キロの地点で数本の樹木をなぎ倒し、そこから西北西に520メートル離れた稜線に接触した。さらに機体はバラバラになりながら北西に570メートル飛行し、機首と右主翼を下に向けた姿勢で御巣鷹の尾根（1565メートル）に衝突し、そこに墜落した。

墜落した御巣鷹の尾根は高木のカラマツが林立し、その下はクマザサが厚く覆っていた。土砂崩れや落石が多く、登山道などなかった。524人の乗員・乗客のうち520人（乗員15人、乗客505人）が亡くなった。助かったのはわずか乗客の女性4人だけだった。

◇

亡くなった乗客は当初、お盆休み前日だけに家族連れやレジャー客が多いと思われたが、後に新聞社やテレビ局が乗客名簿を整理すると、会社の経営者や社長、それに役員、部課長ら企業のトップクラスが150人以上もいることが判明した。企業の種類は銀行、証券、商社、建設業…と多岐にわたっていた。東京と大阪500キロ間をわずか1時間で結ぶ利便性が、彼ら企業戦士に空の便を選択させていたのである。

著名人も乗っていた。歌手の坂本九（43）＝本名・大島九、阪神タイガース球団社長で阪神電鉄専務の中埜《なかの》肇《はじむ》（63）、グリコ・森永事件で脅迫を受けたハウス食品工業社長の浦上郁夫（48）、大相撲伊勢ケ浜親方（元大関清国）の妻（39）と長男（12）、長女（10）の3人、日本を代表する脳神経学者の大阪大学基礎工学部教授、塚原仲晃（51）らだ。（）内の年齢はすべて当時のものである。

◇

「ドーン」という異常音から墜落までの32分間に機体の高度を下げながら少なくとも4回、「操縦不能（アンコントロール）」と管制に連絡している。それでもコックピットの機長、副操縦士、航空機関士は必死に機体を立て直して羽田空港に戻ろうとがんばった。乗客乗員524人の命が掛かっていた。墜落直前のコックピット内の様子はまさに地獄絵そのものだった。

55分27秒　**機長**「頭上げろ」
55分34秒　**副操縦士**「ずっと前から支えてます」
55分42秒　**副操縦士**「パワー（エンジン出力を上げろ）」

エンジンは4基ともすべて正常に機能していた。

55分43秒　**機長**「フラップ（高揚力措置の下げ翼）止めるな」

電気モーターがバックアップしているフラップは、油圧システムを喪失しても多少は作動した。

55分43秒　**東京APC**（羽田空港進入管制所）「現在位置はレーダーで50、いや60マイル、羽田の北西。北せ…、あー、50ノーティカルマイル羽田の北西」

ノーティカルマイルとは海上で使われるカイリ（海里）のことで、航空の世界でマイルといえばこのノーティカルマイルを指す。1ノーティカルマイル＝1カイリ＝1・852キロの計算となる。

55分47秒　**機長**「パワー。フラップ。みんなでくっ付いちゃダメだ」

55分49秒　**副操縦士**「フラップアップ、フラップアップ、フラップアップ、フラップアップ」

55分51秒　**機長**「フラップアップ」

副操縦士「はい」

55分56秒　**機長**「パワー」

56分04秒　**機長**「頭上げろ、頭上げろ、パワー」

56分07秒　**機長**「頭上げろ」。緊張度は最高のレベル9に達している。

機体の高度が急激に下がり始め、速度アップと右急旋回で垂直方向加速度が急増し、機首下げ36度、右横揺れ角70度の異常がDFDRに記録されている。

56分10秒　**機長**「パワー」

56分11秒　降下率が毎分1万8000フィート（5486メートル）に達する。

56分12秒　火災警報音。

56分14秒　GPWS（Ground Proximity Warning System、対地接近警報装置）の警報「シンクレイト（sink rate、降下率注意）…。ウーウー、プルアップ（機首を上げろ）。ウーウー、プルアップ。ウーウー、プルアップ」

56分18秒　パワーが最大まで上がり、降下が止まる。垂直加速度は上向き3Gほど続く。

56分23秒　激しい衝撃音。GPWSの警報「ウーウー、プルアップ」

56分26秒　激しい衝撃音。

56分27秒　DFDRの記録終了。56分26秒〜27秒92にかけ、飛行状況を表す各種データに異常な変化が記録されている。

56分28秒　CVRの録音終了。

◇

ところで、墜落事故翌年（1986年）の3月、運輸省航空事故調査委員会は全日空に頼んで、日航123便と同じように4基のエンジン以外操作できなくなる状態を全日空のフライト・シミュレーター（模擬飛行装置）に入力し、エンジンのパワーだけでどこまで機体をコントロールできるかを検証している。全日空と運輸省航空局のベテランのパイロットたちがシミュレーターを操縦した。

シミュレーターはパイロットの訓練に使う高度な機材で、実機と同じコックピット機能を装備し、コンピューターに飛行条件を入力することで実機のように動き、様々な飛行状態を再現できる。

検証の結果、着陸自体は不可能だったが、エンジンをふかしたり、絞ったりしながら羽田空港の近くまでは戻ることができた。ふかせば、機首は上を向き、反対に絞れば機首は下がる。右翼と左翼のエンジンの出力を互い違いに変えることで方向転換もできた。

日航123便の機長も墜落直前に「パワー」という言葉を何度も繰り返している。エンジン出力の調整で機体を操縦できることが次第に分かってきたのだ。このことにもう少し早い段階で気付いていたら「着陸は無理でも、羽田空港近くの浅瀬になんとか着水できたかもしれない。そうすれば520人も犠牲にならずに済んだ可能性もある」と指摘する声もある。

しかし、シミュレーターと違い、日航123便の機長や副操縦士、航空機関士ら乗員は、垂直尾翼が吹き飛ばされると同時に4系統すべての油圧システムが破壊された結果、過酷な状況に追い込まれていった。この操縦不能の原因を少しでも知ることができたら、多少は落ち着くこともでき、緊急事態からの脱出方法をなんとか見つけ出すことができたかもしれないが、現実は操縦不能の原因を知る術《すべ》などほとんどなかった。墜落してもケガ1つ負わないシミュレーターの操作と死と隣り合わせの事故機の操縦とは大きく違うのである。

事故調の事故調査報告書（本文83〜86ページ）もこの点について「今回の事故においては、事故機のクルーは減圧とそれに伴う酸素不足、予想もしなかった異常事態下の心理的圧迫というような厳しい状況のもとで飛行したとみられるが、このような状況は飛行シミュレーションでは模擬できない」と書いている。

◇

墜落直前の様子を墜落した御巣鷹の尾根から南南西に3〜4キロのところで、偶然4人が目撃していた。

「奥多摩の方からかなり低い高度と速度で機首をやや上げ、爆音を立てながら飛んで来て頭上を通過した」

「扇平山の付近で急に右に針路を変え、三国山の方向に飛行した」

「三国山を越えたと思われるときに突然、左に傾いて急降下して山の陰で見えなくなった」

「その後、山の陰から白煙と閃光が上がった」

第2章

隔壁が破れ、垂直尾翼が吹き飛ぶ

6 飛行機の夢

日航整備本部の副本部長、松尾芳郎を乗せた社用車は羽田の日航オペレーションセンター（通称・オペセン）を目指して首都高速1号羽田線を走っていた。比較的車が少なく、横浜方面はスピードが出せた。松尾はその車の中で考えた。

「大変なことになった」

「とんでもない事故が起きた」

「それにしても安全性が高く、信頼できる機体だと評価の高いジャンボ機が墜落するようなことがあるのだろうか」

松尾がこう考えるのも無理はなかった。航空機は最新技術の粋を集め、高い安全性を確保している。一度飛び立つと、地上に戻るまで故障や不具合のトラブルに対応することが難しいからだ。とくに高速大量輸送を可能にしたジャンボ機（Ｂ－７４７型機）は、「冗長性」や「フェイル・セーフ」に基づく最高水準の安全設計思想で製造されていた。

◇

冗長性とはリダンダンシー（ｒｅｄｕｎｄａｎｃｙ、余剰）のことで、同じ機能のある装置を余分に備えることをいう。１つの装置が故障してももう１つの装置をバックアップとして機能させ、安全に飛べるようにする「余剰安全装備」である。

一方、フェイル・セーフはフェイル（ｆａｉｌ、破損）してもセーフ（ｓａｆｅ、安全）に飛べる「多重安全構造」を指す。具体的には構造物の一部に破損が生じてもすぐには致命傷に至らず、安全に地上に降りることができ、仮に破損に気付かなくとも定期点検で発見して修理すれば安全性に問題はないという構造だ。このフェイル・セーフの考え方を推し進め、その構造物の寿命内つまり限界使用時間（もしくは飛行回数）内は疲労破損が生じないようにする「セーフ・ライフ設計」という設計概念もある。もちろん、限界使用時間に達した構造部材は、新品と交換してその強度を維持する必要がある。

松尾ファイルをもとに後の章で詳細に述べるが、日航ジャンボ機墜落事故の後、ボーイング社が売り物にしたジャンボ機の安全性と信頼性が、松尾ら日本航空の技術陣や運輸省航空事故調査委員会による調査の過程で大きく揺らいでいく。そしてボーイング社は機体の一部について設計変更を余儀なくされることになる。

◇

ところで、松尾芳郎は少年時代から飛行機に強い憧れを抱いていた。１９３０（昭和５）年9月21日、東京の赤坂丹後町（国道２４６号・青山通りと一ツ木通りに挟まれた現在の赤坂4丁目辺り）の長屋で生まれ、弟２人妹２人の５人兄弟の長男として育った。

幼少期は日本の植民地だった朝鮮半島の京城、蔚山《うるさん》、大邱《てぐ》、日本の大阪で過ごした。その間、国営企業の大日本航空所有のフォッカー３Ｍ（Ｆ・Ⅶａ／３ｍ、機首と両翼下にプロペラのレシプロ・エンジン計3基を持つ10人乗りの旅客機）に何度か搭乗して空の旅の魅力を知って航空機に強い興味を持った。フォッカー3Mは当時、福岡と大邱の間を飛んでいた。松尾は祖母が大邱に遊びに来たとき、帰路に同乗してエンジン音がうるさかったことや窓が開かないのに祖母に「窓を開けんしゃい」と言われたことをよく覚えている。

その後、鎌倉に移り住み、いまの鎌倉市立御成小学校を卒業して旧制湘南中学校（現・神奈川県立湘南高校）に進んだ。当時は太平洋戦争（1941年12月～1945年8月）中で、アメリカ軍機（B‐29爆撃機、P‐51ムスタング戦闘機、F‐4Fグラマン・ワイルドキャット艦上戦闘機）の空襲を何度も経験した。

疎開して旧制佐賀中学校にも在籍したが、授業はなく、学徒動員で毎日のように工場で働いた。東京に戻ると、旧制大森中学校（現・都立大森高校）に通った。松尾少年の心には「日本は飛行機の技術の差で戦争に敗れた」との悔しさが残った。

◇

1950（昭和25）年4月、慶應義塾大学の工学部に入学すると、「将来は航空機の仕事に就きたい」と希望した。授業ではガスタービンやジェットエンジンについて学び、クラブ活動では航空研究会に入ってグライダーの設計に熱中した。

終戦直後、敗戦国の日本はGHQ（連合国軍最高司令官総司令部）の航空禁止令によって航空機の研究、開発、設計、製造、事業、教育、所有のすべてが禁止された。これが解除されるのが、終戦から6年後、日本の主権を承認した1951（昭和26）年9月のサンフランシスコ講和条約（平和条約）の締結（翌年4月に発効）だった。この条約が結ばれたとき、松尾は慶應義塾大学の2年生だった。日本はアメリカをはじめとする連合国48カ国と調印した。しかし、航空禁止令が解除されたからといっても、航空の世界で国際的にも技術的にもすぐには列強と肩を並べられるようにはならなかった。それでも松尾は「飛行機の仕事に就く」という夢を大きく膨らませ、航空に関する知識をどんどん吸収していった。

卒業研究の論文は「ディーゼルエンジン用のターボ・スーパーチャージャーの設計」だった。慶應義塾大学工学部機械工学科を1954（昭和29）年3月に卒業すると、4月、設立してまだ1年の日本航空整備会社（1963年に日本航空に吸収合併される）に入社した。

入社前、日航のパイロットの試験にも合格していた。本当はパイロットになりたかったからである。だが、事故を心配した母親に「長男だから止めてほしい」と何度も懇願され、さらに大学のゼミの助教授にも「せっかくジェットエンジンの技術の勉強をしたのだからその技術を生かすべきだ。パイロットはバスの運転手のようなものに過ぎない。航空エンジニアを目指すべきだ」と諭され、パイロットになる夢は諦めた。

日本航空整備会社では原動機工場に配属された。プロペラ旅客機、米ダグラス社「DC‐6B」のレシプロ・エンジン（P&WR‐2800）の分解・組み立て業務に就いた。レシプロ・エンジンはピストン・エンジンともいわれ、ピストンの往復運動をクランク軸で回転運動に変えてプロペラを回す方式のエンジンだ。P&Wはアメリカの航空エンジンメーカーのプラット・アンド・ホイットニー社のことである。

なぜ、分解・組み立て業務なのか。当時のエンジンは、1000時間使用すると、その度に分解、修復、再組み立てが必要だったからだ。それに日本はアメリカの航空技術を吸収するためにエンジンをその構造から習得していく必要もあった。松尾はオイルで汚れた作業着を着て働きながら「機体やエンジンはどれもアメリカ製だ。英語が堪能でないと歯が立たないぞ」と痛感した。

そこで入社翌年には米カリフォルニア大学バークレイ校工学部の大学院に留学、ジェットエンジンや航空力学を中心に勉強した。必要だと思ったらすぐに行動に移す。それが松尾の真骨頂である。

英語には多少苦労したものの、休みの日には課外活動のフライング・クラブでパイパーJ‐3型単発軽飛行機の操縦を学び、単独飛行のライセンスを取得した。留学は1年で切り上げたが、復職後は新設されたDC‐8（ダグラス・エアクラフト社の第1世代のジェット旅客機）の受け入れ部署で活躍するなど一貫して技術・整備畑を歩んだ。松尾は日航生え抜きの航空技術者なのである。

◇

実は、松尾の父親は「戦後の日本航空業界の父」として知られ、航空保安庁の初代長官や日本航空の2代目の社長、5代目会長などを歴任したあの松尾《まつお》静磨《しずま》（1903年2月〜1972年12月、享年69歳）である。松尾静磨は佐賀県武雄市出身。九州帝国大学工学部機械工学科を卒業して東京瓦斯《がす》電気工業（いすゞ自動車、日野自動車などの前身）に入社し、その後1930（昭和5）年に航空行政を所管する逓信省に入り、朝鮮総督府（京城）の航空官や蔚山、大邱、大阪で飛行場長を務めた。戦後はナショナル・フラッグ・キャリア日本航空の設立に尽力した。

子は父の背中を見て育つ。松尾にとって戦前戦後を通じて日本の航空業界で活躍した父親の存在は大きく、影響を強く受けた。たとえば、松尾静磨の九州帝国大学での専攻は工学部機械工学科で、逓信省に入省する前の東京瓦斯電気工業では原動機の設計を担当していた。松尾の大学での専攻や航空エンジニアの道に進むところは、父親の松尾静磨とそっくりである。しかも日本航空整備会社に入社する際、静磨から「自分の仕事をきちんとやれ。その第一人者になれ。『それはあいつに聞け』と言われるような社内一の専門家になれ」と励まされ、押しも押されもしない日航を代表する航空技術者に成長する。

松尾は現役の航空技術者時代、日航社内で親の七光りと見られることもあった。それだけに仕事だけでなく、英会話や自家用操縦士と航空通信士の免許取得の勉強にも力を入れ、社内で1番の航空エンジニアを目指した。父親に迷惑をかけたくなかった。静磨からも「他人の悪口は言うな」とも指導された。

松尾芳郎が大切にしている写真がある。父、静磨と母、ふみの遺影だ。2人仲良く笑顔で並んで座っている。1971（昭和46）年の正月に川崎市の自宅で松尾が撮影した。当時、松尾静磨は日航会長だった。松尾芳郎は整備本部技術部原動機技術課の課長で、航空エンジンの整備・改修仕様書の作成や故障対策、エンジンメーカーとの技術面でのやり取りなどを続けていた。この翌年の年末、静磨は現職の会長のまま69歳で病死する。松尾はこの写真を大切にしてずっと仏壇に飾ってある。

◇

首都高速1号羽田線を羽田空港に向けて走っていくと、やがて左側に新聞社の格納庫がいくつも見えてくる。空港の西端に並んで建つこれらの格納庫は、サンケイ（産経）、読売、朝日、毎日とそれぞれ社名を壁面に大きく掲げ、なかに取材用のヘリコプターや小型飛行機を格納し、大事故や大事件の取材に備えていつでも飛べるようにパイロットが24時間体制で待機していた。羽田空港関係者の間では「新聞村」と呼ばれていた。

この新聞村の先で首都高を降りて下の道を真っ直ぐ進むと、東京モノレールの整備場駅とぶつかる。各航空会社の大型ハンガーやメンテナンス工場などが建ち並ぶエリアである。松尾の仕事部屋はその一角の日航整備工場の3階にあったが、車はさらに先へと進んだ。目指す日航のオペレーションセンター（通称・オペセン）が旅客ターミナルの近くにあったからだ。オペセンには取締役である運航本部長や整備本部長の部屋があった。

◇

この日、松尾がオペセンに到着したのは、午後7時30分ごろだった。日航123便がレーダーから消えたのが午後6時56分過ぎ。時事通信社が特ダネのフラッシュ（速報）を新聞・放送各社に流したのが午後7時13分だった。新聞・放送各社は自社で裏取りの確認取材をしてから報道するので、松尾が車のラジオで臨時ニュースを聞いたのは、早くても午後7時20分ごろだっただろう。そこから計算すると、松尾が日航オペレーションセンターに着くのは、午後7時30分ごろになる。

父親の松尾静磨と母親のふみ。松尾芳郎が正月に川崎市内の自宅で撮影した=1971年1月（提供・松尾芳郎）

7 オペセン

日航123便が、相模湾↓伊豆半島↓駿河湾↓焼津↓富士山西側↓大月↓奥多摩↓三国山↓御巣鷹の尾根（墜落）…と通常の航路を大きく外れて迷走飛行を続けているころ、日本航空の幹部の多くは、東京都港区の新高輪プリンスホテル（現・グランドプリンスホテル新高輪）地下1階の宴会場にいた。関連会社の空港グランドサービス（現・JALグランドサービス）に出向した元役員を祝い、励ます祝賀パーティーだった。用事があった松尾芳郎は出席しなかったが、日航関係者ら400人が集まっていた。

パーティーが始まったのが午後6時半だった。社長の高《たか》木《ぎ》養《やす》根《もと》（1912年7月～1999年1月、享年86歳）が祝辞を述べ、主賓の元役員が挨拶した。高木は歴代の日航社長のなかで初めて内部からトップの地位に就いた人物である。初の生え抜きの社長だ。8月12日のこの日、役員会を招集し、日本航空の完全民営化を推進することを決め、役員たちの了承を得ていた。

乾杯も終わって出席者が昼間の暑さで渇いた喉をビールで潤し、用意されたオードブルを摘まみ始めた。シャンパンやワインの栓も開けられた。上司のグラスにビールを注ぐ部下たちやワイングラス片手に親しい同僚と会話を交わす社員たち…。天井から吊るされたシャンデリアがまぶしく光り、会場は時間の経過とともに和やかな雰囲気に包まれていった。

◇

ところが、午後7時過ぎ、ポケットベルが次々と鳴り始めた。運航本部の社員の1人はホテルの担当者から「オペレーションセンターから電話です」と呼び出された。

「羽田発大阪行きの日航123便のジャンボ機がレーダーから消え、行方が分からなくなっている」

このジャンボ機行方不明の情報は、すぐに運航本部長ら日航幹部たちに知らされ、会場にいた日航社員全員にあっと言う間に広がった。

「墜落事故だ」。会場はざわめき、どよめいた。

役員たちはホテルの車寄せから社用車のハイヤーに相乗りして羽田の日航オペレーションセンターへと向かった。部長や課長らもタクシーに次々と飛び乗って後に続いた。タクシーが来なくなると、日航の社員たちは国道まで走ってタクシーを拾った。社長の高木養根は新高輪プリンスホテルから別の会場に移動しているときに自動車電話で「行方不明」の連絡を受けた。祝賀パーティーは予定を1時間繰り上げ、午後7時30分に閉会した。

◇

パーティー会場やオペセンに向かう車のなかでみな「どうして巡航中の旅客機が落ちるのだろうか」「ジャンボ機が墜落するはずはない」と考え、「どうか不時着していてほしい」と祈った。

午後7時15分に在日アメリカ軍のC‐130輸送機が墜落現場の山中で火災を発見し、その6分後の21分にはスクランブルのF‐4EJファントム戦闘機からも火災発見の報告が入り、「墜落が確実となった」と「2フラッシュ（速報）」で書いたが、「日航123便のジャンボ機が行方不明」との一報にパーティー会場が大きくどよめき、混乱しているときだった。

◇

1985年8月13日の東京の日の出は、午前4時58分だった。長野、群馬、埼玉の県境の空は雲が少なかった。日の出が近づき、東の空が薄明るくなってくれれば、墜落した日航123便の機体が直接目で確認できる。夜間と違って山肌も見えるから自衛隊のヘリコプターや警察のレスキューヘリから降下してロープを下ろせば、そのロープで隊員が墜落現場に降り立つことも可能だ。

入間基地から飛び立った航空自衛隊のV‐107救難ヘリが午前4時39分、群馬県多野郡上野村の御巣鷹の尾根で大破している日航123便の機体の一部を発見した。この後、陸上自衛隊や空自、長野県警などのヘリも機体の破片を見つけ、救助隊の誘導が可能となった。近くに集結していた1000人、500人、1000人規模の自衛隊の部隊や警察官、消防隊員の救助隊がそれぞれ墜落現場を目指して移動を開始した。午前7時55分には長野県警のレスキュー隊員2人がヘリから墜落現場にロープを使って降りて捜索・救助活動を始めた。午前8時49分からは陸自習志野駐屯地の第1空挺団の73人の隊員が各ヘリからロープで次々と降下した。

朝もやが切れた。スギやダケカンバ、ブナの樹液の匂いがする。沢を黒いアゲハ蝶がゆっくりと、旋回しているのが見える。順光線がまんべんなくあたる向こうの尾根からは小鳥のさえずりが聞こえてくる。人里から戻ってきたのか、ウグイスの鳴き声もする。ヒグラシもすでに鳴き始めている。

しかし、墜落現場はムッとするジェット燃料の臭いが立ち込め、ところどころで白煙が立ち上っていた。捜索の結果、午前11時40分ごろまでに機体後部の残骸の中から4人の生存者が発見された。4人は後部の座席に座っていた。みな女性だった。大ケガを負っていたが、助かったのは奇跡だった。

◇

時間を戻す。松尾芳郎は日航オペレーションセンターに向かう社用車の後部座席で父親、松尾静磨のことを思い出していた。静磨は自宅にいても空の様子が少しでもおかしいとオペセンに電話を入れ、日航機の運航状況を確認していた。夜中にかかってくる電話を怖がった。事故ではないかと不安にさせられるからだった。

松尾静磨はパイロットやキャビン・アテンダント（客室乗務員）らの乗務員だけでなく、地上職の社員たちにも「臆病者と言われる勇気を持て」と教え諭した。他社の旅客機が降りていても、ちょっとでも危険だなと感じたら無理に着陸せずに引き返してほしい。臆病者とそしられようとそんなことは気にせず、安全を第一に考えてほしい。これが

詰めかけた報道陣に事故の状況を説明する日航広報部長の渡会信二=1985年8月12日、羽田空港の日航オペレーションセンター

静磨の安全運航に対する考え方だった。

毎年、元日には空の安全を祈って川崎大師に参拝し、その足で羽田空港に回ってオペセンや整備工場の現場を視察する。これが松尾静磨の正月だった。ときの評論家、大宅壮一をして「祈りの気持ちを持つ人」とまで言わしめたほどである。

松尾芳郎はそんな父親の背中をずっと見てきた。松尾自身も「臆病者と言われる勇気を持て」と教え諭され、「臆病は必ずしも悪くない」と考えるようになった。それだけに航空エンジニアとしての安全運航に対する思いはだれよりも強かった。「レーダーから機影が消えた」という第1報を社用車のラジオで聞いて不安になるなかで、父親の教えが痛いほど理解できた。

◇

12日午後7時30分ごろ、松尾芳郎が日航オペレーションセンターに到着したとき、まだ役員の姿はまばらだった。墜落が確実になると、オペセンでは対策本部作りが始まった。3階の会議室を2つぶち抜き、机と椅子をいくつも持ち込み、臨時電話を何台も引いた。本社の各部署から大勢の社員が集められ、その人数は100人を軽く超えていた。事故対策のマニュアルに従って総括情報、広報、整備、運航、運送総括、運送、総務、渉外、法務保険、事故調査、医療の計11班に分けられた。

午後8時ごろには社長の高木養根《たかぎやすもと》が到着した。午後8時30分過ぎ、2階に記者会見場が用意された。役員もそろった。対策本部の社員は200人に膨れ上がった。東京駅の丸の内に建つ東京ビル内の日航本社でも墜落したジャンボ機の便名、型式、出発時間と到着予定時間、機長を含む15人の乗員の名前、そしてアイウエオ順にまとめられた509人の乗客名簿が発表された。乗客名簿はすべてカタカナで、これに連絡先の電話番号が付いていた。オペセンの対策本部で作成されたもので、オペセンでも発表された。名簿を受け取った新聞・放送各社は人海戦術で電話をかけ、カタカナから漢字へ、さらに年齢や住所を追加して各版・放送時間ごとに何度も差し替えながらそれぞれ独自の乗客名簿を作った。

まだ墜落した位置は特定できていなかったが、午後9時25分にはバス3台に対策本部の社員100人近くが分乗し、第一陣として墜落現場を目指して出発した。これに医師や看護師も加わった。続いて第二陣、第三陣…と出発した。だが、お盆の帰省ラッシュで中央自動車道は大渋滞して墜落現場までの道のりは長く、遠かった。

◇

羽田空港の手前にある羽田東急ホテルには乗客の家族や知人が詰めかけ、壁に貼り出された乗客名簿から名前を捜した。名前が見つかると、みな泣き崩れた。午後10時ごろには広い7階の部屋に設けられた家族控室が300人で埋まった。午後10時40分、社長の高木がオペセンの対策本部を出てホテルに入り、集まった家族に「まだ、はっきりした状況は分かりませんが、長野県警から『落ちた』との連絡を受けました。関係者の方々には、ただただ申し訳ありません」と話し、深く頭を下げた。

◇

日本航空の現地対策本部は、墜落現場の上野村と同じく群馬県南西部に位置する藤岡市の藤岡公民館（現・地域づくりセンター藤岡）に設置された。松尾は夜遅く帰宅し、13日午前8時前に再びオペセンに入ると、社長の高木から現地対策本部のこの藤岡公民館へ行くよう指示された。

高木は航空エンジニアの松尾を信頼し、高く評価していた。安全性の高いジャンボ機がなぜ墜落したのか。機体に何が起きたのか。松尾を現地に向かわせたのは、その事故原因を一刻も早く突き止めてほしいという気持ちが強くあったからだ。

松尾はいったん川崎市内の自宅に戻って洗面道具や着替えの下着などを用意し、身支度を整えてから社用車に乗り込んで群馬県藤岡市へと向かった。

8 飛行写真

墜落事故の翌日、松尾芳郎は藤岡公民館に設置された現地対策本部で遺族の対応に追われた。午後1時40分ごろには、社長の高木養根も到着した。１遺族に最低１人の世話人を付ける必要があった。藤岡市には４００人を超える日航社員が派遣された。だが、５２０人という航空史上最大の死者を出した事故である。仕事は山ほどあり、社員の数は足りなかった。日本航空の全国の支社支店から派遣要員が次々とかき集められた。

派遣された社員の人数は、その後のピーク時で１１００人にもなった。日航が8月中に用意した車の借り上げ延べ台数もタクシー３６００台、ハイヤー３２００台、バス２５０台、トラック85台、遺体用の寝台車50台と多かった。外は灼熱《しゃくねつ》の暑さだった。湿度も高い。日航の社員はみな黒や紺、グレーのスーツ姿で、しかも男性はネクタイを締めていた。日なたに立っているだけで、汗が噴き出してくる。藤岡公民館のエアコンや扇風機はフル回転したが、それも限界がある。熱射病や日射病で体調を崩す社員も出た。いまの言葉でいえば、熱中症である。

現地対策本部の周囲はパトカーや消防車両、霊柩車、マスコミの取材車、ハイヤー、タクシーでごった返していた。ヘリコプターで墜落現場から運ばれてくる遺体は藤岡市立第一小学校の校庭に運ばれた後、藤岡市民体育館や周辺の学校の体育館に安置された。

◇

遺体はどれも墜落の衝撃でズタズタに引き裂かれ、損傷がひどく、目をそむけたくなるものばかりだった。手足がなかったり、頭蓋骨が潰れたりする遺体などまだいい方だった。大半の遺体があごの骨、歯、歯茎、内臓、胴体の一部…と引きちぎられていた。焼け焦げているものも多かった。バラバラの遺体は群馬県警の警察官や地元の医師、看護師らの手によって１つ１つ検視し、身元を確認して土の汚れを取り除いてから丁寧に安置された。しかし、どうしても氷やドライアイスは暑さですぐに溶けてしまう。ウジも湧く。安置所とその周辺は腐敗臭とお線香の匂いで一杯になり、それらが混じり合った異臭が遺体の安置作業を続ける日航社員の髪の毛や衣服にもこびり付いた。

遺族たちは遺体の身元が確認されるまで藤岡市内の小学校や中学校に設置された控室で待機した。無理もないが、世話役の日航社員に怒りや悲しみをぶつける遺族も多かった。13日午後2時8分、応急手当を受けた２人の生存者が自衛隊のヘリで藤岡市立第一小学校の校庭に到着した。その4分後には残りの２人の生存者も東京消防庁のヘリで運ばれてきた。

◇

日本航空が現地対策本部を置いた藤岡公民館と4人の生存者が運ばれた第一小学校は近かった。しかし、松尾は遺族の対応に追われ、4人が救急車で病院に運ばれるのを見送ることさえできなかった。そんななか、松尾は部下が買

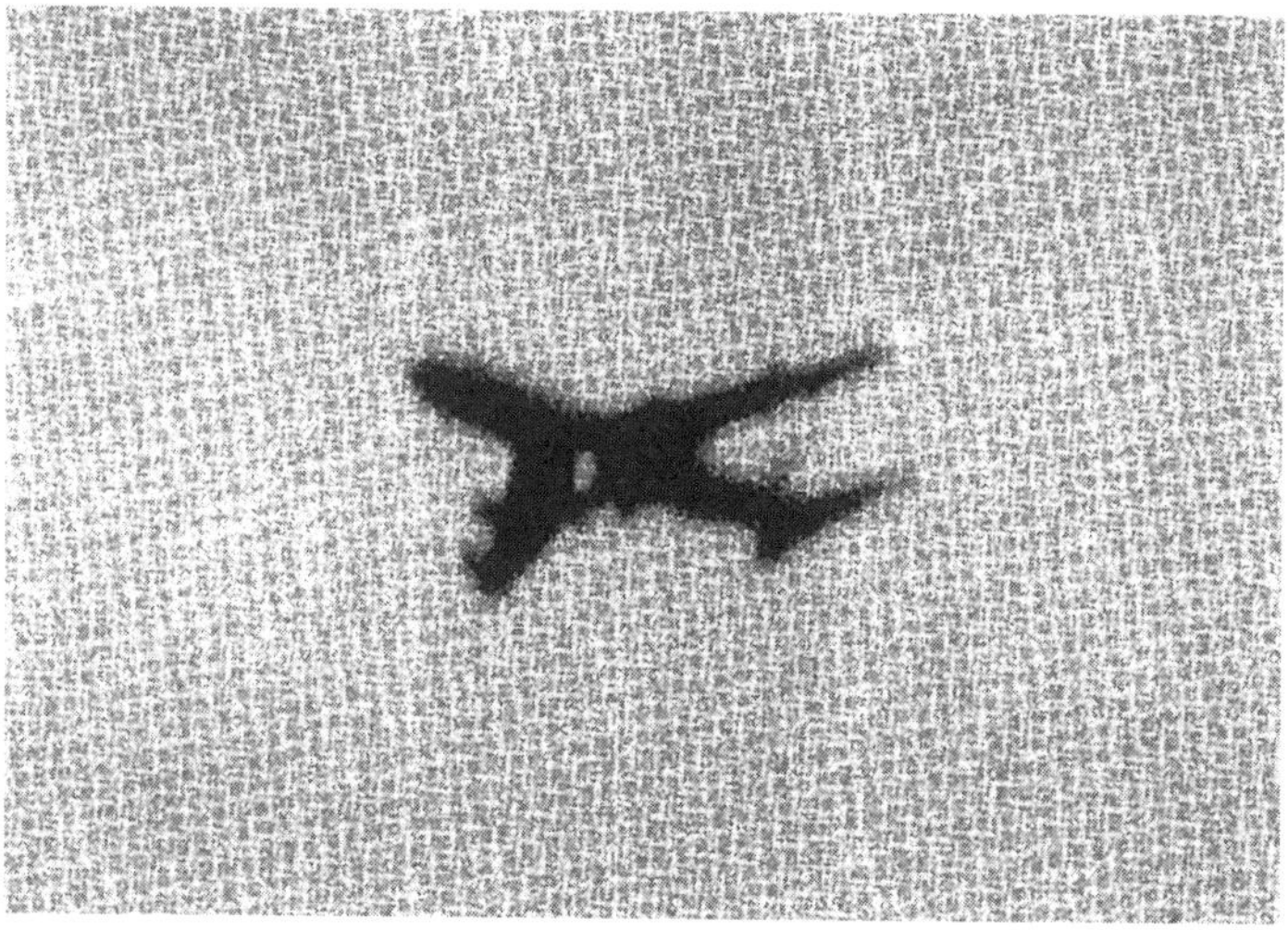

事故調査報告書241ページの「写真－124　奥多摩町上空を飛行中の事故機」

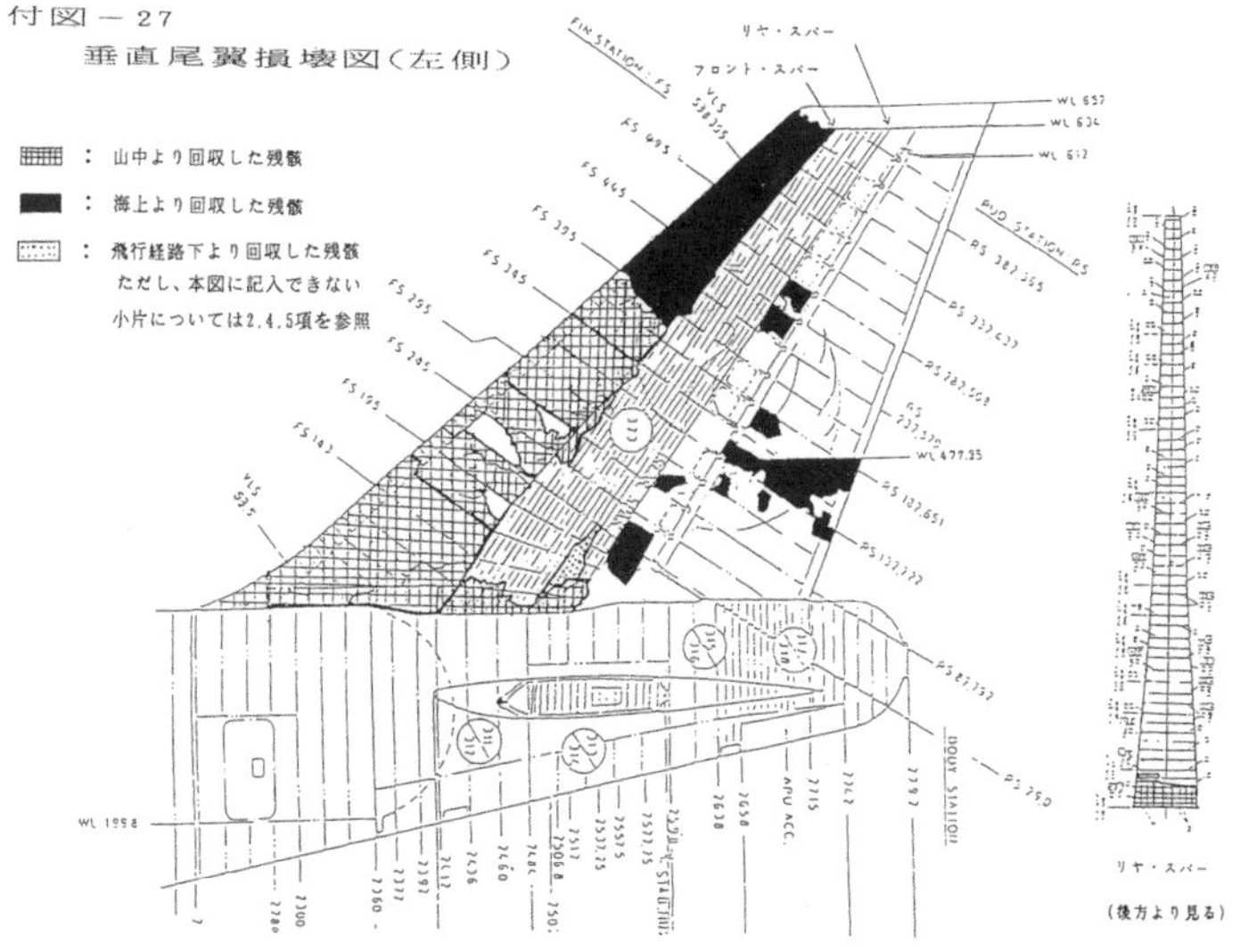

事故調査報告書163ページの「付図－27　垂直尾翼損壊図（左側）」。前縁を残して垂直尾翼の大半が吹き飛ばされた

ってきてくれた読売新聞の夕刊（8月13日付）に掲載された写真を見てハッとした。墜落直前の日航123便を東京都奥多摩町日原で撮影した写真だった。かなり引き伸ばしたのだろう。日航123便の影はぼやけている。だが、よく見ると、垂直尾翼の大半がないことが分かる。

なぜ垂直尾翼を失ったのか。この謎を解き明かすカギは、隔壁と与圧にあった。高い高度を飛行する旅客機は、客室やコックピットの気圧を地上の1気圧とほぼ同じ気圧に保つためにジェットエンジンの力で圧縮した空気を機内に送り込む。だから機体は風船のように膨らんでいる。これが与圧だ。

簡単に言えば、飛行機は軽合金のジュラルミン製の風船である。与圧で外に向かって膨らみ、日航123便で「ドーン」という異常音がしたとき（12日午後6時24分35秒）、高度が2万3900フィート（7285メートル）だったから機体には1平方メートルあたり5・85トンもの圧力がかかっていた計算になる。すさまじい圧力だ。この強い与圧の力を受け止めるのがお椀の形をした圧力隔壁だ。圧力隔壁は機体の前部と後部にある。

松尾はオペセンで前日の12日夜、日航123便の機体の国籍・登録記号が「JA8119」であることや、7年前の1978（昭和53）年6月2日に大阪国際空港（伊丹空港）で着陸時にしりもち事故を起こし、後部圧力隔壁（アフト・プレッシャー・バルクヘッド、直径4・56メートル、深さ1・39メートル）などを修理した機体であることを確認していた。御巣鷹の尾根に墜落する前にJA8119号機が管制やオペセンとやり取りした通信内容も聞いていた。

参考までに挙げると、JA8119号機の総飛行時間は2万5030時間18分、総着陸回数は1万8835回で、このうちしりもち事故で隔壁などを修理した後の飛行時間は1万6195時間59分、着陸回数は1万2319回だった。修理後のこの飛行時間と着陸回数の中で隔壁に疲労亀裂が発生していくことになる。

7年前のしりもち事故の当時、松尾は機体やエンジン、装備品の分解・組み立て・改修を担当する現場責任者の整備本部技術部長だった。松尾は垂直尾翼のないJA8119号機の飛行写真を見ながら思い出した。

「しりもち事故の直後、あの機体（JA8119号機）は応急的に仮の修理を施した後、伊丹空港から羽田空港まで飛ばして日航の整備工場まで運んだ」

その空輸飛行には松尾自身もオブザーバー・シート（機長席後ろの席）に座って同乗した。

「圧力隔壁が壊れていたから与圧はしないで低い高度（2000〜2500メートル）を飛行した」

「恒久修理はメーカーのボーイング社のチームが来日して羽田整備工場で行った」

◇

ところで、墜落事故の7年前に起きた問題のしりもち事故はどんな事故だったのか。事故は1978（昭和53）年6月2日の午後3時ごろに起きている。東京・羽田発の

115便（乗客乗員394人）として大阪国際空港（伊丹空港）に着陸した際、3回ほど大きくバウンドして機体後部の下部が滑走路に接触し、機体が壊れた。幸い火災は発生しなかったが、この事故で乗客2人が骨折や打撲の重傷、乗客23人が軽いケガを負った。

原因は着陸ミスだった。機長の着陸操作が不適切だったために機体がバルーニング（再浮上）し、このバルーニングを解消しようと、航空機関士（FE、フライト・エンジニア）がスピードブレーキ（グランド・スポイラー）の操作をしたが、失敗して揚力が急速に減少して落下した。

このしりもち事故でJA8119号機は、水平尾翼の水平安定板（ホリゾンタル・スタビライザー）駆動装置、補助動力装置（APU）のフレーム、下部構造体などの損壊、損傷、変形、亀裂、すり傷、摩滅のほか、7年後の日航ジャンボ機墜落事故の事故原因に直結する後部圧力隔壁の下部が変形した。

JA8119号機はさらに、墜落事故の1年前の1984（昭和59）年8月19日、北海道の千歳空港で着陸時に右の第4エンジン・ポッド（エンジンカバー、カウル）を滑走路に擦り付けてゴー・アラウンド（着陸の復行）する事故も起こしていた。ゴー・アラウンドに失敗していたら大惨事に結び付きかねない事故だった。度重なる不運を背負った機体、それがJA8119号機であった。

◇

新聞記事の飛行写真に添えられた記事は「墜落寸前の123便　カメラでとらえた」と見出しを立て、絵解き（写真の説明）には「12日午後7時前」と付けられていた。記事には撮影者の43歳の会社員の話として「まわりが薄暗くなったころ、南西の山あいから突然、低空で飛んで来る大型機が見えた。ふだん飛行機が通るコースでもないため、家族らと上空を見上げたところ、進行方向に向かって左側の翼が4回ぐらい下がったり、立ち直ったりしていた。フラフラしながら甲武信岳《こぶしだけ》の方へ飛び去ったが、異様な様子から『墜落するぞ』と夢中で手元にあったカメラのシャッターを押した」というような内容が書かれていた。

写真を見た後、松尾は「後部圧力隔壁が破断して機内の与圧された圧縮空気が機体後部の非与圧空間に一気に噴き出し、その上部の垂直尾翼を内側から吹き飛ばすと同時に垂直尾翼内の4系統すべてのハイドロ・システムも壊したのだろう」と推理した。「4　操縦不能」でも書いたが、ハイドロとは圧力のかかった作動油（ハイドロリック・フルイド）のことで、航空機はこの油圧装置によって飛行することができる。つまり、ハイドロ・システムが破壊されると、油圧配管からハイドロが漏れ出して主翼のフラップ（高揚力装置の下げ翼）やエルロン（補助翼）などの動翼を作動させることができなくなり、操縦不能に陥る。

松尾のこの推理を裏付けるように13日午後6時過ぎには、相模湾の海上で赤い鶴のロゴマークの一部が付いた垂直尾翼の垂直安定板前縁の破片（4・5メートル×1～1・5メートル）が見つかった。この後、垂直尾翼の下部方向舵や機体尾部の補助動力装置（APU）の一部も同じように海上で発見された。すべて「ドーン」という異常音とともに日航123便が落としたものだった。機長や副操縦士、航空機関士は垂直尾翼や油圧配管のハイドロ・システムを失って操縦不能に陥ったことが分からないまま、なんとか機体を立て直そうと懸命に操縦していたことになる。もちろんキャビン・アテンダント（客室乗務員）や乗客も異常な飛行がなぜ起きたのかを知る由もなかった。

◇

翌14日には運輸省航空事故調査委員会（事故調）のメンバーが墜落現場で、事故原因と注目されていた右側最後部のR5ドアを発見する。機体に付いたままのほぼ正常な形で、吹き飛んで垂直尾翼に当たって垂直尾翼を壊した可能性は消えた。

墜落直前の飛行写真については、運輸省航空局の幹部が「明らかに垂直尾翼がほとんどなくなっている」との見解を14日に示し、事故調もその後の調査の過程で、写真を東海大学技術センターが開発した画像解析技術（汎用画像処理システムTIAS2000）によって分析して垂直尾翼面積の少なくとも55％以上を失った状態で飛行していたことを突き止め、事故報告書に掲載する。

ボーイング社を全面的に信頼し、修理を依頼することを主張したのは松尾芳郎だった。その松尾が「それにしてもなぜ後部圧力隔壁が破断したのか。たとえば隔壁の修理が杜撰だと、そこから金属疲労を起こして短時間で隔壁に亀裂が入って与圧空気によって破断する。ボーイング社の修理はきちんとなされたのだろうか」と考えた。

この時点（墜落事故翌日の13日）で、隔壁破断から垂直尾翼の吹き飛ばし、油圧配管のハイドロ・システムの破壊、操縦不能という最悪のシナリオに気付いたのは、松尾のほかにはいなかっただろう。松尾は当時を振り返って「私でなくとも整備部門の担当者なら気付くはず」と謙遜するが、あのころの日本航空で松尾の右に出る航空エンジニア（技術者）は皆無だったと言っても過言ではない。事実、墜落事故の直後、日航社内から松尾と同じような推測の声は聞こえてこなかったし、墜落直前の写真とともに8月13日付の夕刊には事故の原因を探る航空専門家の推測や解説が掲載されていたが、どれも松尾の域には達していなかった。

たとえば、その推測や解説はこんな具合だった。

〈状況からパイロットの操縦ミスはない。事故機は墜落の直前に『右最後部のドア（R5）が壊れた。機内の気圧が下がっている。急下降する』『操縦不能だ』と管制に伝えている。R5ドアに何らかの異常が発生してこのドアを破壊するとともに垂直尾翼や水平尾翼も壊し、操縦ができなくなったのではないか。尾翼に定期検査でも発見できない微細なクラック（亀裂）が生じていた可能性がある。それとも尾翼付近で爆発が起きたのだろうか〉

前述したように14日には事故現場から機体にきちんと取り付けられたR5ドアが見つかり、この解説は意味がなくなる。

次のような解説や指摘もあった。

〈ジャンボ機は20万時間の飛行テストに耐えている。事故機は2万時間しか飛んでいないから機体の金属疲労が原因だとは思えない〉

〈就航15年間、ジャンボ機は設計上の基本的ミスによる大事故を起こしていない。安全な旅客機だ。だが、事故は考えもつかないことから起きることの方が大きい〉

9 落合証言

墜落事故から2日目の8月14日、松尾芳郎は4人の生存者の1人、落合由美を見舞い、「後部圧力隔壁の破壊による墜落」という自分の推理が正しいことを確信する。

落合は26歳になる日本航空の国内線アシスタント・パーサー（客室責任者補佐役）のCA（キャビン・アテンダント、客室乗務員）だった。前年の12月に結婚したが、1人で東京都港区の社員寮に住み、日航の子会社の社員で大阪勤務の夫（29）と別居生活を続けていた。

フライト勤務が明けた13日から6日間連休をとって夫の待つ大阪府豊中市内の自宅に帰るために日航123便（JA8119号機）に乗客として乗っていた。最後部から3列目の機首に向かって左側の通路寄りの56Cが座席だった。骨盤と左腕の骨折などを負って収容された藤岡市の多野総合病院（現・公立藤岡総合病院）で130針も縫う手術を受けた。落合はこの病院に2カ月入院した後、神奈川県厚木市内の県立施設に移って5カ月間にわたってリハビリを続けることになる。

奇跡的に助かったとはいえ、大ケガと長期にわたる治療が、事故の衝撃の大きさを物語っていた。精神的ダメージも大きかった。

松尾はこの日、午前10時30分に貨物事業総本部の取締役と2人で多野総合病院を訪ねている。朝から強い日差しが照りつけ、木々にとまったアブラゼミがうるさく鳴いていた。落合は全身包帯だらけでICU（集中治療室）の小さなベッドに横たわっていた。しかし、苦しそうな様子は見せず、松尾の質問に的確に答えた。面会時間は10分だった。松尾は面会が終わると、さっそく落合由美から聞いた話を報告書としてまとめ上げ、東京本社の専務取締役と常務取締役の2人にファクシミリで送信した。そのファックスのコピーが広報部長に渡り、その日の午後に記者発表された。

◇

落合由美の話を補足するために入れたダッチロール（蛇行運動）などの航空専門用語が多少混じっているが、松尾が送った「落合証言」をまとめたレポートは次のようなものだった。

〈私は56Cの座席で雑誌を読んでいた。後部客室の状況はいつもと変わりなかった。（離陸から13分後の）午後6時25分ごろ、「バーン」という音が上の方でした。そして耳が痛くなった。ドアが飛んだかどうかは分からない〉

〈床下やその他で、爆発音は聞こえなかった。同時にキャビン（客室）内が真っ白になり、キャビンクルーシート（客室乗務員用の座席）の下のベントホール（差圧調整口兼内部点検ドア）が開いた。床は持ち上がらなかった。ラバトリー（トイレ）上部の天井も外れた。同時に酸素マスクがドロップ。プリ・レコーデッド・アナウンス（録音された緊急放送）が流れ出した。このとき、ベルトサインは、まだ消えていなかったと思う〉

〈機体はかなりひらひらフライト（飛行）し、ダッチロールに入ったようだった。ややして富士山が左に見えたのでコックピット・アナウンス（操縦室からの連絡案内）はなかったが、羽田空港に戻るものと思った〉

〈10分ほどして酸素がなくなったが、別に苦しくはなかった。この間、コックピット・アナウンスはなく、パーサー（客室責任者）から非常事態のアナウンスがあった。後部のSS（スチュワーデス）と一緒にお客様に対してライフ・ベスト（救命胴衣）の着用と安全姿勢の指導をして回った〉

〈午後6時57分。その後、自分もベルトを着用して安全姿勢を取った。機体は、やがてかなり急角度で降下し出した（真っ逆さまという感じ）。まもなく2～3回強い衝撃があり、周りのイス、クッション、そのほかが飛んだ。自分の上にはイスがかぶさり、身動きができない状況だった。お腹がちぎれそうに苦しかったが、やっとの思いでベルトをはずすことができた。しかし、イスの間に体が挟まり、身動きはできなかった〉

〈ヘリコプターが見えたので、手を振ったが、向こうでは分からない様子だった。火災は周囲では発生しなかった。やがて眠ってしまった。男の人の声で目を覚ましたら朝だった〉

◇

落合由美の証言は、生存者による初めての説明であるとともに機内で何が起きたかを探る重要な手掛かりとなる。松尾にとっては事故の原因についての自分の推理を支える大きな柱となった。『バーン』という異常音」「耳の痛み」「キャビン内の真っ白い煙」「酸素マスク」という落合の言葉に、松尾はこう確信した。

「バーンという音は、後部圧力隔壁が破断した音だろう。隔壁が壊れて穴があき、そこから客室内の圧縮された与圧空気が非与圧空間に一気に噴き出した。同時に客室内では急減圧が起き、耳が痛み、真っ白い煙が発生した」

バーンという音は、「ドーン」というあの激しい異常音だ。離陸して約13分後の午後6時24分35秒、機体後部でのこの異常音をコックピット・ボイス・レコーダー（CVR）が記録している。さらに注目したいのは、白い煙だ。急激な減圧が生じた結果、客室内の温度が下がって空気中の水分があふれ出たことを示している。白い煙の正体は水蒸気や霧だ。

松尾はさらに「相模湾で見つかった垂直尾翼の破片は、この与圧空気で吹き飛ばされた一部だ。APU（補助動力装置）の破片も見つかっている。APUは後部圧力隔壁の後ろ側、つまり与圧されていない機体尾部にある。その手前の上部には垂直尾翼を内部から点検するための開口部がある。与圧空気はこの開口部に流れ込んで垂直尾翼を内側から破壊したのに違いない」と考えた。

APUは、Auxiliary Power Unitの略だ。本体が小型のガスタービンエンジンで、駐機時に電気や空調のための圧縮（高圧）空気を供給したり、エンジンを始動させたりする。飛行中のエンジントラブルの際にも電気と空気を供給する。

ている。垂直尾翼の内部には4つの油圧配管のシステムが集中している。垂直尾翼が破壊されると、油圧配管からハイドロ（作動油）が流れ出して操縦不能になる。このときパイロットが動かせるのは、4基のエンジンの出力だけになる。とんでもない事態が、日航123便のJA8119号機で起きていたのである。

◇

日本航空が「落合証言」を記者発表した直後、群馬県警が怒りをあらわにした。日航の記者会見をテレビで見たのだろう。14日の夕方、松尾は日航ジャンボ機墜落事故の捜査を担当する県警幹部に呼び出され、県警本部の2階の狭い取調室で激しく怒鳴りつけられた。松尾は落合由美から話を聞いた張本人ということだけではなく、現地に派遣された技術・整備部門のトップであり、事故原因を調査する日航の最高責任者だったからだ。

「警察が取り調べる前に生存者から話を聞くとはけしからん。しかもそれをマスコミに公表するとは、もってのほかだ」

「県警は面会謝絶というので事情を聴くのを控えていた。にもかかわらず、日航は県警より先に面会した。許しがたい」

松尾が「事故原因を調べるためには話を聞く必要がありました。落合は日航の社員です。日本航空のアシスタント・パーサーです。見舞って話を聞くのは当然です」と話しても、県警幹部は「言い訳だ」「証拠隠滅だ」「逮捕もできるぞ」と何度も怒鳴り散らした。

松尾は腹をくくってこう反論した。

「証拠隠滅などではない。事故原因の究明のためです。他意はない。逮捕するなら縄で縛ってもらっても構わない」

それでも県警幹部は攻撃の手を緩めず、松尾をなじった。途中、松尾が推理した事故原因を説明しても県警幹部は関心を示さなかった。夕食にカツ丼が出されたが、食べる気にもならなかった。窓のない薄暗い取調室で小さな机を挟んでさんざん文句を言われた末、松尾が解放されたのは10数時間後の翌朝7時過ぎだった。

◇

8月14日といえば、運輸省航空事故調査委員会が前日に現地入りして調査に乗り出したばかりで、事故の原因がどこにあるのかが見当もつかない時期だった。群馬県警にとっては航空事故の捜査は初めてだった。ましてや、520人が亡くなるという世界の航空史上最悪の未曽有の事故である。そんな大事故に対応できる捜査・調査の能力は日本の警察にはまったくなかった。

それにしても群馬県警の態度は横柄だった。その対応は理不尽であり、身勝手だった。日本航空を端《はな》から疑い、松尾を被疑者扱いして殺人事件の容疑者と同じように扱った。

なぜ、父や母、兄弟姉妹、子供たちは御巣鷹の尾根で命を落とさねばならなかったのか。肉親を奪われた遺族たちは少しでも早く事故の原因を知りたがっていた。国民は日航ジャンボ機墜落事故で航空機の安全性に強い不信感を抱

墜落現場の後部圧力隔壁。事故から4日後の8月16日に日米合同で調査、さらに22日にも調査が行われた＝群馬県上野村の御巣鷹の尾根

き、飛行機に乗ることに対して不安になっていた。事故機を運航していた日航には、そんな遺族や国民の要望に少しでも早く応える義務がある。だから日航は「落合証言」をすぐに発表したのだろう。

捜査の妨害や支障になるという群馬県警の考え方は閉鎖的だ。情報が外部に出なければ、余計な圧力を受けずにマイペースで有利に捜査が進められると考えたのだろう。筆者も駆け出しの新聞記者時代、捜査の本筋を突く特ダネを書くと、警察幹部に呼び出されて「捜査の妨害をする気か。当分の間、出入り禁止にする」と怒られたものである。

たとえば、警察の捜査は殺人事件などの強行犯を担当する捜査1課でも、贈収賄事件などの知能犯担当の捜査2課でも、まず事件の構図を描き、その構図に沿って捜査しようとする。そうした捜査手法は効率がいいかもしれないが、構図を間違えると、容疑者に自白を強要し、冤罪を生む危険性がある。構図の間違いに気付いた場合、すぐに振り出しに戻れればいいのだが、警察という組織の大きさや閉鎖性からなかなか後戻りできないケースもある。

◇

松尾は事故から2年後の1987（昭和62）年10月29日から翌年4月29日まで半年間にわたって群馬県警の取り調べを受けることになるが、群馬県警は横柄な態度や対応を変えることはなかった。いや、さらに厳しい態度、対応になった。群馬県警は取り調べ後の1988年12月1日に松尾を日航123便のJA8119号機を墜落させた容疑者の1人として業務上過失致死傷容疑で前橋地検に書類送検する。しかし、その結果は書類送検された関係者計20人＝日航12人、運輸省関係者4人（1人自殺）、ボーイング社4人（氏名不詳）＝全員の不起訴（1989年11月22日発表）だった。この不起訴1つを取っても群馬県警の捜査が無理なものだったことが分かる。

松尾は日航が「落合証言」を記者発表した直後に呼び出されて10数時間に及ぶ取り調べを受けたことを思い出し、こう話す。

「私たちが先に話を聞いたことで、群馬県警は面子をつぶされたと感じたのでしょう。事故直後で県警もいきり立っていました。仕方ないと思います。明治時代だったら拷問も受けたかもしれませんでしたが、暴力を振るわれたわけではないので『良し』と考えています」

だが、第3者の目から見て群馬県警の態度や対応は納得できるものではない。

◇

松尾は8月20日ごろまで、前橋市内のホテルに宿を取って現地に滞在した。蒸し暑い猛暑は続き、前橋のホテルから自宅に電話を入れ、妻に夏用のブラックスーツを新たに購入してもらうよう頼んだ。その後、日航の役員らは手分けして全国の犠牲者の葬儀に参列することになるが、松尾も大阪に飛んで10数件を超える遺族の通夜、葬儀・告別式に出席した。それが終わったのが8月末だった。残暑は9月に入っても厳しく、真夏の暑さが続いていた。

10　生存者たち

8月16日の夕方、日航アシスタント・パーサーの落合由美は報道陣のインタビューにも応じている。ただし、落合本人が直接答えたのではなく、報道陣に代わって入院先の多野総合病院（現・公立藤岡総合病院）の職員が質問してそれに落合が回答したものだった。報道各社に公開された、落合と職員との「1問1答」の録音内容のなかから主なものを拾ってみよう。

――いまの体調や気分はどうですか？

「気分はいいです。ただ腰がちょっと痛い」

――異常が起きたときに機内で絶叫や悲鳴はありましたか？

「はい、ありました。子供たちは『お母さん』と言ってましたし、パニックでしたので『キャー』という悲鳴ばかりです」

――急降下のとき、飛ばされたり、手荷物が吹き飛んだりしましたか？

「衝突防止姿勢で自分の足首をつかんで頭を両ひざの間に入れていましたから。下を向いていたので、周りの状況はよく分からないんですけど、みんなその格好でいたようです」

――墜落したとき、どんな気持ちでしたか？

「助からなければいけないと思いましたけど、体が動かなくてどうしていいか分からないという状態でした」

――なぜ助かったと思いますか？

「分かりません」

――墜落後、眠り込むまでどんな気持ちでしたか？

「口の中に砂が入ってくるので息苦しくなるから、自分の顔をちょっとでもそういうことのない方向に動かすのに精一杯でした。あとはノドがかわいて。ヘリコプターの音がしてずっと手を振っていたのですけど。気が付いてもらえなかったのか、ここまで来ることができないのか、と思いました」

――翌朝、救急隊員に起こされたときの気持ちはどうでしたか？

「『大丈夫だぞ』というふうに叫んで下さったんですけど、もう体が痛くて本当にこのままどうなるんだろうか、まだはっきり自分では分からない状態でした」

◇

さらに事故から1週間後の8月19日には4人の生存者のうちの1人で、12歳の中学1年生の川上慶子＝島根県簸川《ひかわ》郡大社町（現・出雲市）＝のインタビューも入院先の国立高崎病院（現・高崎総合医療センター）の看護婦長を通じて行われた。

落合由美のインタビューと違ってテレビカメラが病室内に入って映像を撮った。川上は生存者のなかで症状が一番軽く、時折笑顔を見せながら話していたが、それでも左前腕を骨折し、右前腕の筋肉も切断して神経が麻痺していた。右腕には痛々しく添え板があてられていた。

川上の座席は機体最後部の60Dだった。いっしょに乗っていた父（41）と母（39）、それに小学1年生の妹の咲子ちゃん（7）を失っている。見舞いの親類に「墜落直後は父と咲子が生きていた。咲子に『帰ったら私と兄とおばあちゃんの4人で仲良く暮らそうね』と励ましたその直後に血を吐いた」と語ったことなどがすでに報じられていた。

——「バーン」という音がしたとき、飛行機のなかで何が起こったの？

「左後ろの壁、上の天井の方が『バリッ』といって穴があいた。いっしょに白い煙みたいなものが前から入ってきた」

——そのとき何か考えましたか？

「怖かった。何も考えなかった」

——シートベルトはしていたの？

「したままだった」

——落ちて最初に気付いたときの様子は？

「真っ暗で何も見えなかった」

——お父さん、お母さん、妹の咲子ちゃんのことは覚えている？

「咲子とお父さんは大丈夫だったみたい。お母さんは最初から声が聞こえなかった」

——明るくなって見たのはなに？

「木とか太陽が差し込んできた。それに、寝転がったみたいになっていたから、目の前にネジのような大きなものが見えた」

——ほかに何も見えなかった？

「隣に何かタオルみたいなものが見えて、お父さんが冷たくなっていた。左手が届いたので触ったの」

——助けられたときは何を思った？

「お父さんたち、大丈夫だったかなあとか」

——ヘリコプターでつり上げられるときの気持ちは？

「出されるときね。妹の咲子がベルトで縛られているところが見えたから『大丈夫かな』と思った」

◇

落合由美、川上慶子に続いて長女とともに助かった34歳の主婦、吉崎博子（兵庫県芦屋市）は8月21日午後、事故の様子を実兄の質問に答える形で語り、その録音テープが報道陣に公開された。吉崎は夫（38）、長男（9）、長女の美紀子（8）、次女（6）の4人といっしょに東京の実家からの帰りに事故に遭い、夫、長男、次女を失った。座席は54Fで、美紀子が54Dだった。

パニック状態の機内で夫が「眼鏡をかけたままではケガをする」と心配してくれたことや、墜落後に美紀子に「ママ眠っちゃダメだよ。死んでしまうよ」と励まされたことなどが親類への取材によってすでに報じられていた。吉崎博子は多野総合病院に入院した後、都内の東京慈恵会医科大学附属病院に転院している。公開された録音テープの内容は次の通りだ。

——機内の様子は？

「私は眠っていたが、ドーンという音と同時に白っぽい煙と酸素マスクが出てきた」

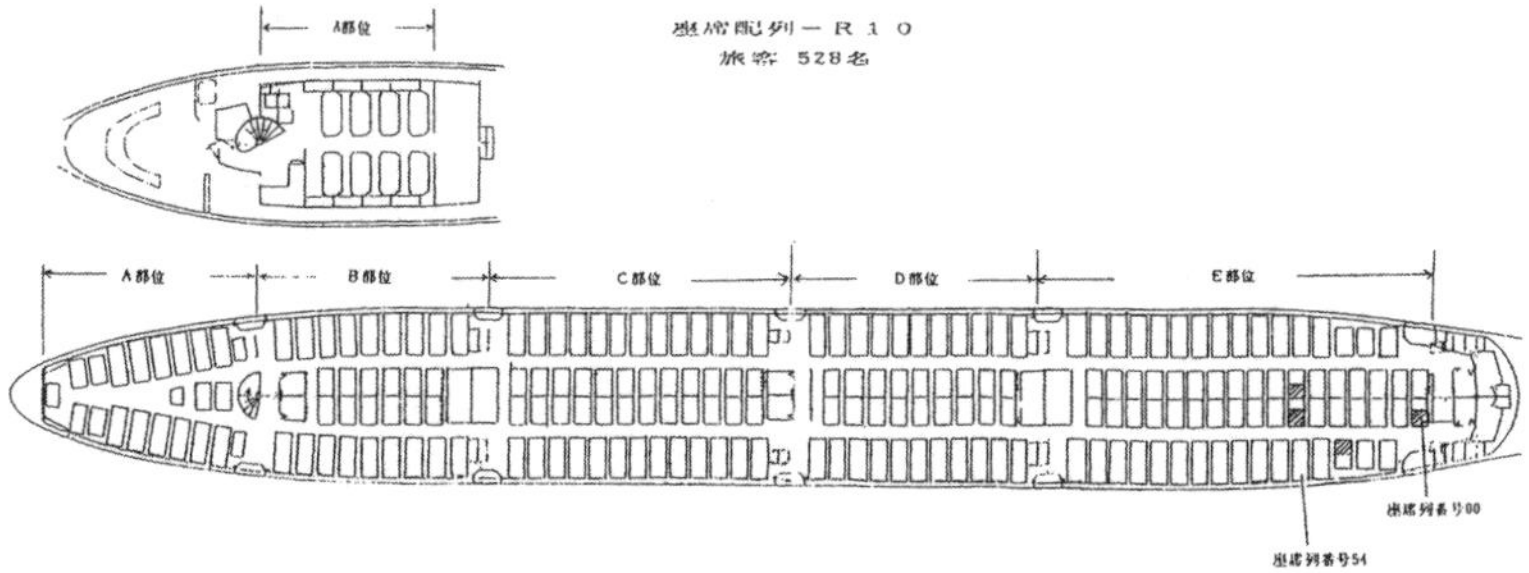

【搭乗者の座席位置】

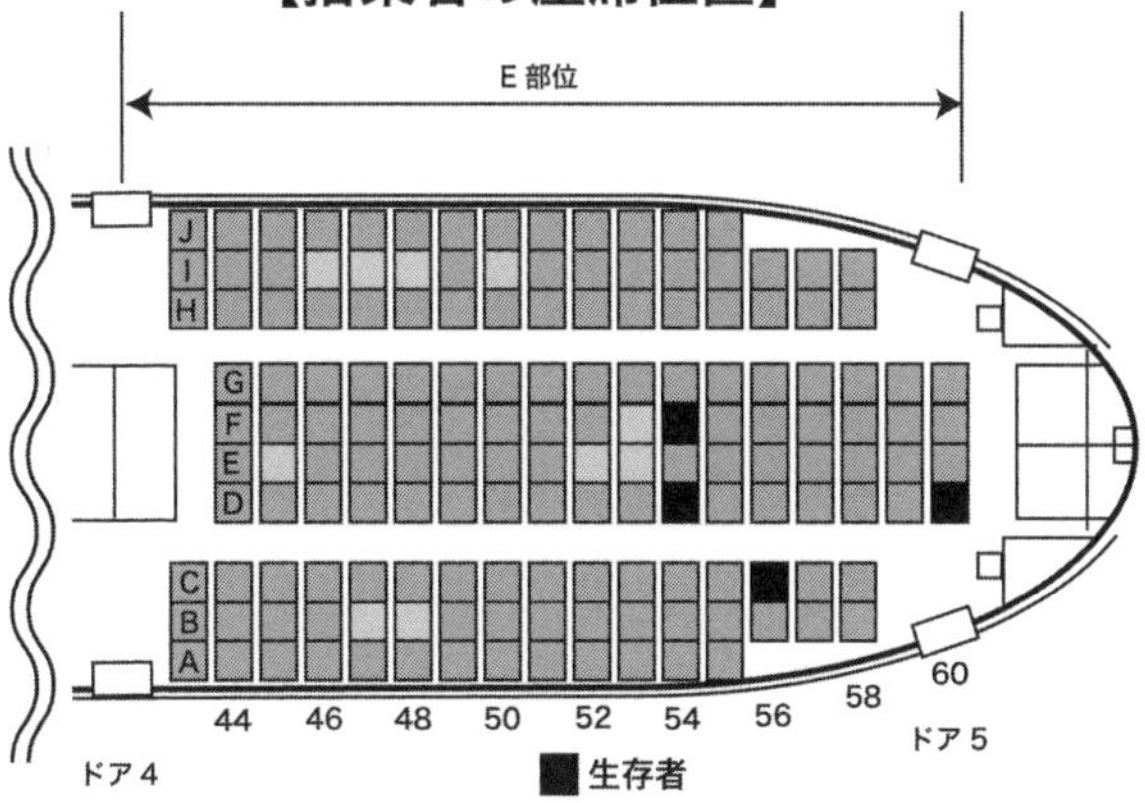

生存者…

吉崎博子 54F　吉崎美紀子 54D　落合由美 56C　川上慶子 60D

事故調査報告書141ページの「付図−5　胴体ステーション及び座席配置図」（胴体ステーション図は削除）と「生存者の座席位置」（作成・nangotakuya）

――乗客の様子は?

「酸素を吸うので精一杯だった。(酸素マスクの)数は十分だったと思うけど、我先に取り合っていた」

――子供の様子は?

「ゆかり(次女、死亡)は気分が悪く、マスクをしながら『あげそう』と言った。ゴミ袋をあてると、少しもどして真っ青で気を失った」

――墜落のときの気持ちは?

「ジェットコースターに乗ったような感じだった」

――ぐるぐる回ったりした?

「回ったりはしない。景色が次々、変わっていった。充芳(長男、死亡)はしっかりマスクをあてていた。お父さんが『子供がいるからしっかりしろ。うろたえるな』と言ってた」

――墜落の様子は?

「何回かに分けて落ちて行った。これが結構長かった。耳鳴りがしてよく聞こえなかったが、機内では赤ちゃんの泣き声がした」

――機内の放送は?

「『救命胴衣をして頭を両足の中に入れて』と放送があったが、美紀(長女の美紀子、生存)は救命胴衣を着けられなかった」

――墜落のとき、何を考えたか?

「絶対に無事に着くと思った。どこかが故障したぐらいに思った。スチュワーデスは『大丈夫、大丈夫ですから』と言っていた。不時着する覚悟でいた」

――落ちたときの様子は?

「美紀の声だけが聞こえた。それも夢かもしれない。眼鏡をはずしていたので見えなかった」

――いまの気持ちは?

「元気になりましたから、がんばって生きます」

◇

以上が生存者4人の証言である。計524人(乗客509人、乗員15人)中、助かったのはわずかこの4人だけだった。0・76%の生存確率である。墜落事故から2年後の1987年6月19日に公表された運輸省航空事故調査委員会の事故調査報告書のなかにある「生存者の受傷の状況」の項目(24ページ)にはこう記されている。

〈生存者は乗客4名(全員女性)のみであり、いずれも機体後部の座席列番号54から60、左側及び中央部の座席に着席していた〉

日航123便(JA8119号機)は最初に1本カラマツ(仮称)とU字溝(同)に接触して機体に残っていた垂直尾翼や水平尾翼、エンジンなどを落とした後、機首と右主翼を下に向けた状態で機首から山肌に墜落した。機体後部は墜落の衝撃で分離し、スゲノ沢第3支流側の斜面を滑り落ちた。

〈4名とも墜落激突時に発生した強度の衝撃によって部位の相違はみられるが骨折が認められ、程度の差はあるが外傷性ショックに陥っており、全治2箇月から6箇月の重傷

焼け焦げたJALのマークの入った主翼が痛々しい=1985年8月13日、群馬県上野村の御巣鷹の尾根

であった〉

4人が奇跡的に助かった理由について調査報告書は「乗客・乗組員の死傷についての解析」の項目（121〜122ページ）のなかで、〈4名とも後部胴体の後方に着座しており、数10G程度の衝撃を受けたものと考えられるが、衝突時の着座姿勢、ベルトの締め方、座席の損壊、人体に接した周囲の物体の状況等がたまたま衝撃を和らげる状況であったために、また、床、座席、ギャレイ等の胴体内部の飛散物との衝突という災害を受けることが少なかったこともあって、奇跡的に生還し得たものと考えられる〉と分析している。

◇

一般的に航空機が墜落するとき、機首から山などに激突するか、あるいは尾部から落下するかなど墜落時の機体の姿勢によって搭乗者の受ける衝撃は違ってくるし、山の木々がクッションとなって衝撃が和らいで助かるケースも過去にはある。だが、「数10G程度の衝撃」はかなりの力である。

このGとは衝撃加速度（衝突時に加わる力）のことである。Gが加わる方向には前方、下方、側方、上方とあり、さらにジェットコースターやエレベーターで下降するときに体が浮くように感じるときのマイナスGもある。もちろん、同じGでもその継続時間によって衝撃度は変わってくる。数10Gの衝撃とは、簡単に言えば、私たちが生活している地上の重力が1Gだからこれの数10倍、つまり自分の体重の数10倍もの重石がのしかかってくる圧迫である。

旅客機の離陸時のGは1・2Gほどで小さいが、筆者が産経新聞記者時代に防衛庁（当時）記者クラブに所属していたときの経験談を述べると、航空自衛隊のプロペラ練習機T3（縦列複座の単発レシプロ機、富士重工製）に搭乗してゆっくりループ（円を描く宙返り）飛行をすると、3Gはかかった。一瞬だが、3Gでも体が動かなくなったから数10Gとなると、やはりかなりの衝撃度である。

もちろん、T3の操縦は教官が行った。「6 飛行機の夢」でも説明したが、レシプロとはレシプロ・エンジン（ピストン・エンジン）の略で、レシプロ機は自動車のエンジンと同じようにピストンの往復運動を回転運動に変え、それによってプロペラを回して推力を得る。

◇

事故調査報告書によると、機体の前部胴体は墜落時に原型をとどめないまで大破し、その中にいた乗客乗員は数100Gもの衝撃を受けて即死した。後部胴体の前方座席の搭乗者も100Gを超す衝撃を受け、即死に近い状態だった。数100Gや100Gというと、人間の体は頭や首、胴体、手足がバラバラに引きちぎられてしまうような想像を絶する衝撃度である。火災も発生していたから即死後に焼けて炭化した遺体も多かった。

航空自衛隊の防府北基地で単発プロペラ練習機「T3」に搭乗した筆者(左)=1991年9月、山口県防府市(提供・空自広報)

第3章

ボーイング社の修理ミスが隔壁を破壊した

11 毎日の特ダネ

墜落事故から4日後、毎日新聞が朝刊（8月16日付）の1面トップに「最初に後部『隔壁』破裂」「客室から与圧空気が噴出」「垂直尾翼を壊す」との見出しを付けた特ダネを掲載する。この報道で後部圧力隔壁（アフト・プレッシャー・バルクヘッド）の破壊が大きく注目を集めることになる。

毎日新聞の記事のリード（前文）は次のようにまとめられていた。

〈群馬・上野村で墜落、炎上した日航ジャンボ機は、山腹に激突する約三十分前、垂直尾翼の相当部分を空中分解で失っていたが、運輸省航空事故調査委員会（八田桂三委員長）と群馬県警捜査本部は十五日、現場検証で、尾翼下にある『アフターバルクヘッド（隔壁）』が爆風を受けたように破壊していたことを確認した。このため、隔壁が客室内の与圧された空気に耐えられず破裂したとの見方が有力になってきた。隔壁が壊れると、客室内の空気が爆発的に尾翼内に噴き上げ、内部から垂直尾翼を分解させると専門家は指摘しており、救出されたアシスタントパーサーの証言とも一致している〉

「アシスタントパーサーの証言」とは、第3章で取り上げた落合由美の証言のことである。

毎日新聞の記事のリードはこの後、墜落事故の7年前に大阪国際空港（伊丹空港）で起きた「しりもち事故」に触れ、〈隔壁が壊れたのは五十三年の「シリもち事故」などで金属疲労、微細な亀裂などの劣化が進んでいたことに起因するものともみられる〉と指摘している。袖見出しにも〈シリもち事故に遠因？〉とあった。

しかし、しりもち事故の後でボーイング社が後部圧力隔壁を修理し、その修理にミスがあり、それが原因で亀裂が入って隔壁が破断し、操縦不能に陥ったことまでは言及していなかった。毎日新聞の取材は、まだそこまで及んでいなかったのである。つまり、航空技術者の松尾芳郎の推理の域までは達していなかったことになる。

日航ジャンボ機墜落事故では、主翼のエルロン（機体を左右に傾ける補助翼）やフラップ（揚力を増やすための下げ翼）、水平尾翼のエレベーター（上昇・下降させる昇降舵）などを動かす4系統すべてのハイドロ（作動油）・システムの油圧配管、それに垂直尾翼やAPU（補助動力装置）が与圧空気の吹き出しで瞬時に破壊され、吹き飛ばされた。操縦不能はハイドロ・システムの油圧配管から作動油が漏れ出したことに起因していた。毎日新聞の記事はこの操縦不能の具体的な理由についても触れていなかった。

最後に毎日新聞の記事のリードは〈同調査委などは回収した機体の分析を進めているが、隔壁破壊は調査の上で大きな焦点に浮上するとみられる。一方、日航、全日空などは同日夜、墜落したジャンボ機と同型機の垂直尾翼の総点検に入った〉と締めくくっている。

◇

航空事故の取材の場合、事故原因に結び付くキーワードを他社に先駆けて報じることが新聞記者や放送記者に求められる。その抜いた抜かれたに航空担当記者の醍醐味がある。その意味では、毎日新聞の1面トップ記事は「隔壁」を初めて、しかもストレートに出したみごとな特ダネ記事だった。

◇

毎日新聞の特ダネは小説にも取り上げられている。横山秀夫の『クライマーズ・ハイ』（２００３年8月、文藝春秋発行）である。日航ジャンボ機墜落事故を巡って群馬県の地元紙が「事故原因は隔壁」との特ダネを求め、裏取り取材までして打つかどうか迷った末、報じることができず、毎日新聞に先を越される。そんな新聞記者の取材合戦がリアルに描かれ、テレビドラマや映画にもなった。その『クライマーズ・ハイ』の一場面を挙げてみよう。

〈悠木は、手渡された毎日新聞をデスクの上に置いた〉

「悠木」とはこの小説の主人公の悠木和雅《ゆうきかずまさ》である。悠木は北関東新聞社（架空の群馬県の地方新聞、略称・北関《きたかん》）の統括デスクを務めている。横山秀夫はかつて群馬県にある上毛新聞社の記者だったというから、北関のモデルは上毛新聞なのだろう。

〈捲《めく》る必要はなかった。1面トップだ〉

〈「隔壁」破裂が有力――〉

〈奇しくも、北関が昨夜作った第2版と同じ見出しだった〉

この「第2版」とはあらかじめ特ダネの原稿を組んだゲラだ。しかし、特ダネは報道されず、第2版は幻の版となった。

〈記事の内容も似通っていた。機体後部の圧力隔壁が破裂し、客室内の与圧空気が噴き上げて尾翼を空中分解させた。そう推論している。そして、隔壁は事故機が七年前に大阪空港で起こした「しりもち事故」の際に傷み、劣化していたのではないか――〉

〈やられた〉

この「やられた」という言葉に取材の過酷さが滲み出ている。新聞記者、とくに事件記者を経験したことのある者にしか分からない過酷さである。航空事故に限らず、鉄道事故、原発事故、殺人事件、贈収賄事件、脱税事件…と事故や事件の取材の裏側には記者たちの戦いがある。その事故や事件が大きければ大きいほどその戦いは激しく、敗れたときの辛さは骨身に染みる。

◇

実際の毎日新聞の記事に戻ろう。リードの次の本文は〈同調査委などは、墜落原因は垂直尾翼の空中分解にあると断定、墜落現場の山中や、相模湾内で見つかった方向舵などの部品について、破損状態の分析や墜落の状況について調査を進めている。これまでに、方向舵などは高浜雅己機長（49）が初めてエマージェンシーコール（緊急連絡）を発した十二日午後六時二十五分ごろ、伊豆大島西方の上空を飛行中、分解、落下したものであることが、部品の回収地点、海流の状態などから判明。切り口にも内部から強い力が加えられ、もがれたとみられる形跡が認められた〉と書き出し、問題の隔壁についてはこう書かれている。

〈隔壁が破裂した場合は、与圧された客室内の空気が尾翼に突入、内部から垂直尾翼壁を破ることは明白。今回の事故で垂直尾翼が空中分解したのは、この隔壁破裂のためとみられる〉

〈隔壁は、垂直尾翼の前縁下部の、尾翼と胴体をつなぐ「リンク」の付近で、胴体内部を前後に遮断するもの。横から見ると、後部に弧を描くようなオワン型。強度の高いアルミ合金製で、胴体前部の客室の与圧をがっちり受け止める役割がある。このバルクヘッドの後部は上方部の垂直尾翼内部と同様、非与圧状態になっており、外気と同圧〉

〈乗客室内は、乗客が酸欠状態になったり、不快感を抱かないように、飛行中は空気を送り込んで〇・八気圧（地上は一気圧）前後の状態に保っている。このため、外気圧より相対的に高い気圧となり、外へふくらまそうという強い与圧が加わっている〉

〈この与圧はボーイング社の資料によると、ジャンボジェット機の場合、約二万五千《フィート》（約七千三百《メートル》）の上空で一平方《メートル》当たり、三―四《トン》の圧力。このためジャンボ機は、胴体や隔壁については、安全率も考慮して、十数《トン》の圧力にも耐えられるよう設計されている〉

その後の事故調の調査で、12日午後6時24分35秒、高度2万3900フィート（7284・72メートル）で起きた「ドーン」という異常音の直前の与圧は、1平方メートル当たり5・85トンであったことが分かる。与圧の設定には低与圧と高与圧の2つがあり、毎日新聞の記事の3〜4トンという数字は、この2段階の与圧設定のうちの低い方なのだろう。

記事には、「日航123便後部破壊状況」とのタイトルを付けた解説図も添えられている。客室の与圧空気が後部圧力隔壁を破裂させ、機体尾部の非与圧空間に抜け、垂直尾翼の内部に風圧がかかってこれを吹き飛ばし、同時に補助動力装置のAPUも吹き飛ばす様子が一目で分かる解説図である。8月15日までに相模湾の海上から見つかった垂直安定板（バーティカル・スタビライザー）と下部方向舵（下部ラダー）の一部も分かるように斜線で示されている。

◇

ところで、墜落事故翌日の13日午後6時半過ぎ、警視庁記者クラブの朝日新聞のボックスに「ほんの少し前、相模湾で何か重要なものが見つかったようだ」との電話がかかってくる。警視庁詰めの記者と親しい日本航空の関係者からの電話だった。

重要なものとは何か。電話を受けた記者が方々に取材して確認すると、日航123便が垂直尾翼の一部を相模湾に落としていたことが判明する。この日航関係者は「圧力隔壁が壊れるような異常な事態になっていたのではないか」とも推測していた。

◇

日航生え抜きの航空エンジニア（技術者）で、取締役・

整備本部副本部長（当時）の松尾芳郎は、墜落事故翌日の読売新聞（8月13日付）夕刊に掲載された墜落直前の飛行写真を見て垂直尾翼の大半を失っていることに気付き、「隔壁が破断して機内の与圧された圧縮空気が機体後部の非与圧空間に一気に吹き出し、その上部の垂直尾翼を内側から吹き飛ばすと同時に垂直尾翼内の4系統すべてのハイドロ（作動油）・システムも壊して操縦不能に陥った可能性が高い」と推理していた。

この松尾の推理には及ばないまでも、事故の翌日に「圧力隔壁が壊れるような異常な事態」とまで推測する日航関係者がいたのである。松尾も「日航の技術部門の人間なら隔壁の破壊ぐらいは考えるだろう」と回想している。そう考えると、毎日新聞の記事も日航社内の技術者から出た話、付き合いの深い日航社員の見解や推測に加え、運輸省航空局や事故調査委員会で取材を重ねた結果の特ダネだったのだと思う。新聞記者や放送記者にとって自分の専門分野の関係者との付き合いが、いかに大切であるかがよく分かる。「2　フラッシュ（速報）」で触れた、日航ジャンボ機の墜落のわずか17分後に「東京発大阪行きの日航123便がレーダーから消えた」との第1報を他社に先駆けて流した時事通信社の記者にしても、普段から航空関係者との付き合いを深めていたからこそスクープできたのである。

12　与圧と金属疲労

松尾芳郎がまとめたファイルの中の1つ、１９８８（昭和63）年2月11日付に次のような手書きの記述がある。

〈民間航空に最初に導入されたジェット機は、英国で開発されたコメット機であった。同機は１９５０年代のなかばに就航し、その高速性能で新しい航空輸送の先端を行くものとして世界の注目を集めていた。ところがその後数年して相次いで3機が空中爆発の事故を起こしたため、就航が中止された〉

〈調査の結果、事故原因は胴体の与圧構造が地上→高空→地上の飛行の繰り返しで疲労し、遂に与圧による圧力差に耐え切れずに破壊に至ったものと判明した。コメット機は設計、製造の段階でこの試験を十分に行っていなかったため、胴体構造が疲労によって破壊することが事前に分からなかったのであった。同型機に対してメーカーは早速、与圧・疲労試験を行い、胴体を補強して飛行を再開した〉

〈この事故を教訓として、その後出現したＤＣ‐８型機、Ｂ‐７０７型機等からは、設計と試作の段階で胴体の与圧・疲労試験を繰り返すことを必ず実施するようになった。以来今日までジェット輸送機ではコメット機と同種の事故は起こっていない〉

この記述のタイトルは「事故と安全性向上の例」。サブタイトルに「コメット機の空中爆発」と付いている。航空機の安全性向上の歴史を説明するため、松尾がコメット機の連続事故とその後の対応を簡潔に書き上げ、取り調べを受けていた群馬県警特別捜査本部に提出したものである。

◇

松尾は日航ジャンボ機墜落事故から2年余りたった後、平日は毎日、午前中から夕方まで群馬県警の取り調べを受けた。川崎市内の自宅には帰れず、夜は前橋市のホテルに宿泊した。群馬県警の取り調べは、１９８７（昭和62）年10月29日から翌年4月29日まで半年間も続いた。松尾のファイルにはその間の群馬県警とのやり取りが克明に記されている。

松尾は群馬県警の取調官（捜査員、刑事）に航空機の構造などについて繰り返し、丁寧に説明した。だが、なかなか理解してもらえなかった。航空知識において松尾と取調官の間には、大人と子供ほどの大差があった。松尾の取り調べに当たった捜査員だけではない。大半の捜査員が飛行機に乗ったことさえなかった。なぜ巨大な重いジャンボ機が空を飛べるのか。機体がどう揚力を生むのか。群馬県警は航空力学そのものを1から勉強しなければならなかった。

◇

ちなみに簡単に説明すると、揚力は気流の中で翼の上面と下面との気圧差によって生じる。翼の断面は上面がカーブし、下面が平らだ。翼の前端に気流が当たって上面下面と2つに分かれ、後端でまた出会う。上面の方の距離が長く、上面を流れる気流は下面の気流よりも速度が速くなり、上面の気流の気圧が低下する。その結果として航空機は揚力を得て飛び上がる。いわゆるベルヌーイの定理である。

取調官は殺人や強盗などの刑事事件の捜査には慣れていたが、航空に関する知識のない素人だった。だから松尾の説明を聞いても理解できないのも、無理はなかった。しかし、問題はそれ以上に群馬県警が事故原因の把握よりも業務上過失致死傷という刑事罪の立件に全精力を注いだところにあった。

◇

前述した松尾の解説にあるイギリスのコメット機（デ・ハビランド社製）は、第2次世界大戦（1939～45年）後の1949年7月に初飛行を行い、1950年代初めに世界初のジェット旅客機として華々しく就航デビューした。しかし、金属疲労による亀裂（クラック）を原因とする墜落事故を運航中に3回も引き起こす。その結果、世界の航空業界は金属疲労対策に迫られ、与圧・疲労試験を手厚く慎重に実施するようになった。だが、しかし、御巣鷹の尾根に墜落した日航123便（JA8119号機）の事故は、後部圧力隔壁（アフト・プレッシャー・バルクヘッド）の金属疲労が原因で起きた。

◇

ところで、アメリカのライト兄弟が人類初の有人動力飛行に成功したのが、1903年12月17日だった。場所はノースカロライナ州キティーホークの砂丘だった。機体はライト・フライヤー号と名付けられ、1つのガソリンエンジンで2つのプロペラを回転させた。上下2枚の羽布《はふ》（軽くて丈夫な布）張りの主翼の前方に2枚のエレベーター（昇降舵）、後方に2枚のラダー（方向舵）が付いていた。旋回するためのエルロン（補助翼）はなく、操縦者が主翼全体をねじることで機体を左右に傾けて旋回した。

弟のオービル・ライトが主翼の上に腹ばいになって乗り込み、最初に12秒間、37メートルの距離を飛んだ。最後の4回目には59秒間、向かい風の中で260メートルの距離を飛行した。高度は6メートルだった。これが人類初の有人動力飛行である。ライト兄弟は自転車屋を営みながら航空機とエンジンの研究・開発・設計を続け、みごと人類初の快挙を成し遂げたのである。

ライト兄弟の成功後、様々なタイプの飛行機が登場した。第1次世界大戦（1914～18年）が起きると、上下2枚の主翼を持ち、胴体後端に水平尾翼と垂直尾翼、前方にエンジンを付けてプロペラを回して牽引する型式が主流となる。機体の骨組みは木製で、その骨組みに羽布やベニヤ板を貼り付けていた。戦争末期に入ると、ドイツの技術者、フーゴ・ユンカース（1859年2月～1935年2月、享年76歳）がすべて金属製の飛行機を初めて開発する。これは主翼に支柱や張線（ワイヤ）を使わず、主翼が胴体に取り付けられた画期的なものだった。その後の航空機のモデルとなった。

◇

第1次世界大戦が終わると、民間輸送が盛んになり、航空機は速度の向上と機体の巨大化が求められ、木金混製、そして木金混製から全金属製へと移り変わっていく。1930年にアメリカのボーイング社が引き込み脚の全金属性の郵便機を製造し、近代的な航空機の型式が確立される。1936年にはやはりアメリカでダグラス・エアクラフト社が名機DC‐3を作り上げた。DC‐3は双発のプロペラ機で、その機体構造や性能だけではなく、航法や通信設備の面でも現在の旅客機の基礎となっている。

全金属製の機体には、アルミニウムを主体に少量の銅やマグネシウム、亜鉛などを添加した合金のジュラルミンが広く使われるようになる。他の金属に比べてかなり軽くて強いからだ。現在はこのジュラルミンの性能を上回る炭素繊維複合材が機体に使われている。

世界初のジェット旅客機のコメット機が金属疲労から連続墜落事故を引き起こして姿を消すと、代わって与圧・金属疲労の厳しい試験をパスしたボーイング社のB‐707（1957年12月、初飛行）やダグラス・エアクラフト社のDC‐8（1958年5月、初飛行）が登場する。B‐707もDC‐8も4基のジェット・エンジンを主翼に取り付け、長距離を高速で飛び、航空ファンの人気を集めた。第1世代のジェット旅客機である。なかでもDC‐8は日本航空が初めて導入したジェット旅客機となり、「空の貴婦人」と称された。

◇

ジェット旅客機は高高度（3万～4万フィート、9144～1万2192メートル）を飛行する。その理由は何か。高い高度は空気の密度が小さく、邪魔な空気抵抗が少なく、音速（マッハ1）に近いスピード（亜音速）で飛べるからである。ジェット・エンジンはプロペラを直接回転させるピストン・エンジンに比べ、空気密度が減ってもその推力が落ちない。しかも高高度は気流が安定していて揺れの原因となる雲が少ない。山に激突する心配もない。ジェット旅客機の飛行にとって高高度は打ってつけの場所なのである。

大気の層は地表の近くが対流圏で、空気の対流が盛んで雲が多く発生する。この対流圏の上が成層圏（地表から1万～5万5000メートルほど）だ。この成層圏はパイロット仲間の間で「憧れの成層圏飛行」という言葉が生まれたほどジェット旅客機の飛行に適している。

しかし、問題は気圧と温度である。成層圏は季節や地域で多少変わるが、たとえば、3万6000フィート（1万973メートル）上空の温度は氷点下56度と低く、それ以上高度が上がってもしばらくはほぼ同じ温度が続く。この状態の高度が成層圏だ。一方、気圧は1万8000フィート（5486メートル）で地上の半分、3万フィートで（9144メートル）で3分の1、3万7000フィート（1万1278メートル）で4分の1と、高度が上がるほど低くなる。マイナス56度、0・5～0・25気圧の環境下では人間は生命を維持することができない。1903年のライト兄弟による人類の初飛行の高度はわずか6メートルだった。それからコメット機の登場までわずか半世紀の間

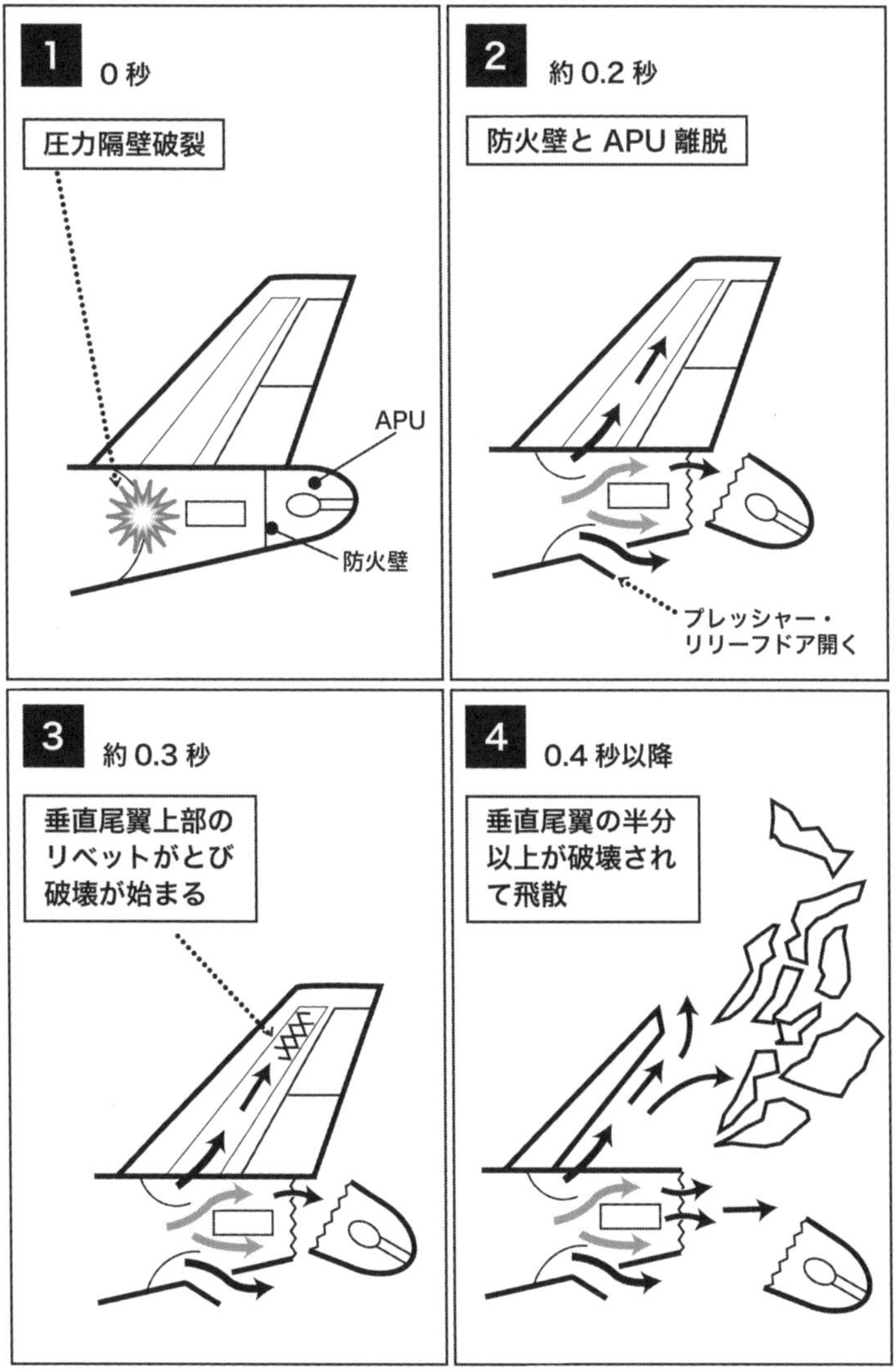

後部圧力隔壁の破裂から垂直尾翼の破壊まで0.5秒もかからなかった（作成・nangotakuya）

に航空機の飛行高度はとてつもなく高くなっている。

◇

それでは旅客機のなかで長時間、快適に過ごすためにはどうすればいいのか。ジェット・エンジンの余力を使って客室内に気圧の高い空気を送り込んで与圧し、エアコンも稼働させて温度を上げ、地上と同じ環境を作り出す。しかし、与圧は飛行回数という時間の経過とともに機体に金属疲労を引き起こし、空中分解という大事故につながる亀裂（クラック）を発生させる。アルミ合金のジュラルミンは外部からの力には強いが、内部から与圧をかけたり、減圧したりすると次第に疲労していく。それゆえ、定期的な検査が必要となる。

もう少し説明しよう。旅客機は離陸して高度が上がるとともに、与圧装置で与圧をかけ、反対に着陸するときは与圧を緩めていく。離陸して着陸する度に機体は加圧で引っ張られ、減圧でまた戻される。高高度ほど、機体の外となかの気圧差は大きくなる。軽量化で旅客機の外板は2ミリ程度とかなり薄い。そこに加圧、減圧が何度も繰り返される。ダメージが加わるのは外板だけではない。機首と尾部にある圧力隔壁も大きなダメージを受け、やがて金属疲労を起こし、亀裂（クラック）を発生させる。

◇

運輸省航空事故調査委員会が1987（昭和62）年6月19日に公表した事故調査報告書によると、日航123便（JA8119号機）は巡航高度の2万4000フィート（7315メートル）に到達する直前で後部圧力隔壁が「ドーン」という異常音とともに破断した。「3 異常音」でも触れたが、2万4000フィートという高度は、富士山の2倍ちょっと、エベレストの8合目ぐらいに相当する高さである。機体の内外の気圧差、つまり客室と後部圧力隔壁で隔てられた非与圧空間との気圧差は、0・58気圧（8・66psi）だった。これは1平方メートル当たり5・85トンという大きな荷重が圧力隔壁にかかる計算になる。

この荷重によって客室内の与圧空気が隔壁を破断し、0・2秒後にはAPU（Auxiliary Power Unit、補助動力装置）とその手前にある防火壁が破壊された。そしてトルクボックスと呼ばれる垂直尾翼を支える柱状構造物の下部にある点検口から入り込んだ与圧空気が垂直尾翼とその中の4系統の油圧配管であるハイドロ（作動油）・システムを吹き飛ばすのは、圧力隔壁破断からわずか0・3〜0・4秒後だった。0・5秒以内に破壊が次々と進んだことになる。それにしてもものすごいスピードだ。

B‐747型ジャンボ機の場合、後部圧力隔壁は定期整備でその背面を調べる。機体尾部（隔壁から尾部までの胴体部分のセクション48）下のアクセス・プレートを外して内部に入って点検する。セクション48にはこうしたアクセス・プレートが大小合わせて4つある。いずれもAPUから隔壁下部を通過してエアコン・システムに圧縮空気を送るダクト（パイプ）が破損した際、一定の空気圧によって開くプレッシャー・リリーフ・ドアを兼ねているが、客室の与圧空気の強い吹き出しを逃がすためのものではなく、強烈な吹き出しには対応できない。

　松尾も「プレッシャー・リリーフ・ドアがすべて完全に開いていれば垂直尾翼の破壊は防げたのではないかという意見がある。だが、リリーフ・ドアは客室の与圧空気量に対応できるようなものではなく、『防げた』という意見は間違っている」と指摘している。

13 コメット機の連続事故

旅客機は離陸した後、高度を上げ、水平飛行に移ると、0・2気圧の高度1万メートル（3万2808フィート）の成層圏を音速に近い時速900キロのスピードで運航する。

1万メートルの高高度では、外気は零下50度～60度、気圧は地上の5分の1で、気圧の低下によって酸素圧（酸素濃度）もかなり少なくなり、人は生きていけなくなる。このため客室内の温度、湿度、換気、空気圧（与圧）はすべてジェットエンジンの圧縮機能を利用した与圧システムのエア・コンディショニング・システム（空気調整装置）でコントロールされ、人にとって快適な状態になっている。たとえば、客室内の気圧（空気圧）は、このシステムによって0・8気圧、つまり2000メートルの山の山頂と同じ環境下に保たれる。これを客室高度と呼ぶ。

旅客機はジェットエンジンの開発と進歩によって飛行高度を上げ、高高度の成層圏を飛べるようになった。成層圏の飛行は、気象条件に左右されずに予定の時間通りに目的地に到達できる運航を可能にした。

しかし、飛行中の与圧の繰り返しが金属疲労の亀裂（クラック）を発生させ、空中分解、空中爆発という大事故を招いた。その最初の惨事がコメット機（イギリスのデ・ハビランド社製）の連続3回の事故だった。

ここまでは前項の「12 与圧と金属疲労」で詳しく書いた。コメット機の事故は、日航ジャンボ機墜落事故を考えるうえで欠かせない。そのコメット機の事故とはどんなものだったのかについて詳しく解説したい。

◇

コメット機は1952年5月2日、BOAC（国営イギリス海外航空）の定期路線に就航した。3万5000フィート（1万668メートル）の高高度を高速で飛ぶ、世界初のジェット旅客機として人気を集めた。もちろん機内は与圧によって空気圧が調整されていた。しかし、就航からちょうど1年後の1953年5月2日に最初の悲劇が起きる。

この日の夕方、インドのカルカッタのダムダム空港からデリーに向けて離陸したその6分後の午後4時35分ごろ、高高度の成層圏を目指して上昇中、雷雨をともなう激しい嵐に遭って墜落し、乗客乗員43人全員が死亡した。

事故調査で飛行中に機体が破壊されたことは判明したが、それが突風によるものなのか、パイロットが無理な操縦をした結果なのか、それとも別の原因に由来するのかは、突き止めることができなかった。

◇

翌1954年1月10日、2回目の惨事が起きる。乗客乗員35人を乗せたBOACのコメット機は、イギリス・ロンドンに向けてイタリア・ローマのチャンピーノ空港を飛び立ち、離陸20分後の午前11時ごろ、高度2万7000フィート（8230メートル）に達する手前で管制との連絡を絶ってエルバ島付近の海上に墜落した。乗客乗員は全員死亡した。

エルバ島はイタリア半島西側の地中海のティレニア海に浮かぶ小さな島だ。白い砂浜と青い海に囲まれ、ワインや豊かな魚介類を使った料理が美味しく、イタリアを代表するリゾート地である。ナポレオン・ボナパルトが追放された地としても知られている。

◇

この事故の後すぐにコメット機の運航は中止され、BOAC、イギリス航空局、機体を製造したデ・ハビランド社の3者が共同で事故原因の調査に乗り出した。遺体とともに墜落現場の海上と海中から機体の残骸や積み荷を回収し、墜落を目撃した漁民たちから「爆発音の後、機体がバラバラになって炎と煙に包まれて落下していった」との証言も得た。

実物の機体を巨大なタンクに入れ、ポンプで水を機内に送り込む与圧の実験も行われた。その結果、火災、突風、フラッター現象などが事故原因と考えられた。機体の金属疲労も事故原因の1つに加えられた。フラッター現象とは風で旗がはためくようにエルロン（補助翼）、フラップ（下げ翼）、ラダー（方向舵）などの動翼が気流を受けて振動を起こすことを指す。この現象が構造破壊に結び付くことがある。

事故調査の結果を受けて機体に改修が施され、事故から2カ月と2週間後の3月24日にはイギリス航空局は飛行の再開を許可した。

◇

ところが、それからわずか15日後の4月8日、南アフリカ航空のコメット機がローマのチャンピーノ空港からエジプトのカイロに向けて離陸した38分後の午後7時10分ごろ、高度3万5000フィート（1万668メートル）近くを上昇中、イタリアのナポリの近海に墜落した。この事故で乗客乗員21人全員が亡くなった。3回目の墜落事故だった。翌9日、コメット機の運航は再び中止された。

水深が深く、残骸の大半は回収できなかったが、機体が与圧に耐え切れずに壊れて空中分解したものと考えられた。エルバ島付近の海上に墜落した2回目の事故の原因も事故形態から与圧による金属疲労が関係していることが確実となった。

3回目の事故を起こした機体は、総飛行時間が2704時間で、1952年9月の初飛行から1年7カ月しかたっていなかった。飛行回数は900回程度とみられ、この回数だけ与圧を繰り返したことになる。与圧をかけると、機体壁は伸び、与圧を切ると機体壁は縮んでもとに戻る。これが何度も繰り返されることで機体は金属疲労を引き起こし、亀裂（クラック）が生じる。亀裂は空中分解、空中爆発の大事故に直結する。

「初飛行から1年7カ月」「総飛行時間2704時間」「飛行回数900回」。機体はまだ新しい。それなのに金属破壊を引き起こした。コメット機が与圧に対する金属疲労対策を設計に組み込んでいなかったからである。

◇

参考までに挙げると、日航１２３便となるＪＡ８１１９号機は、１９７４（昭和49）年1月30日に製造が終わり、その直後に日本航空に引き渡された。総飛行時間は2万５０３０時間18分、飛行回数に当たる総着陸回数が1万８８３５回である。１９７８（昭和53）年6月2日にしりもち事故を起こし、同年6月17日～7月11日（仮修理は6月7日～14日）の間、ボーイング社のＡＯＧチーム（派遣修理チーム）の手によって後部圧力隔壁などの修理が実施され、製造から11年半後の１９８５（昭和60）年に御巣鷹の尾根に墜落している。しりもち事故の修理後からの飛行時間は1万６１９５時間59分で、着陸回数は1万２３１９回だった。

時代が違うとは言え、コメット機の金属疲労がいかに早く進んでいたかがよく分かる。

コメット機は高高度の成層圏を、与圧システムを使って世界で初めて飛んだ旅客機だった。未知の飛行に挑んだわけだ。当時の飛行知識や航空技術を考えると、金属疲労の問題を軽視するなど設計上の安全基準が低かったとしても、それは無理もないことだったかもしれない。大切なことは、事故を教訓にして再び同様の事故を引き起こさないことである。航空機メーカー、エアライン（航空会社）、行政の航空局、事故調査委員会など関係機関が協力して事故原因を追究し、明らかになった事故原因を世界の航空界に向け公にして再発防止に役立てることが何よりも重要である。

14 セクション41

日航ジャンボ機墜落事故では、後部圧力隔壁（アフト・プレッシャー・バルクヘッド）に金属疲労による亀裂（クラック）が徐々に発生し、最後は与圧に耐え切れなくなって破断して大きな穴があき、それが墜落事故へとつながった。穴は計2～3平方メートルもあり、その穴や圧力隔壁の破断箇所から客室内の与圧空気がものすごい勢いで吹き出し、垂直尾翼やAPU（補助動力装置）などを機外に吹き飛ばすとともにハイドロ（作動油）・システムを破壊して機体は操縦不能に陥った。その間、1秒もかからなかった。

1953年から1954年のコメット機の連続事故以来、世界の航空機メーカーと航空会社はともに協力し、与圧が機体の金属疲労を招く問題に細心の注意を払い、設計・製造段階から金属疲労試験を繰り返し、与圧に強い機体を製造して運航してきた。だが、それでも与圧システムを使って成層圏の高高度を長期間、飛行してきた経年機（高齢機、古い機体）には金属疲労・亀裂の問題は避けられなかった。

◇

日航ジャンボ機墜落事故が起きる2年前、松尾芳郎ら日航の技術陣の大がかりな特別検査によってジャンボ機の機体外板などに多数の亀裂が見つかり、メーカーのボーイング社を驚愕させている。さらに日航ジャンボ機の墜落事故が起きると、亀裂の発生以外にも事故の原因を調べる過程でB‐747型ジャンボ機の問題点が次々と明らかになり、ボーイング社は改修作業と設計変更を余儀なくされる。

運輸省航空局も日本航空に対し、墜落事故から23日後の1985年9月4日付で事故機と同じ国内路線用のB‐747SR型ジャンボ機のうち飛行回数の多い経年機に対し、「内張り、内装材をすべて取り外してその与圧構造を可及的速やかに総点検するとともに国際線用のLR型機も順次検査する」ことを求める業務改善勧告を出しているが、この指示が日航の検査体制をより充実したものにさせた。

型式名のB‐747に続く「SR」は「Short Range（短距離）」の略で、日本の国内線用に製造された機体を意味する。日本の狭い国土を1日に何度も離発着するため、繰り返される与圧・減圧や離発着時の衝撃に耐え得るように機体構造が強化されたいわば特別機である。これに対し、「LR」は「Long Range（長距離）」のことだ。国際線の長距離運航の機体を指す。B‐747型ジャンボ機は、国際的にはこのLRが一般的だった。

◇

ところで、墜落事故の前に多数の亀裂が見つかったのが、「セクション41」と呼ばれる機首部分の外板である。2階建て構造の膨らんだ部分（クラウン・エリア）で、コックピット（操縦室）などが入り、断面が洋ナシに似たややくびれた形をしている。この部分は丸い胴体に比べ、与圧を不均等に受けるために金属疲労を起こしやすい。

多少専門的な難しい話にはなるが、亀裂（クラック）による機体の破壊を理解するうえで欠かせないと思うのでセクション41問題を詳述してみよう。

◇

松尾は群馬県警の取り調べに続いて1989（平成元）年2月9日から同年3月20日まで東京地方検察庁の検事の取り調べを受ける。取り調べの初日（2月9日）、「ボーイング747型機の構造及びシステムの変遷－JA8119機事故に関連して」という松尾がまとめた33枚の書類（ワープロ書きの資料）を東京地検に提出している。この書類は松尾の手によって「日航・松尾ファイル」の一部として保存され、そこには、〈123便事故後に問題が顕在化したため、ややもすると事故原因と関連付ける向きもあるが、両者にはまったく関係がないことを断っておきたい〉と言及したうえで、セクション41問題についても記載されている。

〈日本航空の国内線用の747SR機では、サイクル数（飛行回数）の増加とともに1982年ごろよりSECT41の胴体外板継ぎ目やフレームにクラックが発見され始めた。このため我々は1983年にSR機のうち高サイクルの2機を選び、SECT41のみならず胴体全般にわたり広範囲な特別検査を行い、状況の把握に努めた〉

繰り返すが、日航が特別検査を実施した1983年は、墜落事故の起きる2年も前だった。松尾ファイルにある「SECT41」がセクション41のことだ。クラウン・エリアと呼ばれる機首部分の膨らみのある2階構造の部分である。一方、後部圧力隔壁や垂直尾翼などがある胴体尾部は、セクション48と呼ばれる。

胴体の骨組みはいくつものリング状のフレーム（枠）とこれと交わる複数のストリンガー（縦通材、補強材）で構成され、この骨組みにアルミ合金の外板が張られている。

〈この結果、差し当たり、問題はSECT41に集中していることが分かり、他の高サイクル機についてもこの部分の検査を重点的に行い、必要な処置を取ることとした。そしてボーイングに対しても逐一その内容を伝え、改良を行うよう要請していた〉

〈その後1985年秋以降、すなわち123便の事故後に実施されたSR機のうち、高サイクル機6機の胴体構造にかかわる一斉検査では、これらのクラックが増えていることが判明した。この検査は、1機当たり平均20日以上と4万工数を費やして機内のすべての内張りを撤去して全与圧室構造を調べるという、完全な構造検査であった〉

工数とは作業量、作業時間のことである。旅客機の整備は数日かけて念入りに検査する定期の重整備（3000飛行時間ごとのC整備）でさえ与圧構造をすべての内装材を取り外して点検するわけではない。それゆえ、このときの日航の検査は大がかりで厳密な検査となった。

◇

この検査で分かったことについて東京地検に提出した松尾の書類（資料）にはこう書かれている。

〈修理を要するクラックの長さは1～2ミリのものを含め、

１機平均85カ所が検出され、その約70パーセントがＳＥＣＴ41に集中しており、このため各機のＳＥＣＴ41ではそれぞれ1～8本のフレームが交換された〉
〈さらに改修のため、１９８６年1月にボーイングに搬入された他社の機体でも同様の例が見つかり、その中の１機には隣接する３本のフレームが破断しているのが発見された〉

亀裂が外板だけでなく、強度を保たなくてはならないフレームにまで及ぶというのは、重大な問題である。しかも亀裂だけではなく、その先の破断にまで至っていた事例があったことはより深刻な事態だった。

日本航空の大がかりなこの検査の結果を受け、アメリカの連邦航空局（ＦＡＡ）は１９８６年1月、エアライン各社にＢ‐７４７型機の総点検を指示した。松尾芳郎はこの年、日本航空宇宙学会主催の第24回飛行機シンポジウムでこのセクション41問題の概要や墜落事故の原因について発表している。

◇

松尾が東京地検に提出したＢ‐７４７型ジャンボ機のセクション41問題に関する書類（資料）はさらに続く。

〈(破断事例は）フェイル・セーフ設計の考え方に反する件として重要視され、このため、先に行われたわが社の６機の構造検査結果と合わせて業界におけるＳＥＣＴ41の検査強化とボーイングによる設計改善が促進されることとなった〉

フェイル・セーフ設計とは、第2章の「６ 飛行機の夢」で触れたフェイル（ｆａｉｌ、破損）してもセーフ（ｓａｆｅ、安全）に飛べる「多重安全構造」のことである。

〈１９８６年3月より、世界主要航空会社における一斉検査が始まり、1万サイクル以上使用された機体を主にして同年5月までに約２００機について行われた〉
〈フレームでは、切欠部の形状を変え、応力集中を少なくするとともに材料を従来の７０７５系から２０２４系に改め、さらに板厚を1～2ゲージ厚くした。胴体上部については、一部の外板と縦通材の板厚をそれぞれ厚くして対処することとなった〉

「切欠《きりかき》」とは切り込みのことで、「応力集中」はフレームの切り込みの形状によってそこに加わる力が数倍に増すことを意味する。

〈現用機に対しては、１９８７年1月より部分的な改修が始められ、同年末からはＳＥＣＴ・41全体の改修が、主要航空会社とボーイング社で開始されている。新造機に対しては、１９８６年末から部分的に改良が始まり、１９８７年末からは新設計のＳＥＣＴ41が組み込まれるようになってきた〉

金属疲労による連続事故を引き起こしたコメット機事故の教訓から、世界の航空機メーカーは通常、設計目標寿命（想定飛行回数、経済設計寿命）の2倍の疲労試験を実施してきた。だが、ボーイング社はＢ‐７４７型ジャンボ機に対し、「2万サイクル（2万回の飛行回数）」という設計目標寿命と同じ疲労試験しか実施しなかった。

なぜ、設計目標寿命を超える疲労試験を実施しなかったのか。ボーイング社が「B‐747型ジャンボ機の開発を急いだためだ」との見方があるが、松尾は「B‐747型機はもともと日本の国内線のような飛行距離が短く、離発着回数の多い路線ではなく、離発着回数の少ない長距離路線を飛ぶ設定だったのでそれで十分だと考えたのだろう」と解説している。

ただし、ボーイング社の金属疲労に対する試験が不十分だったことは否めない。そのまま何年も放置されていれば、コメット機のような空中分解や空中爆発という大惨事を誘発していた可能性が高かった。結局、ボーイング社は胴体だけではあるが、１９８８年11月から2倍の疲労試験（4万サイクル）を行うようになった。

15 アメリカの深謀

ここで少し復習しておこう。

松尾芳郎は墜落事故翌日の読売新聞夕刊（8月13日付）に掲載された事故機の飛行写真を見て「後部圧力隔壁が破れ、キャビン（客室）の与圧空気が機体尾部の非与圧空間に吹き出し、垂直尾翼の大半を吹き飛ばすと同時に油圧配管のハイドロ・システムも壊して操縦不能に陥った可能性が高い」と考えた。

このとき松尾は「修理はきちんとなされたのだろうか」とボーイング社を疑った。修理とは7年前の「しりもち事故」（1978年6月2日）の修理である。当時、松尾は現場責任者の整備本部技術部長で、ボーイング社を信じてボーイング社による恒久的修理を主張した。機体は飛行できるように仮の修理を施した後、しりもち事故を起こした大阪の伊丹空港から東京の羽田空港まで飛ばし、日航のハンガー（整備工場）に運ばれた。その空輸には松尾も同乗した。羽田のハンガーで実施されたボーイング社のAOGチームの修理の中で、後部圧力隔壁は壊れた下半分を新品と交換し、既存の上半分と接合された。しかし、ボーイング社はその接合で修理ミスを犯した。

8月14日には、松尾は奇跡的に助かった日航の国内線アシスタント・パーサーの落合由美から「異常音」「耳の痛み」「白い煙」「酸素マスク」という言葉を聞き、自分の推理が間違っていないことを確信するとともに「圧力隔壁の修理にミスがあった可能性がある」と考えた。その後、毎日新聞の朝刊（8月16日付）が「隔壁が客室内の与圧された空気に耐えられず破裂したとの見方が有力になってきた」との特ダネを報じ、後部圧力隔壁の破断が墜落事故の原因に結び付くことが周知の事実となり、「なぜフェイル・セーフ構造の隔壁が破断したのか」に焦点が移っていく。

事故原因の特定で一歩先を行く松尾は「ボーイング社が隔壁の修理で大きなミスを犯した可能性がある」と疑いを深めていた。

◇

墜落事故翌日の8月13日午前中、日本の事故調のメンバー13人が自衛隊のヘリコプターで事故現場の御巣鷹の尾根を上空から視察した後、14日には足で登って事故現場に入り、CVR（コックピット・ボイス・レコーダー）とDFDR（デジタル・フライト・データ・レコーダー）を回収している。

この日、NTSBやFAA、ボーイング社のアメリカの合同調査団（計14人）も来日し、15日に日本の事故調と初会合を持つなど事故調査に参加し、16日には10人が東京・六本木の在日米軍のヘリポートからヘリで事故現場に飛び、後部圧力隔壁の破断状況などを調べている。アメリカ側の調査はその後も続けられ、22日には隔壁の修理ミスの場所を特定し、日本の事故調の次席調査官に伝えている。事故調も隔壁破断が事故の引き金になったと考え、ボーイング社の修理を疑い始めていた。結局、日本の事故調がボーイング社の隔壁修理を疑うのは、松尾が疑いを持った8月13日よりもかなり後のことだったことになる。

墜落事故の7年前、松尾はしりもち事故の修理をボーイング社にすべて任せるよう主張し、日航とボーイング社の窓口にもなった。当時、隔壁の修理を含む修理作業の一部始終を知る技術部長の立場にあった。その意味でアメリカの調査団や日本の事故調のだれよりも、事故機の日航１２３便（ＪＡ８１１９号機）について熟知していた。

◇

ＮＴＳＢとは「Ｎａｔｉｏｎａｌ Ｔｒａｎｓｐｏｒｔａｔｉｏｎ Ｓａｆｅｔｙ Ｂｏａｒｄ」（国家運輸安全委員会）の略である。航空、鉄道、自動車、船舶、パイプラインなどの事故調査を行って事故原因を究明し、再発防止を図る大統領直轄のアメリカ政府の独立機関だ。１９６７年に設立され、１９７５年から独立して大統領直轄の機関となった。２００８年10月に航空・鉄道事故調査委員会（事故調の後身）と海難審判庁の一部を統合して設立された国土交通省外局の「運輸安全委員会（ＪＴＳＢ）」のモデルである。

ＦＡＡは「Ｆｅｄｅｒａｌ Ａｖｉａｔｉｏｎ Ａｄｍｉｎｉｓｔｒａｔｉｏｎ」（連邦航空局）のことで、日本の運輸省の航空局などと同じ、いやそれ以上のアメリカ政府の大きな組織だ。

◇

松尾は墜落事故発生翌日の8月13日から10日前後、群馬県藤岡市内の藤岡公民館に設けられた日航の現地対策本部で遺族の世話を続けながら事故原因を調査していた。その後、何度も大阪に飛んで被害者の通夜・葬儀に取締役の１人として参列した。

松尾が東京・羽田の日航整備工場3階にある取締役・整備本部副本部長の自分の部屋に戻れたのは、8月下旬だった。松尾はさっそくアメリカのボーイング社に電話を入れ、事故調や日航の調査で判明したことを伝えた。ボーイング社が後部圧力隔壁をどのように修理したかについても質問し、確認し始めた。これまで以上に松尾は日航とボーイング社との窓口になっていた。

その後はボーイング社のＢ-７４７型ジャンボ機担当のチーフ・エンジニア（技術責任者）からも電話がかかってくるようになった。松尾はこれまで何度もボーイング社を訪れていたので、このチーフ・エンジニアと面識があった。大柄な体格の人物で、「大学時代はアメリカンフットボールの選手だった」と聞いたことがあった。チーフ・エンジニアには、航空機の製造や修理の過程で全体を統括し、メカニック（作業員）に的確な指示を出して作業を円滑に進める役目がある。建設工事で言えば、現場監督に当たる。そのチーフ・エンジニアの松尾に対する質問はこんな具合だった。

「もはや何者かによって機体が爆発されたテロの可能性はないと思います」

「圧力隔壁が破断したことは間違いない。問題はそれがどのように墜落事故に結び付いたかです」
「今日はどんなことが新たに分かりましたか」
「日本の事故調の調査の進展具合はいかがですか」

◇

松尾はボーイング社のチーフ・エンジニアとの電話のやり取りの中で「圧力隔壁の修理にミスがあり、それが事故につながった」との自らの推測をさらに深めていった。反対にボーイング社側は、日航がＡＯＧチームに不信感を抱いていることに気付き、スポークスマンが松尾のところまでやって来て「ＡＯＧチームはボーイングの誇るエンジニア（技術者）とメカニック（作業員）、インスペクター（検査員）の集団です。これまでに数々の修理を世界中で実施してきました」と強調した。つまり、ボーイング社は「いい加減なチームを日本に送ったわけではない」と釈明したのである。

ＡＯＧチームとは、ボーイング社が現地に派遣する修理作業のグループのことを指す。ＡＯＧは「Ａｉｒｃｒａｆｔ Ｏｎ ｔｈｅ Ｇｒｏｕｎｄ」の略で、その意味は「飛んでいるはずの飛行機が故障で地上にいる。すぐに修理が必要だ」となる。事故調の事故調査報告書などによると、しりもち事故のときには44人が日本航空の羽田のハンガーに派遣され、１９７８（昭和53）年６月17日～７月11日の１カ月間にわたって修理を行った。問題の後部圧力隔壁の修理は６月24日～７月１日に実施された。隔壁の修理ミスは６月26日に起きている。翌27日にはＡＯＧチームの検査員の検査を受けたが、修理ミスを発見することはできなかった。

松尾とチーフ・エンジニアの間には意思の疎通があった。しかし、日本航空とボーイング社との関係は日増しにギクシャクしていった。ボーイング社は「隔壁が腐食したり、金属疲労を起こしたりした証拠はない」と隔壁破断を否定し、墜落事故の前から機体の総点検と整備を世界各国の航空会社に呼びかけていたことを公言するなど事故に関して過失がなかったことを強調した。

これに対し、日航は「７年前の事故の修理はすべてボーイングに任せていた。修理は万全だったのか」とボーイング社の責任を追及した。

◇

そんな矢先のことである。アメリカの有力紙、ニューヨーク・タイムズ（９月６日付）がスクープする。スクープ記事の扱いは１面ではなかったが、「しりもち事故の不適切な修理が後部圧力隔壁を破壊した」とボーイング社の修理ミスを明確に指摘していた。そのスクープ記事を要約すると、次のようになる。

〈圧力隔壁の修理で、リベットを２列打たなければならないところを一部で１列しか打っていなかった。その結果、隔壁の強度が落ち、金属疲労が早く進んで墜落事故につながった可能性がある〉

ニューヨーク・タイムズと業務提携している朝日新聞（９月７日付朝刊）は「ニューヨーク５日＝ニューヨーク・

タイムズ特約」とのクレジットを付けてそのスクープ記事を扱い、「米当局（複数）によると、しりもち事故の修理に欠陥があったことが明らかになった。この修理上の欠陥が日航ジャンボ機墜落事故の原因になった可能性がある」という趣旨のリードを添え、本記はこうまとめている。

〈修理手引書ではリベットを2列に打つように決められているにもかかわらず、1列しか打っていなかったことが分かった〉

〈米連邦航空局（FAA）当局は「この修理上の欠陥が圧力隔壁の強度、寿命、耐久性に重大な影響を与えることが考えられる」と語っている〉

〈ボーイング社は、この修理上の欠陥についてコメントを避けているが、先週、ボーイング747・ジャンボジェット機を運航している全航空会社に対し、同型機の過去の隔壁修理の記録を提出するよう求めている〉

〈米連邦航空局は、同型機の圧力隔壁の修理記録を最重点項目とし、問題があれば注意して点検するよう指示、外国政府に対しても圧力隔壁の修理記録の収集に努めるよう求めた〉

日本の運輸省航空局検査課長の「あのときは、修理箇所が広範囲にわたっているので、隔壁の点検などはしていないのではないか。リベットが1列か2列かなどは、分かりようがない」というコメントも添えられていた。

ここで少々解説しておくと、リベットの2列打ちを1列打ちにしたというよりも、スプライス・プレートと呼ばれる中継ぎ板を2枚に切断して隔壁の上半分と下半分の一部の合わせ目に差し込んで修理した結果、1列打ちと同じ状態となり、隔壁の強度が7割も低下し、飛行中に破断して墜落したのである。本来この合わせ目は1枚の中継ぎ板を差し込んでリベットを3列に打つべきだった。メカニック（作業員）に対するエンジニア（技術者）の指示もそうなっていた。この修理ミスの詳細については後の項で書く。

◇

ニューヨーク・タイムズのスクープ記事が出た同じ9月6日、今度はボーイング社が修理ミスを初めて認める声明を出す。声明はボーイング社の事故調査の中間報告の形で発表され、修理ミスについて「事故の原因に結び付くかどうかは今後の調査を待たなければならない」としながらも、「墜落現場での隔壁検査の結果、継ぎ板が不適当に継ぎ合わされていた」と言及していた。

そもそもボーイング社は、飛行中の隔壁の破壊を否定していた。ましてやその隔壁の修理にミスがあったことなど触れたことがなかった。それがニューヨーク・タイムズ紙のスクープに合わせたかのように180度態度を変えて隔壁の破壊とその修理ミスを認める。ボーイング社のこの豹変の真意は何か。

松尾芳郎は「修理ミスは墜落した日航123便（JA8119号機）の固有の問題であり、世界の空を飛んでいる600余機ものジャンボ機の安全性にはまったく無関係だと示そうとしたのだ」と説明する。

B‐747型ジャンボ機の登場（初飛行）は1969年2月だった。それ以来、高速大量輸送の時代を支える大型旅客機として活躍し、致命的な欠陥もなく、ジャンボ機の愛称で世界中で親しまれ、厚く信頼されてきた。航空機メーカーのボーイング社にとって会社が発展していくうえで欠かせない存在だった。社運がかかっていた。そのジャンボ機が犠牲者520人という航空史上最悪の墜落事故を引き起こす。その原因が設計や機体構造そのものにあったとしたら、すべてのジャンボ機の問題になる。そうなると、ボーイング社の損害は計り知れない。

B‐747型ジャンボ機の安全性に疑問を持ち、ボーイング社以外のワイドボディ（広胴型）の旅客機を購入しようと動くエアライン（航空会社）も出始めていた。そこでボーイング社が飛び付いたのが、事故調査の過程で判明した隔壁の修理ミスというJA8119号機固有の問題だった。つまり、ボーイング社は「ジャンボ機の安全性には問題がない」と事故機を切り離そうとしたわけである。

◇

墜落事故から30年近くたった2014年11月の共同通信の記者の取材によると、ニューヨーク・タイムズにリークしてスクープ記事を書かせたのはNTSBの幹部だった。NTSB側は「ボーイング社を守るためのリークではない。事故機以外のジャンボ機は問題ないと世界の人々に知らせる必要があった」と釈明したというが、どう釈明しようが結局はボーイング社を守ることになる。

NTSBは大統領直轄の機関である。リークはアメリカ政府による組織的なものだったと考えていいだろう。

松尾も当時を振り返って「リークのことは知らなかったが、NTSBのリークもニューヨーク・タイムズのスクープもボーイングの声明も、まさにボーイングを守るための行為だったと思う」と語る。アメリカにとって航空機製造は民需、官需、軍需ともにこの上なく重要な産業だ。ボーイング社はその筆頭格である。ニューヨーク・タイムズ紙のスクープとその直後のボーイング社の声明発表は、タイミングが良すぎる。アメリカ政府が深く考え、そして練り上げたものだったのに違いない。まさに深謀である。

第4章

なぜ日航はボーイング社を訴えなかったのか

16 社長の辞任

墜落事故当日（1985年8月12日）の夜、日本航空社長の高木養根《たかぎやすもと》は、対策本部を置いた日航オペレーションセンターを出て近くの羽田東急ホテルに入り、そこに集まっていた200人を超す乗客の家族や親戚、友人、知人らに「関係者の方々には、ただただ申し訳ありません」と深く頭を下げ、「まだ、はっきりした状況は分かりませんが、長野県警から『落ちた』との連絡を受けました」と説明し、再びオペセンに戻った。この部分は「7 オペセン」でも触れている。

そのときの高木の表情は意外なほど淡々としていた。言葉や態度もさばさばしていた。高木はこの時点ですでに辞任の意思を固めていたのである。

翌13日午前8時過ぎにはオペセンで事故後初めての記者会見を開き、事故の原因について「いまのところ、想像もつかないが、整備に手落ちがなかったと確信している」と述べ、トップの責任問題には「事態がはっきりしたら、私自身の責任も考える」と語った。辞任の意思があることを公にしたのである。

◇

高木は広島県福山市で生まれ、岐阜県高山市で育った。東京帝国大学を卒業して戦前の大日本航空に入社し、戦後は1951（昭和26）年に日本航空に入って営業部次長、香港支店長、総務部長などを経験した後、1961年に取締役、1971年に副社長、1981年から日航初の生え抜きの社長に就任した。それまで半官半民の日航の社長は、運輸省幹部OBの天下りポストとなっていた。

松尾芳郎は「しっかりとした考えを持ち、他人に迎合するようなことがない。指導力があり、社内の人望も厚い」と高木を心から尊敬し、直近の部下である取締役の1人として誠実に仕えた。確かに高木は若いころから信念を持った人物だった。こんな逸話が残っている。

高木は1933（昭和8）年に京都帝国大学文学部哲学科に入学している。ちょうどそのころ、法学部教授（刑法学）の滝川幸辰《たきがわゆきとき》が「マルクス主義の危険思想の持ち主だ」と批判され、文部省が辞職を迫ったいわゆる「滝川事件（京大事件）」が起きた。この事件をきっかけに若い高木は大学の自治と学問の自由を守る運動に参加し、大学内で「文部省のやり方はけしからん」と演説し、ビラを配った。しかし、その行動が警察に睨《にら》まれ、5月末に治安維持法違反の容疑で逮捕される。

高木は「どうせ処分を受けるなら辞めてしまおう」と留置場から京大に退学届を出す。入学してわずか2カ月だった。1年間拘置された末、有罪判決（懲役2年、執行猶予3年）を受ける。高木は控訴せず、判決は確定する。大学は翌1935（昭和10）年、東京帝国大学法学部に入学し直した。

◇

8月13日の午前中、中曽根政権与党の自民党の国会議員

1982年2月9日、日航350便(福岡−東京、DC-8-61型機)は機長のエンジン逆噴射操作によって羽田空港沖に墜落した。写真は事故発生の翌朝に撮影された

が「社長が近く引責辞任する。後任には副社長が昇格するだろう」と与党担当の政治部記者に語っている。別の自民党議員も「航空史上に類がない犠牲者を出したのに、日航の社長がそのままというわけにはいかないだろう。おのずと常識というものがある」と高木の社長更迭を求めた。

自民党は13日に日航機墜落事故対策本部を設置し、政府の対策本部と連携しながら事故原因の究明と再発防止策の検討を進めることを決めた。この自民党の対策本部長が、幹事長の金丸信（1914年9月〜1996年3月、享年81歳）だった。13日の夕方、金丸は記者会見で「日航は精神障害者の機長による事故や、中曽根首相の訪欧の際の油漏れ事故、今回の御巣鷹山の墜落事故と連続して事故を起こしている。この際、襟を正して人命尊重のために努力すべきだ」と日本航空と社長の高木の責任を厳しく追及した。

中曽根政権は墜落事故を起こした日航に大きな責任があると判断し、高木の辞任をテコに日航社内の人事を手中に収め、民営化を進めやすくしようと動くようになる。日航は政府から出資を受ける半官半民の特殊法人だった。日航の経営会議で完全民営化の方針が決定されたのが、8月12日だった。奇しくも、この日の夜に墜落事故が起き、520人もの犠牲者を出す。

世間一般では、ひとたび事故が起きれば、航空会社にその全責任があるとみなされる。当然、中曽根政権も同じ見方をした。しかし、日航ジャンボ機墜落事故は7年前にその機体を修理したアメリカの航空機メーカー、ボーイング社の修理ミスが原因で起きた事故だった。事故直後は事故原因がはっきりしない。日航に大きな責任があると考えても仕方がない。だが、しかし、事故の原因が判明していく過程で、その考えを修正していく必要があった。

◇

金丸の記者会見に出てきた「精神障害者の機長による事故」とは、1982（昭和57）年2月9日に福岡発羽田行きの日航350便（DC‐8‐61型機、国籍・登録記号JA8061）が羽田空港の沖合に墜落し、乗客乗員174人中、乗客24人が死亡した事故を指す。

精神的に問題のある機長が機体を墜落させた。これが事故の原因だった。松尾芳郎も運航本部の運航技術部長として墜落現場に駆け付け、事故原因が明らかになると、パイロットに対する日航の健康管理の甘さを痛感するとともにこう考えた。

「機長を強制的に入院させて保護していれば、あの事故は防げたはずだ」

「しかし、精神障害者に対する人権擁護の風潮が強く、日航は強制的な措置が取れなかった。背景にはそんな問題がある」

DC‐8‐61はアメリカのマクダネル・ダグラス社（1967年、マクダネル社とダグラス社が合併）が開発した、エンジンを4基持つ中型のジェット旅客機で、DC‐8はどのタイプも胴体が細長くそのエレガントな容姿から航空ファンに「空の貴婦人」と親しまれて日航も鼻が高かった。

機首が折れた日航350便。「逆噴射」「心身症」の言葉が日航に大きなダメージを与えた＝東京・羽田空港の沖合

だが、この墜落事故が起きると、「逆噴射」や「心身症」

という言葉が社会に流行し、日航に強い逆風が吹き始める。

事故前日の未明には東京・永田町のホテルニュージャパンで死者34人を出す大きな火災があり、新聞社やテレビ局の社会部は大火災、大事故と2日続けて振り回された。

◇

逆噴射、心身症が問題になった羽田沖墜落事故はどのようにして起きたのか。簡単に説明してみよう。

当時33歳の機長が自動操縦を手動に切り替えて操縦輪を強く押し続けながら、第2・第3エンジンのスラスト・リバーサー（逆推力装置）のレバーを引き上げた。副操縦士が「キャプテン止めてください」と制止したが、機体は急激に降下し、墜落した。スラスト・リバーサーは着陸後に操作するもので、レバーを上げると、ジェット・エンジンの排出空気が逆噴射して機体に強いブレーキがかかる。

墜落後、機長は乗客の救助に当たらずに救命ボートでそのまま脱出していた。この墜落で機体は機首部分から裂け、右主翼と4基のエンジンすべてが脱落した。機長は6年ほど前から自信喪失、幻覚、被害妄想、不可解な言動などの症状が表れ、うつ病や心身症と診断されて一時、運航業務から外れていた。しかし、その後の医師の診断の結果、日本航空は「問題はない」と判断し、墜落事故の前年から復職させていた。

この日航の判断が甘かったのである。松尾が指摘するように精神障害者に対する人権擁護の社会風潮に流されず、日航が堅実に対応できていれば事故は防げた。

世論は事故直後から日本航空を強く批判し、巷では「日航は精神的に問題のある機長に航空機の操縦を任せていた。これが日航の体質だ。安全をどう考えているのか」との声が上がった。運輸省の航空事故調査委員会は、事故翌年の1983（昭和58）年5月に公表した報告書で「機長は心身症などではなくて精神分裂病にかかっていたのであり、当時キャプテンとしての乗務に耐え得るような心身の状態にはなかったものと認められる」と指摘した。

ストレスなど心理的な要因から身体に様々な症状が現れる疾患の総称が「心身症」である。これに対し、「精神分裂病」は思考や行動、感情をまとめる能力が低下し、幻覚や妄想、まとまりのない行動が見られる病態を指す。日本精神神経学会は2002（平成14）年8月、精神分裂病という病名を「統合失調症」に変更し、その後、厚生労働省も言い換えている。

精神障害者である機長による「逆噴射墜落事故」は、間違いなく日航と社長の高木にとって大きな痛手となった。

もう1つ、金丸の話した「中曽根首相の訪欧の際の油漏れ事故」というのは、日航ジャンボ機墜落事故のちょうど1カ月前の7月12日の中曽根訪欧の出発当日に日航特別機が油漏れを起こし、出発が75分も遅れたトラブルを指す。原因は整備の不良だった。このトラブルに対し、中曽根政権は「親方日の丸に慣れ切ったことによる弛みだ」と厳しく批判し、社長の高木に何度も頭を下げさせた。

◇

ところで、金丸信といえば元首相の田中角栄に可愛がられて永田町で頭角を現し、建設相、防衛庁長官、副総理、自民党副総裁と出世の階段を駆け上り、自民党最大派閥だった竹下派経世会の会長も務め、「永田町のドン」「政界のキングメーカー」と呼ばれた人物である。だれが付けたか分からないが、「子泣き爺」（「ゲゲゲの鬼太郎」の仲間の妖怪）という可愛いあだ名もあった。

記者会見で幹事長として日航社長の責任を追及したときは、出世の階段を勢い良く上っている最中だった。当然、首相の中曽根康弘の指示を受けて動いていたに違いない。

金丸は政治家の階段を上り詰めたものの、1992（平成4）年8月、東京佐川急便からの5億円の違法献金が発覚して自民党副総裁を辞任し、9月に略式起訴（罰金20万円）を受ける。ところが、略式起訴というこの刑の軽さを世論に非難され、金丸は抗しきれずに10月には衆議院議員と経世会会長を辞める。略式起訴しかできなかった東京地検も国民から「弱腰の検察」「特別扱いだ」との批判を受け、国税当局の力を借りて金丸立件のための捜査を模索する。

そして1993（平成5）年3月6日の土曜日、検察と国税が動く。金丸はゼネコンから得た政治献金を長年にわたって割引金融債の購入に充てるなど個人的に流用しておきながら、それを申告していなかったとして東京国税局の査察（強制調査）を受け、脱税（所得税法違反）容疑で東京地検に逮捕され、都内の事務所や自宅から計30億円の割引金融債や金の延べ棒などが押収された。元自民党副総裁、金丸信の巨額脱税事件である。

金丸は18億5000万円の所得を隠し、10億4000万円を脱税した罪で東京地検によって起訴（3月13日に最初の起訴、27日に追起訴）された。7月22日に東京地裁で公判が始まったが、その後、持病の糖尿病が悪化して公判の停止が決まり、判決が出る前に病死する。

「永田町のドン」と呼ばれ、政治家として成功したにもかかわらず、金丸の最期はみじめなものだった。金丸信という政治家を認めるわけではないが、昭和という時代が生んだ政治家の1人だった。いい意味でも悪い意味でも、あのころの政治家にはいまの政治家にないスケールの大きさというものがあった。

◇

これ以上それてしまわないうちに高木養根の話に戻そう。日航ジャンボ機墜落事故から2日後の8月14日午後、高木は首相官邸を訪ねて中曽根に面会した。そして墜落事故を起こしたことを謝罪し、事故の責任を取って辞任する意向を伝えた。中曽根は事故の責任を厳しく指摘するとともに、逆噴射墜落事故や訪欧の特別機の出発遅れなど日航の安全運航に対する姿勢に強い不満を示し、引責辞任を求めた。

中曽根は高木との面会の後、首相官邸の記者クラブ詰めの新聞記者や放送記者に対し、次のように話して日航の体質をあからさまに批判した。

記者会見で頭を下げる社長の高木養根(左)=1985年8月13日、東京・羽田空港の日航オペレーションセンター

「在任中は社長として善後策に全力をあげるよう指示した。日航はこれまでも内部規律などに問題があった。（たとえば）特別機が遅れたことは、まさに世界に対する恥辱である。責任者の処分を含め、内部点検を指示したばかりだった。（日航ジャンボ機墜落事故に関しても）強く叱責した。日航の内部を全面的に点検する必要がある」

旅客機の出発や到着の遅れはよくあることだし、75分ぐらいの遅れはその後の長い搭乗時間に比べればわずかな時間だ。それなのに中曽根は「世界に対する恥辱」とまで言い切っている。よほど気に食わなかったのである。自分の乗る予定の特別機が遅れることによって自身の名誉やメンツが傷付けられたと感じたのだろう。と同時に、中曽根は日本航空に責任を取らせ、やっと目途の付いた民営化に拍車をかけてそれを一挙に推し進めようとも考えたはずだ。

案の定、中曽根はお気に入りの鐘紡（カネボウ）の会長、伊藤淳二を高木の後の社長に推した。自分がこうだと判断すると、他人の意見は聞かないのが中曽根という政治家だ。伊藤を推すその力は並大抵のものではなく、高木の後の日航人事を混乱させることになる。

首相官邸で中曽根と会った後の14日夜、高木は墜落事故の対策本部のある羽田空港の日航オペレーションセンターで記者会見し、「事故の重大性にかんがみ、責任を取る決意をしている。このことは、中曽根首相、山下徳夫運輸相には14日、日航の花村仁八郎会長には13日に報告申し上げた」と話し、事故処理の目途が付いた段階で辞表を提出する考えを表明した。高木養根は日航ジャンボ機墜落事故から4カ月後の1985（昭和60）年12月18日に社長職を辞任する。

17 事故調の報告

墜落事故から15日後の8月27日、運輸省航空事故調査委員会が第1回中間報告を発表する。その内容はコックピット・ボイス・レコーダー（CVR、操縦室内音声記録装置）とデジタル・フライト・データ・レコーダー（DFDR、デジタル飛行記録装置）の解析が中心で、「事故の重大性にかんがみてこれまでに明らかになった客観的事実を提示する」という事故調の方針から事故の原因については判断を下さなかった。それでも後部圧力隔壁（アフト・プレッシャー・バルクヘッド）の破損が事故の引き金となったことをうかがわせる内容だった。

その中間報告によると、日航123便（JA8119号機）は午後6時24分30秒（9月14日の第2回中間報告で「午後6時24分35・6秒」と訂正される）、「ドーン」という異常音とともに機首が持ち上がるなど大きな衝撃が機体に加わった。客室内では急激なデコンプレッション（減圧）が発生した。圧力隔壁が破断して客室内の与圧空気が一挙に噴出したことをうかがわせる。すぐに垂直尾翼のラダー（方向舵）が作動しなくなり、主翼のエルロン（補助翼）や水平尾翼のエレベーター（昇降舵）などを動かす油圧も低下し、機体は操縦不能の状態に陥り、ダッチロール（機首を8の字に振る蛇行運動）を繰り返して迷走飛行した。

事故調のメンバーが最初に御巣鷹の尾根の墜落現場に入ったのが8月14日だった。オイルと機体の焼け焦げた臭いのするなか、警察や自衛隊の手で遺体の収容が進められていた真っ最中だったが、この日にオレンジ色に塗装された堅牢な作りの2つの大きな箱にそれぞれ入れられたコックピット・ボイス・レコーダーとデジタル・フライト・データ・レコーダーがすぐに回収されている。

両レコーダーの記録が事故調の推理する事故原因を裏付ける重要な手掛かりとなる。事故調は、壊れ飛んで上方の垂直尾翼を破壊したとみられたR5ドアがそのままの形で機体に付いた状態で見つかったことや、機体後部の破壊状況と日航の整備部門の説明などから後部圧力隔壁の破断が墜落事故の引き金となった可能性が強い、とにらんでいた。その考えが初めて公に示されたのが、この8月27日の第1回中間報告だった。

◇

しかし、7年前のしりもち事故に対するボーイング社の修理ミスについては、この第1回中間報告には盛り込まれなかった。なぜ盛り込まなかったのか。事故調は早い段階で、圧力隔壁の破損状態や来日して調査を続けていたアメリカの事故調査委員会のNTSB（国家運輸安全委員会）の説明からボーイング社の修理ミスが圧力隔壁の破断に結び付くことをある程度、予測はしていた。しかし、修理ミスについての言及はあえて避けた。事故調の調査自体がまだ不十分だったし、それ以上に相手はアメリカを代表する航空機メーカーだ。やがてアメリカでライバルのマクダネル・ダグラス社との戦いに勝って1997年8月に同社を吸収合併し、世界の旅客機市場で欧州エアバス社との2強体制を作り上げる超大企業である。少しでも言及すれば、ボーイング社だけでなくアメリカ政府を相手にすることになる。事故調は、第1回中間報告の段階で公表しなくとも今後の調査ではっきりしてから公にしようと考えたのだろう。

「15 アメリカの深謀」で詳述したように、航空事故調査委員会が第1回中間報告を行ってから10日後、ニューヨーク・タイムズ（9月6日付）が「しりもち事故の不適切な修理が後部圧力隔壁を破壊した」とボーイング社の修理ミスを指摘するスクープ記事を掲載する。間髪いれずに同じ9月6日、ボーイング社も「墜落現場での隔壁検査の結果、中継ぎ板が不適当に継ぎ合わされていた」と修理ミスを認める声明を出す。「隔壁破壊原因説」を全否定していたボーイング社の180度の豹変だった。ニューヨーク・タイムズのスクープ記事とそれを受けたボーイング社の声明。この動きだけを見てもアメリカ政府の深謀がうかがえる。

◇

ボーイング社の声明を受け、9月14日に発表された事故調の第2回中間報告は、修理ミスによって後部圧力隔壁が金属疲労を引き起こしてクラック（亀裂）を進行させ、その結果、隔壁が破断したとの見方を強く示唆した。既存の上半分（上側ドーム）に新たに下半分（下側ドーム）を接続する隔壁の修理で、「L18接続部」（機体後方から見て左側18番目の放射状補強材のスティフナ周辺部）の中央左寄りのベイ2とベイ3（ベイはスティフナと同心円状に配置された帯板のストラップとに囲まれた区域）に金属疲労が多く発生していることを2枚の拡大した電子顕微鏡写真で示したうえで、このL18接続部のリベット孔から破断が始まった可能性が高いことを明らかにした。

電子顕微鏡写真は、墜落現場で採取した接続部分の破断面のレプリカ（フィルムを押し付けて微細な凹凸を写し取った鋳型や複製）を科学技術庁金属材料技術研究所（当時）に持ち込んで電子顕微鏡を使って1000倍以上に拡大したもので、金属疲労特有の数千本もの微細なストライエーション（しま模様）が確認できた。

◇

第2回中間報告などによると、お椀の形をした隔壁は直径が4・56メートルと巨大だが、その厚さは上半分が0・8ミリ、下半分が0・9ミリと薄く、アルミ合金製の18枚の扇状の板（ウエブ）の端を互い違いに重ね合わせ、リベットの2列打ちでお椀状に固定されていた。修理箇所の新旧上下の接続部も2列のリベットで留められたが、L18接続部の一部で扇状板の寸法が足りなくなった。ここでいう寸法不足とは、リベットの穴から扇状板の端までの長さ（エッジ・マージン）が規定値より不足し、強度が弱くなることを指す。

寸法不足のこの部分に対し、航空エンジニア（技術者）の書いた作業指示書は下半分の端を幅2センチ、長さ10５センチにわたって切り取って整えたうえで、隔壁と同じ

図－12　後部圧力隔壁L18接続部付近

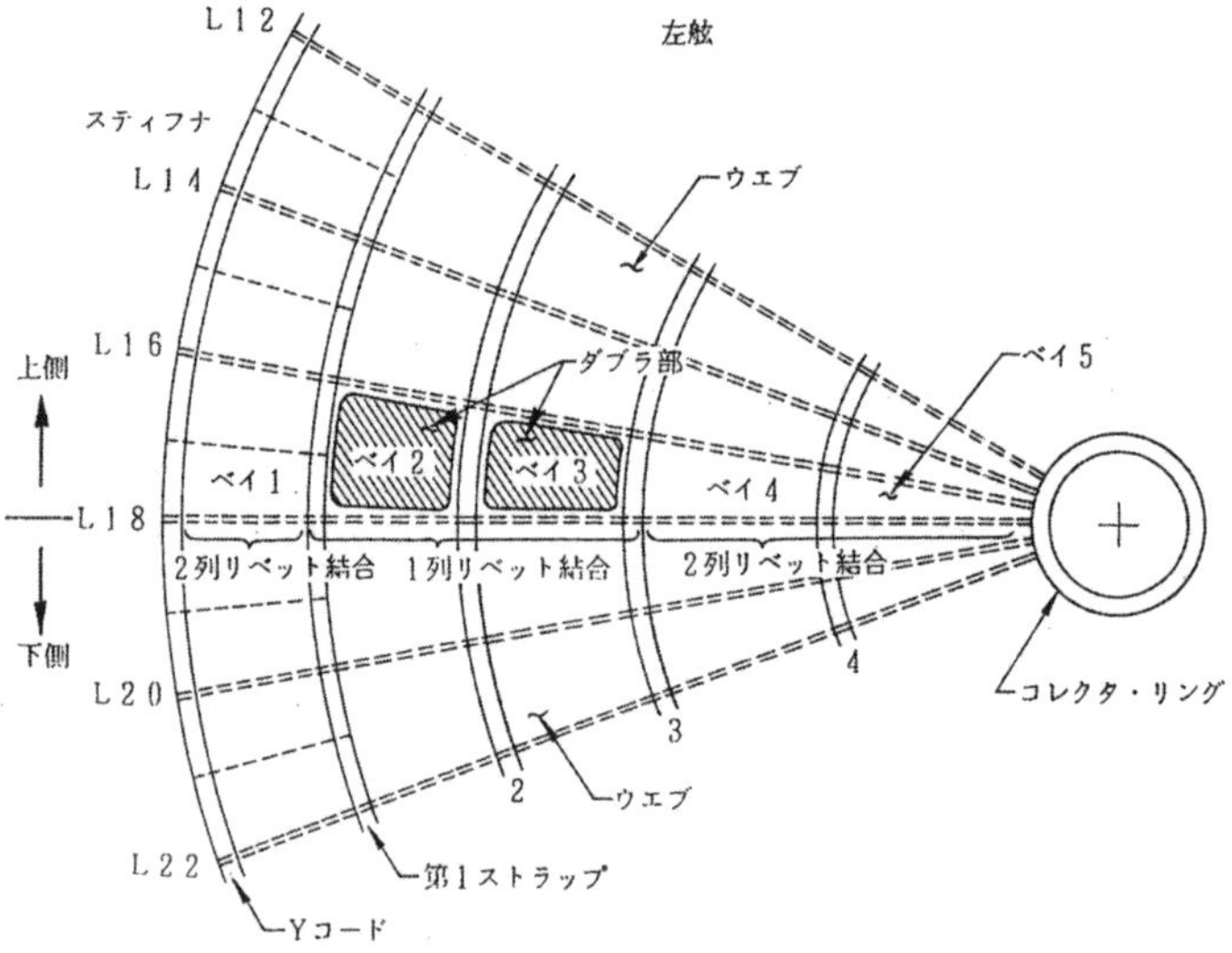

事故調査報告書67ページの「図−12　後部圧力隔壁L18接続部付近」

付図－36　後部圧力隔壁L18接続部（略図）

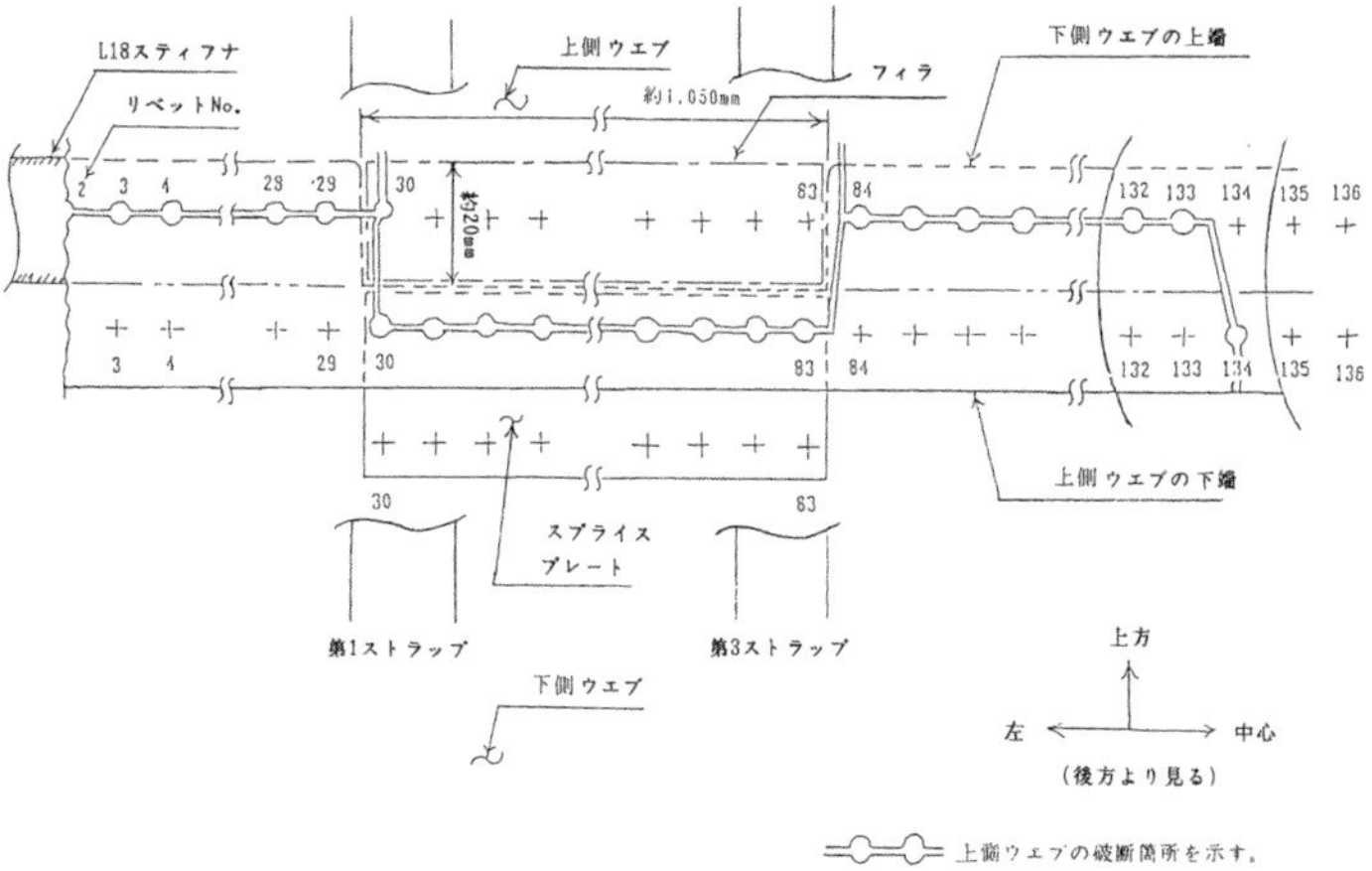

事故調査報告書172ページの「付図−36　後部圧力隔壁L18接続部(略図)」

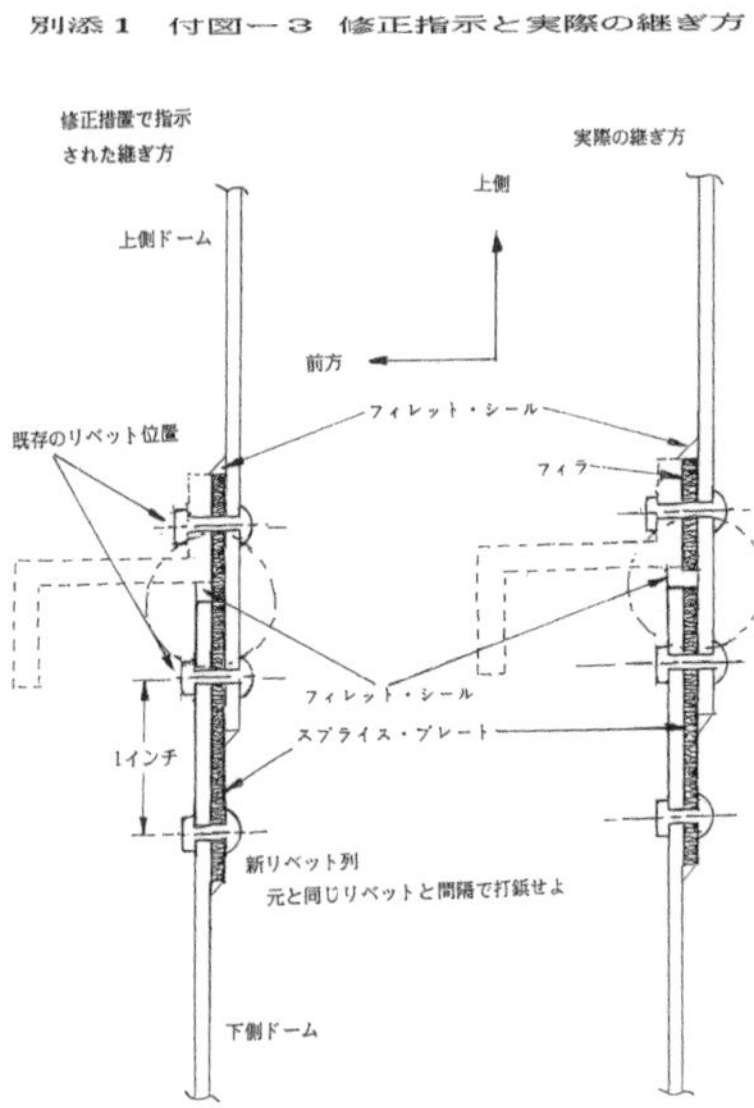

事故調査報告書252ページの「別添１　付図－3　修正指示と実際の繋ぎ方」

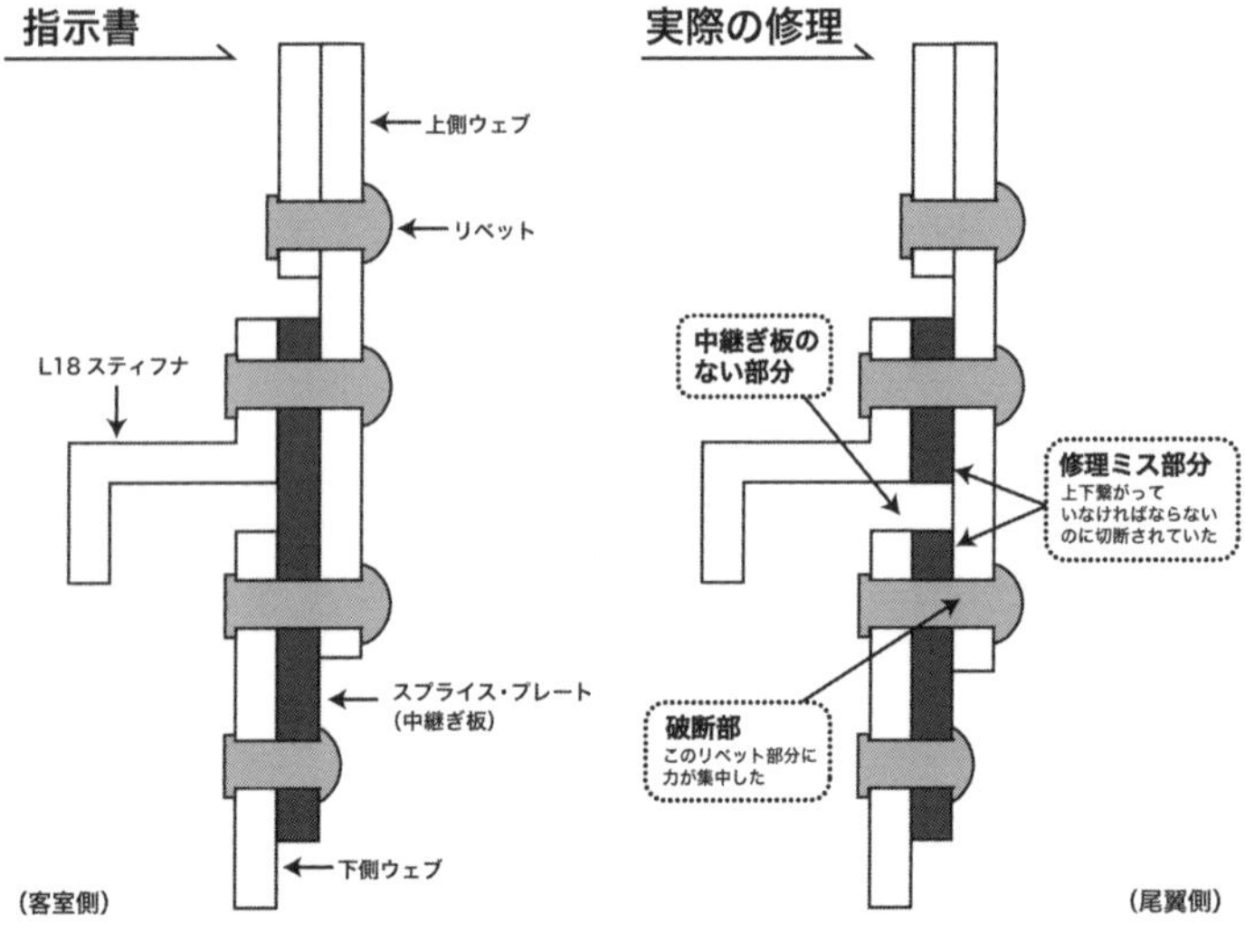

「修正指示と実際の継ぎ方」の簡易図(作成・nangotakuya)

アルミ合金材の中継ぎ板（しりもち事故で壊れた下半分の隔壁から切り取って作成したもの）を1枚挟み込んで補強し、そこにリベットを3列打つよう指示していた。この指示は接続部分を2列以上のリベットで打つ航空機の板金作業の原則にかなうもので、上半分と中継ぎ板を2列リベットで打ち、同様に中継ぎ板と下半分も2列リベットで固定するのと同じ強度が得られる。

しかし、この中継ぎ板が幅4センチのスプライス・プレート（中継ぎ板）とすき間を埋めるための幅2センチのフィラ（補充板、シム板）の2枚（長さはともに105センチほど）に分かれていた。本来1枚であるべき中継ぎ板が2枚に切り分けて差し込まれていたのである。

このため、見た目は、長さ105センチにわたってリベットが3列に並んでいたが、実際の効果は1列リベット打ちと同じで、強度が不十分だった。1列リベット打ちの場合、2列リベット打ちに比べて強度が70％まで落ち、その分だけ疲労亀裂が発生しやすくなる。

離陸と着陸にともなう客室の与圧の繰り返しによって3列のうち、とくに真ん中の2列目のリベットに大きな荷重がかかり、2列目のリベットはそれぞれのリベットの穴が手をつなぐように横につながる格好で亀裂が発生、さらに周辺のリベット孔にも亀裂が走って隔壁が大きく損壊した。

◇

繰り返すが、1枚の中継ぎ板を差し込んで3列のリベットで固定するというエンジニアの指示にもかかわらず、実際の修理作業では2枚の板（スプライス・プレートとフィラ）が使われ、指示内容と大きく違っていた。この誤った作業は、大阪国際空港（伊丹空港）でのしりもち事故から24日後の1978（昭和53）年6月26日に東京・羽田空港の日航整備工場で行われた。翌27日にはAOGチームのインスペクター（検査員）が作業処理を確認したが、過ちは発見できなかった。メカニック（作業員）の作業をその場で見ていなければ、板を2つに切断して使っていることなど分かるはずがなかったからである。

明らかに現場で修理を実施したボーイング社のAOGチームの修理ミスであった。

前述したが、AOGは「Aircraft On the Ground」の略である。直訳すると、「(空を飛ぶ）航空機が（トラブルを起こして）地上にいる」となるが、そこから意訳されて「緊急の修理が必要だ」という意味になる。AOGチームはその都度、ボーイング社の工場で航空機を製造しているエンジニア（技術者）、メカニック（作業員）、インスペクター（検査員）らのなかからそれぞれ選ばれて編成され、世界中どこの事故現場にもかけつける。ベテランぞろいで、完璧な修理をこなすボーイング社最高の修理担当メンバーとされていた。AOGチームによる修理作業そのものが、「FAA認定の修理」となる。FAAはアメリカ連邦航空局のことである。そんな優秀なAOGチームが、疲労亀裂が発生しやすくなるような修理ミスを犯した。隔壁の上下の接続部分は見た目が3列リベット打ちだったが、その実態は1列リベット打ちの状態で脆弱だった。

なぜこんな修理ミスを犯したのか。その後これが事故原因を究明していくうえで大きな焦点となり、運輸省航空事故調査委員会は日本航空を通じてボーイング社にその説明を求め、さらにはボーイング社に直接、文書や口頭で修理を担当したエンジニアやメカニック、インスペクターらに説明してもらえるように依頼も行った。しかし、ボーイング社からは明確な回答はなく、業を煮やした事故調は墜落事故翌年の１９８６（昭和61）年３月下旬に調査委員と専門委員、調査官の計５人をアメリカに派遣した。だが、それでも拒絶されて答えは得られず、なぜボーイング社が修理ミスを犯したかが分からないまま、１９８７年６月19日、最終的な事故調査内容をまとめ上げた報告書を運輸相の橋本龍太郎（１９３７年７月〜２００６年７月、享年68歳）に提出する。

18 裏切り

後部圧力隔壁は６つに破断し、１９８７（昭和62）年６月19日に公表された運輸省航空事故調査委員会の事故調査報告書では、パート１からパート６までと破断箇所ごとに番号を付けた。隔壁は中心部（コレクタ・リング）から全長型のスティフナ（補強材）が放射状に36本伸び、その間に短いスティフナが同数配置されているが、時計盤の12時を０としてそれぞれのスティフナが時計回りにＲ１、Ｒ２、Ｒ３…、反時計回りにＬ１、Ｌ２、Ｌ３…と記号化された。第１～第４まで計４本のストラップ（帯板）は同心円状に並び、36本のスティフナと交差している。事故調査報告書１６８ページの「付図－32　後部圧力隔壁損壊図（後方より見る）」を参照してほしい。

事故調査報告書によると、１２３便（ＪＡ８１１９号機）の機体後部の破壊プロセスは概ね次のようになる。

ＦＬ２４０（フライト・レベル２万４０００フィート、同７３１５・２メートル）の巡航高度に達する直前、客室と外の気圧差は８・66ｐｓｉ（０・58気圧）となった。これは与圧された空気によって１平方メートル当たり５・85トンの圧力が加わることを意味している。この大きな圧力によってまず、金属疲労が進んでいたＬ18接続部のベイ２が耐え切れずに破断した。ベイはスティフナとストラップに囲まれた区画を指し、ベイ２は第１ストラップと第２ストラップの間に位置する。

隣接するベイ３（第２と第３ストラップの間）も壊れ、さらに破断は第２ストラップ、ベイ１、ベイ４、第１、第２、第３、第４の各ストラップ、ベイ５、Ｌ18スティフナと進んでＬ18接続部はすべて破断した。破断は加速度的に進行し、上側ウエブのＲ６とＬ２のスティフナに沿って進むなど隔壁上部が次々と破れた。これ以外でも隔壁は破断し、機体尾部の非与圧側に大きく折れ曲がるなどした開口部は、計２～３平方メートルにもなった。

修理ミスによって１列リベット留め状態だったＬ18接続部は他の部分に比べて疲労亀裂の発生が激しく、リベット孔からリベット孔まで（間隔18ミリ）をつなぐように亀裂が伸び、それが周辺にも次々と波及した。「マルチ・サイト・クラック（同時多発亀裂）」と呼ばれる厄介で深刻な事態が起きていた。

こうした開口部や破断箇所からは客室の与圧空気が一気に吹き出し、ＡＰＵ（補助動力装置）をその固定壁ごと吹き飛ばした。与圧空気は垂直尾翼内の内側にもトルクボックス（垂直尾翼全体を支える柱状構造体）の下部穴から入り込んでバーティカル・スタビライザー（垂直安定板）やラダー（方向舵）など垂直尾翼の半分以上を吹き飛ばした。垂直尾翼が破壊されたことで、アフト・トルクボックスの後面に沿ってラダーに動力を供給していた４本の油圧配管が切断され、そこから高圧の作動油（ハイドロリック・フルイド、ハイドロ）が噴き出した。その結果、動翼を動かす４系統すべてのハイドロリック・システム（油圧系統）

が壊れ、機体は4つのエンジン以外は作動しなくなり、操縦不能に陥った。

事故調の分析によれば、L18接続部の破断から0・2秒でAPUが吹き飛ばされ、その0・1〜0・2秒後には垂直尾翼と油圧配管が破壊された。わずか0・5秒以内に機体後部で与圧空気による破壊が次々と起きていたことになる。キャビン（客室）から吹き出した与圧空気の力がいかに強いかがよく分かる。

◇

日航社内で墜落事故の原因を調査していた松尾芳郎も、事故調と同じように後部圧力隔壁などの残骸を直接自分の目で見て確認している。残骸を調べたのは御巣鷹の尾根の墜落現場ではなかったというから、その時期は機体の残骸が東京に運び込まれる前後だったと思われる。

機体の残骸は墜落現場で事故調査に関係するものとそうでないものに分けられ、梱包されたうえでいったんヘリコプターによってふもとまで空輸された。墜落原因に結び付く後部圧力隔壁は、太い角材を組み合わせた大きな木枠のなかにビニールやウレタンで慎重に包んで入れられた。梱包作業は墜落事故から1カ月後の9月14日から始まったが、この14日には事故調が中間報告を発表してボーイング社の修理ミスを指摘している。

後部圧力隔壁など重要な残骸は調布飛行場に隣接する航空宇宙技術研究所分室（東京都三鷹市）の格納施設に、それ以外は東京・羽田空港にある運輸省航空局や海上保安庁の格納庫に運び込まれた。残骸の総数は1330点、40トン以上、トラック20台分にも及んだ。後部圧力隔壁の梱包作業は15日に終わり、17日には航空宇宙技術研究所の格納施設に運び込まれた。この航空宇宙技術研究所は現在、国立研究開発法人・宇宙航空研究開発機構（JAXA）の研究施設の調布航空宇宙センターとなり、同センターにはJAXAの本部が入っている。

◇

機体の残骸で松尾が最初に注目したのは、しりもち事故の際、滑走路の路面で擦って損傷した胴体底部の外板だった。この部分はボーイング社のAOGチームが修理したセクション48（後部圧力隔壁より後ろの尾部）のなかの1つである。アルミ合金の外板を見た松尾は思わず声を上げた。

「リベットの打ち方がひどい。あまりにも杜撰だ」

「いい加減な作業だ。これが世界最高の修理技術を持つAOGチームの仕事なのだろうか」

「日航の整備士の板金作業の方がずっときれいに仕上げられる」

リベットはそのサイズに応じてそれぞれのリベットの間隔、板の端から打つ位置（リベット孔の中心）までの寸法（エッジ・マージン）など、守らねばならない規定値が存在する。これらを守らないと、金属疲労が進んで疲労亀裂（クラック）が多発し、想定よりも早く疲労破壊が起きる危険がある。

問題の後部圧力隔壁の修理ではエッジ・マージンが不足

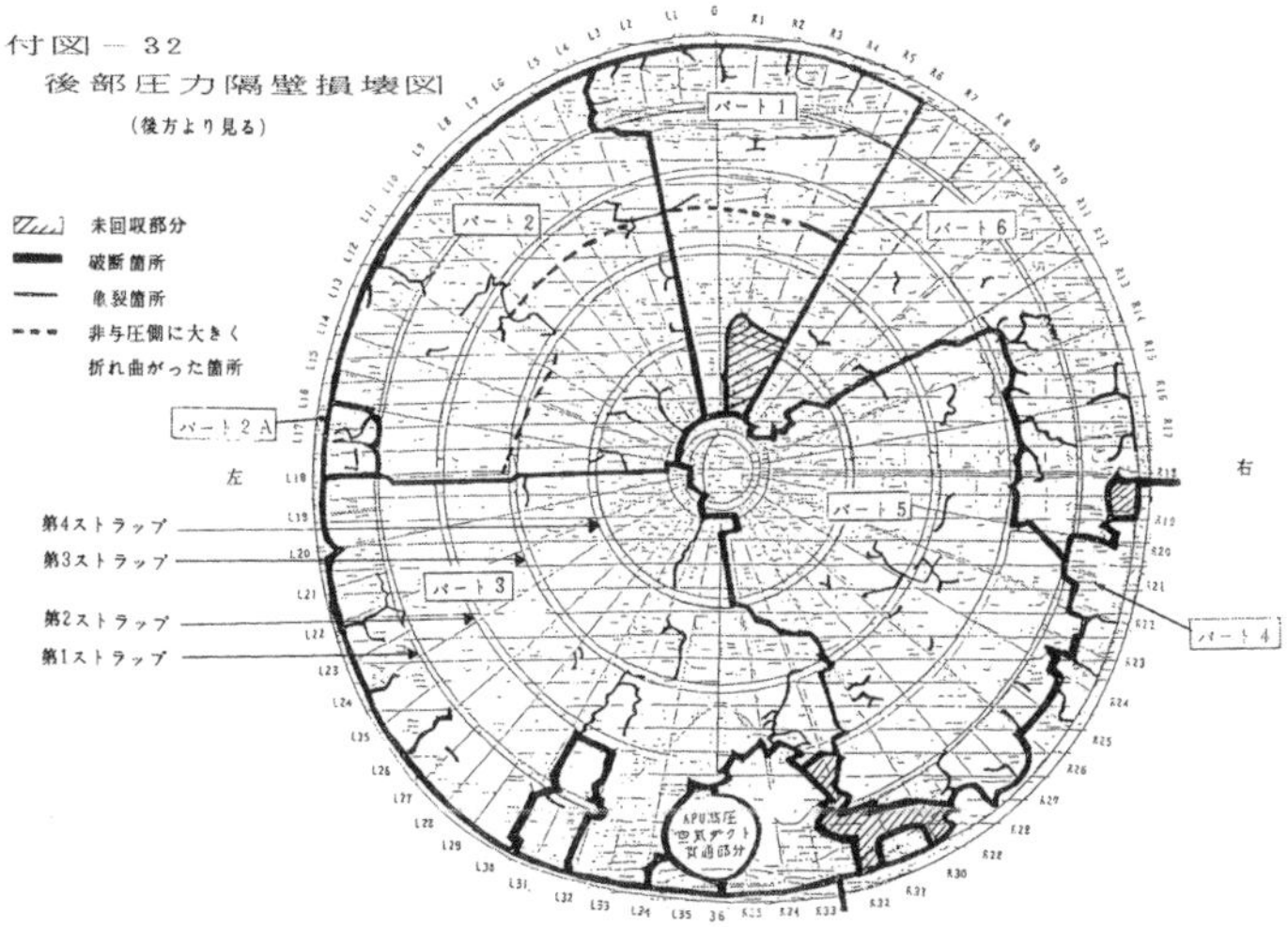

事故調査報告書168ページの「付図－32　後部圧力隔壁損壊図(後方より見る)」

したために中継ぎ板（スプライス・プレート）で補強しようとしたが、この中継ぎ板を2枚に切って使用したことで通常よりも強度が落ち、墜落事故につながった。

杜撰といえば、こんなこともあった。

墜落事故（1985年8月12日）が起きて4カ月後の12月のことだった。ボーイング社の本社があるワシントン州シアトル在勤の日航整備本部の検査員から「受領予定のジャンボ機の後部圧力隔壁にキズがあります」と連絡が入り、すぐに松尾がシアトルまで飛んだ。

松尾はシアトルから40キロ離れたエバレットのボーイング社の工場に着くと、さっそく機体尾部下のアクセス・プレートを外して中に入り、懐中電灯でアルミ色の隔壁の背面を照らすと、そこに多数の引っかきキズを見つけた。キズは長さが1～2インチ（2・54～5・08センチ）あり、部品メーカーでの隔壁の製造時、あるいはボーイング社の取り付け作業中に付いたキズのようだった。

松尾が「これでは新造機は受け取れない。購入できない」とクレームをつけると、ボーイング社の担当者は「この程度のキズは、機能上問題ない」と反論し、隔壁の交換を断った。それでも松尾は引き下がらず、「あなたたちは買おうとする自動車や冷蔵庫にキズが見つかっても買うのか」と反論すると、担当者はしぶしぶ隔壁の交換に同意した。結局、新造機の尾翼部分を取り外して隔壁を交換した。

墜落事故が起き、その原因がボーイング社の後部圧力隔壁の修理ミスにあるとすでに判明していた時期である。9月6日付ニューヨーク・タイムズが修理ミスを報道し、同じ日にボーイング社が修理ミスを認める声明を出している。9月14日には日本の事故調も「修理ミスが原因」とする第2回目の中間発表を行った。それにもかかわらず、ボーイング社の担当者は隔壁のキズを「機能上問題ない」と平気な顔で話した。

一般的にアメリカ人は日本人に比較しておおざっぱなところがある。だが、たとえ運航に問題ないとしても修理ミスで大被害を受けた日航としては納得できないのが当然である。ボーイング社は520人もの死者を出した墜落事故をどう考えていたのだろうか。

◇

松尾も日航もボーイング社を全面的に信頼して修理をすべて任せた。機体を製造し、その機体を隅々まで熟知している航空機メーカーが修理に当たるのが理想的だし、ボーイング社のAOGチームはアメリカの連邦航空局（FAA）が認定するなど自他ともに認める高い修理技術力を持っていた。残念なことに日航の整備部門にはAOGチームのような技術力などなかった。

だからこそ、しりもち事故のときに技術部長という要職にあった松尾は「ボーイングに修理をすべて任せるべきだ」と社内で主張し、ボーイング社に恒久修理を委託した。

◇

ボーイング社には過去に難しい修理を成功させ、事故機を生き返らせた大きな実績があった。これが真冬のアメリカ・アラスカ州アンカレッジで滑落事故を起こした日航機の大修理である。

1975（昭和50）年12月16日午後8時55分ごろ、テッド・スティーブンス・アンカレッジ国際空港で、イギリス・ロンドン発アンカレッジ経由東京・羽田行きの日本航空422便（B-747型ジャンボ機、国籍登録番号・JA8122）が、強い横風が吹くなか凍結した誘導路でスリップして滑落した。機体は誘導路と交わるように70度も横に振れた後、積雪の土手を後ずさりする格好で滑り落ちた。この事故で乗客乗員2人が重傷、9人が軽いケガを負った。炎上はしなかったものの、機体は大破した。

日航は機体底部の大半が壊れたことで、修理は不可能だと考えた。ところが、ボーイング社は修理可能と判断して事故現場の屋外にテントをいくつも張って作業エリアを確保し、半年かけて機体の下半分をすべて交換する修理をやってのけたのである。真冬のアンカレッジは氷点下10度にもなる。そんな凍てつくなかでの大修理だった。日航の整備部門の関係者もアンカレッジに飛んで修理作業に立ち会った。修理には総額58億8000万円もの費用がかかった。

修理の結果、多少の不具合は出たものの、耐空性（その航空機の強度、構造、性能面での安全性）に問題はなかった。心配された機体の重心位置にも変化はなく、機体重量もほとんど変わらなかった。しかも水平直進の飛行性能が以前よりも良くなっていた。日航の整備部門はAOGチームの技術力の高さに驚き、ボーイング社が「神さま」のように思えた。

しかし、アンカレッジ国際空港でのスリップ・滑落事故から2年半後の1987年6月2日に大阪国際空港（伊丹空港）で起きたB-747型ジャンボ機（JA8119号機）のしりもち事故の修理では違った。修理が粗雑で乱暴だった。しりもち事故の修理でリベットが打ち直された機体後方底部の外板を見た松尾は「それにしてもひどい。こうした杜撰な作業をするから後部圧力隔壁の修理でミスをしたのだろう」と考えた。松尾と日航はボーイング社に裏切られたのである。

もはやボーイング社は神さまなどではなかった。隔壁の修理ミスが発覚したことでボーイング社という大きな会社組織の欠陥が表面化し、日本航空にそれが分かったのである。この会社組織の欠陥については「28　修理ミスの理由」で述べる。

19 修理指示書

１９８７（昭和62）年6月19日、運輸省航空事故調査委員会が2冊（本文と別冊の付録）、計５５６ページにわたる「事故調査報告書」を公表し、事故原因が明らかにされると、日航機事故特別捜査本部を設置していた群馬県警が本格的な捜査に乗り出す。

8月17、18の両日に捜査員60人で日本航空の東京・丸の内の本社と羽田の整備工場などを業務上過失致死傷の疑いで強制捜査（家宅捜索）して証拠書類を押収し、10月31日には航空会社の監督官庁である運輸省の航空局検査課、東京航空局、羽田検査官室にも強制捜査のメスを入れた。運輸省航空局はＪＡ８１１９号機がしりもち事故を起こして修理された後、検査を実施して飛行を認める耐空証明（安全に飛べるという証明書、ＡＣ、Ａｉｒｗｏｒｔｈｉｎｅｓｓ Ｃｅｒｔｉｆｉｃａｔｅ）を出していた。

ところが、運輸省、群馬県警ともに家宅捜索の事実を隠していた。家宅捜索から2週間後の11月14日になって運輸省航空局長が記者会見を行い、家宅捜索を受けたことを明らかにしている。航空事故の刑事責任の追及に関連して運輸省の関係部署が強制捜査を受けたのは戦後初めての事態で、運輸省はマスコミ対応が遅れるほど動揺していたのだ。群馬県警にしても、半年前に元運輸省東京航空局航空機検査官が群馬県警の取り調べの最中に自殺していたことを考え合わせると、運輸省に対する強制捜査が公になることで捜査に影響が出るのを気にしたのだろう。群馬県警が運輸省に対し、家宅捜索の事実を隠させた節もある。元航空機検査官の自殺については「26 群馬県警の追及」で詳述する。

◇

航空エンジニア出身の取締役、松尾芳郎に対する取り調べも１９８７年の10月29日から始まり、翌１９８８年の4月29日まで半年間、続けられた。

松尾は１９７７（昭和52）年4月から整備本部技術部長を務め、ボーイング社が後部圧力隔壁の修理ミスを犯した、しりもち事故（１９７８年6月2日）の修理のときにはボーイング社にすべての修理を任せることを主張し、修理内容に関してボーイング社と正式な契約を結んだ。その後、運航本部運航技術部長（１９８２年4月から1年）を経て、墜落事故が起きる2カ月前の１９８３（昭和58）年6月には整備部門を統括する取締役・整備本部副本部長に就任した。さらに日航ジャンボ機墜落事故翌年の6月の機構改革で、技術総本部技術研究所長を兼務する取締役・航空安全推進委員会委員長に就いた。

群馬県警は松尾の部下で、修理中や修理後に領収検査を行った機体技術課長や次長らを特別捜査本部に呼んで事情聴取を重ねたうえで、松尾の取り調べに踏み切った。

松尾を取り調べるに当たり、群馬県警は事故調の最終報告書と自らの捜査によって、修理ミスを犯した「ボーイング社」、領収検査やその後の定期点検で修理ミスを見逃し、見落とした「日本航空」、修理後に耐空証明を出した「運

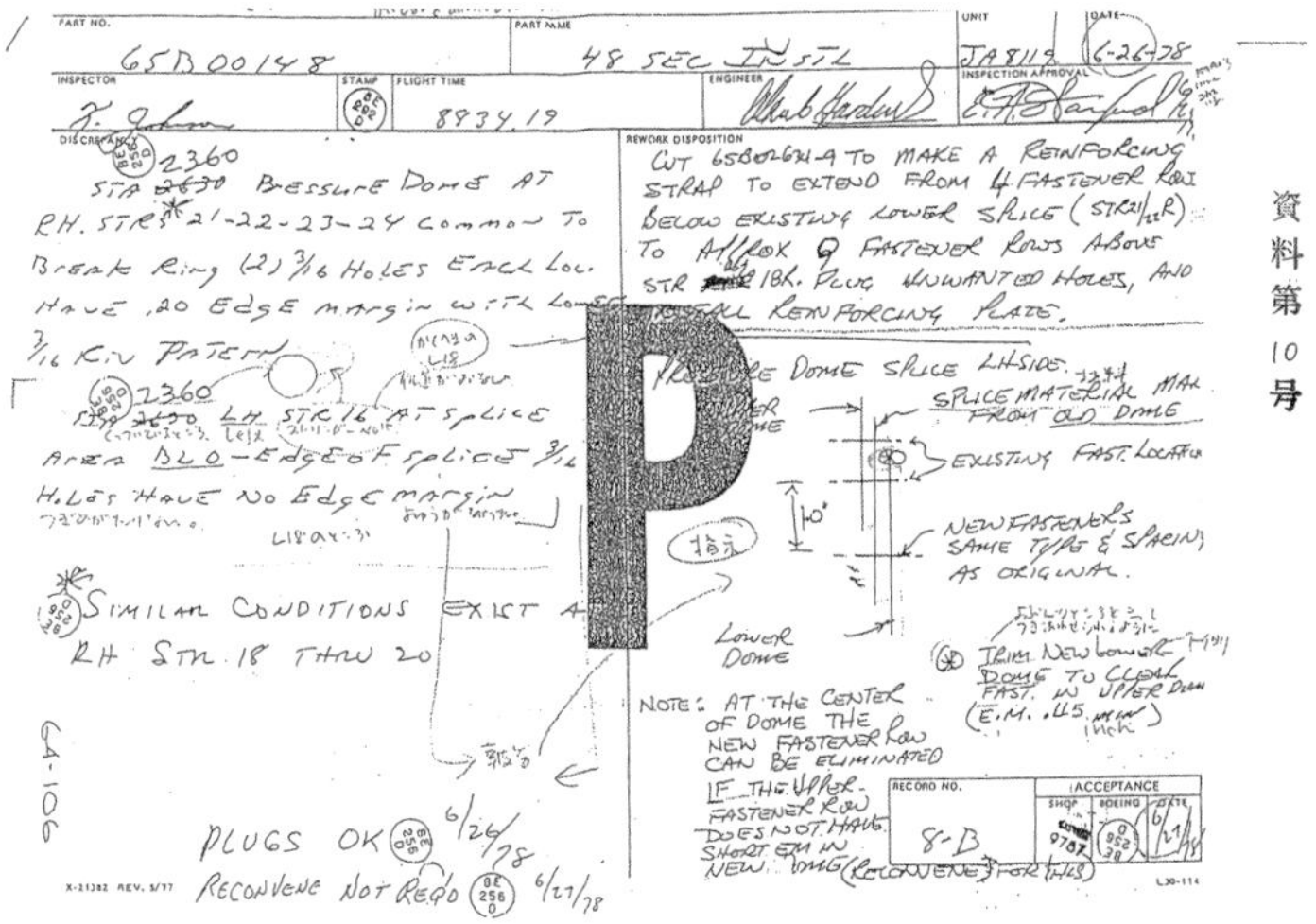
PART NO. 65B00148
PART NAME 48 SEC INSTL
UNIT JA8119
DATE 6-26-78
INSPECTOR
STAMP
FLIGHT TIME 8834.19
ENGINEER
INSPECTION APPROVAL

DISCREPANCY
STA 2360 PRESSURE DOME AT RH. STRS 21-22-23-24 COMMON TO BREAK RING (2) 3/16 HOLES EACH LOC. HAVE .20 EDGE MARGIN WITH LOWER 3/16 RIV PATTERN

STA 2360 LH STR 16 AT SPLICE AREA BLO-EDGE OF SPLICE 3/16 HOLES HAVE NO EDGE MARGIN

SIMILAR CONDITIONS EXIST AT RH STR 18 THRU 20

PLUGS OK 6/26/78
RECONVENE NOT REQ'D 6/27/78

X-21382 REV. 5/77

REWORK DISPOSITION
CUT 65B02624-4 TO MAKE A REINFORCING STRAP TO EXTEND FROM 4 FASTENER ROW BELOW EXISTING LOWER SPLICE (STR21/22R) TO APPROX 9 FASTENER ROWS ABOVE STR 18R. PLUG UNWANTED HOLES, AND INSTALL REINFORCING PLATE.

PRESSURE DOME SPLICE LH SIDE.
UPPER DOME
SPLICE MATERIAL MAKE FROM OLD DOME
EXISTING FAST. LOCATION
1.0"
NEW FASTENERS SAME TYPE & SPACING AS ORIGINAL.
LOWER DOME
TRIM NEW LOWER DOME TO CLEAR FAST. IN UPPER DOME (E.M. .45 MIN)
NOTE: AT THE CENTER OF DOME THE NEW FASTENER ROW CAN BE ELIMINATED IF THE UPPER FASTENER ROW DOES NOT HAVE SHORT EM IN NEW DOME (RECONVENE FOR THIS)

RECORD NO. 8-B
ACCEPTANCE
SHOP 9787
BOEING
DATE 6/27

資料第10号

問題の「修理指示書(FRR 8−B)」。Pの右横が隔壁の修理方法を示した図。図も文字も杜撰で乱暴な書き方だ。Pはボーイング社のプロダクトの頭文字だという。筆者が8·12連絡会事務局長の美谷島邦子から借り受けてスキャンした。日本語は8·12連絡会のメモ書き輸省航空局」の3者競合による事故だと断定していた。

12月22日の事情聴取の中で群馬県警の取調官は松尾にこんなことを聞いている。

「読売新聞にお前の部下である整備部長の記者会見内容が出ていた。その記者会見で整備部長は『ボーイングの修理指示書には落書き程度のことしか書いていない』と述べている。お前はこの『落書き』という表現についてどう思っているのか」

◇

この読売新聞の記事（1985年9月15日付朝刊）は、第1社会面のヘソ（中央）に掲載されていた。その記事は次のようなものだった。

〈「修理とはいえない修理だ」――14日、東京・羽田の日航オペレーションセンターで記者会見した日航の河野整備部長らは、ボーイング社に対する不信感をあらわに見せた〉と書き出し、後半で〈そんなひどいミスが、なぜ、これまで分からなかったのか。日航の責任に及びそうな質問が出ると「しりもち事故の修理後、ボーイング社からの修理指示書には落書き程度のことしか書いてなく、継ぎ板の打ち付け箇所までは書いていなかった」「修理途中でチェックしなかったのは、ボーイング社側が製造工程と同じやり方で修理していたと信じていたからだ」と述べた〉と締めくくっている。河野部長とは機体構造の第1人者の河野宏明のことで、7年前のしりもち事故の修理当時は松尾の直属の部下の技術部機体技術課長だった。

読売新聞の記事は日本航空が修理中、領収検査でボーイング社の修理ミスを見抜けなかったことを批判したものだった。群馬県警の取調官は「日航の領収検査に落ち度があった」「日航は修理指示書を精査していなかった」と松尾に言わせようと考え、まずは「落書きという表現についてどう思うか」と軽い質問から入ったのだろう。任意とは言え、取り調べというのは取調官との真剣勝負である。受け答えには神経を使う。警察は被疑者、容疑者から警察の想定する自供や供述を引き出そうとする。もちろん、揚げ足も取る。

しかし、松尾は冷静だった。取調官に「仮に河野部長がそう言ったとすれば、配慮を欠いた表現だったと思う」と答え、後は言葉を濁した。「自分も落書きだと思った」と答えていたら、「だから修理指示書を精査しなかったのか」「領収検査で修理ミスを見逃したのか」と突っ込まれていただろう。

松尾の本心はこうだった。墜落事故の1カ月後に修理指示書を初めて目にしたときに松尾も「殴り書きで、ずいぶんいい加減だ。日航では考えられない仕様だ」と驚き、「AOGチームは仕事を急ぐので修理指示も簡略化しているのだろうか。もっと丁寧に分かりやすく書かれていれば、修理ミスは起きなかったはずだ」と感じた。

「『落書き』という言葉は『配慮を欠いた表現だった』」という松尾の答えを聞いて取調官は一瞬、松尾の目を覗き込んだが、すぐにその視線をそらせた。

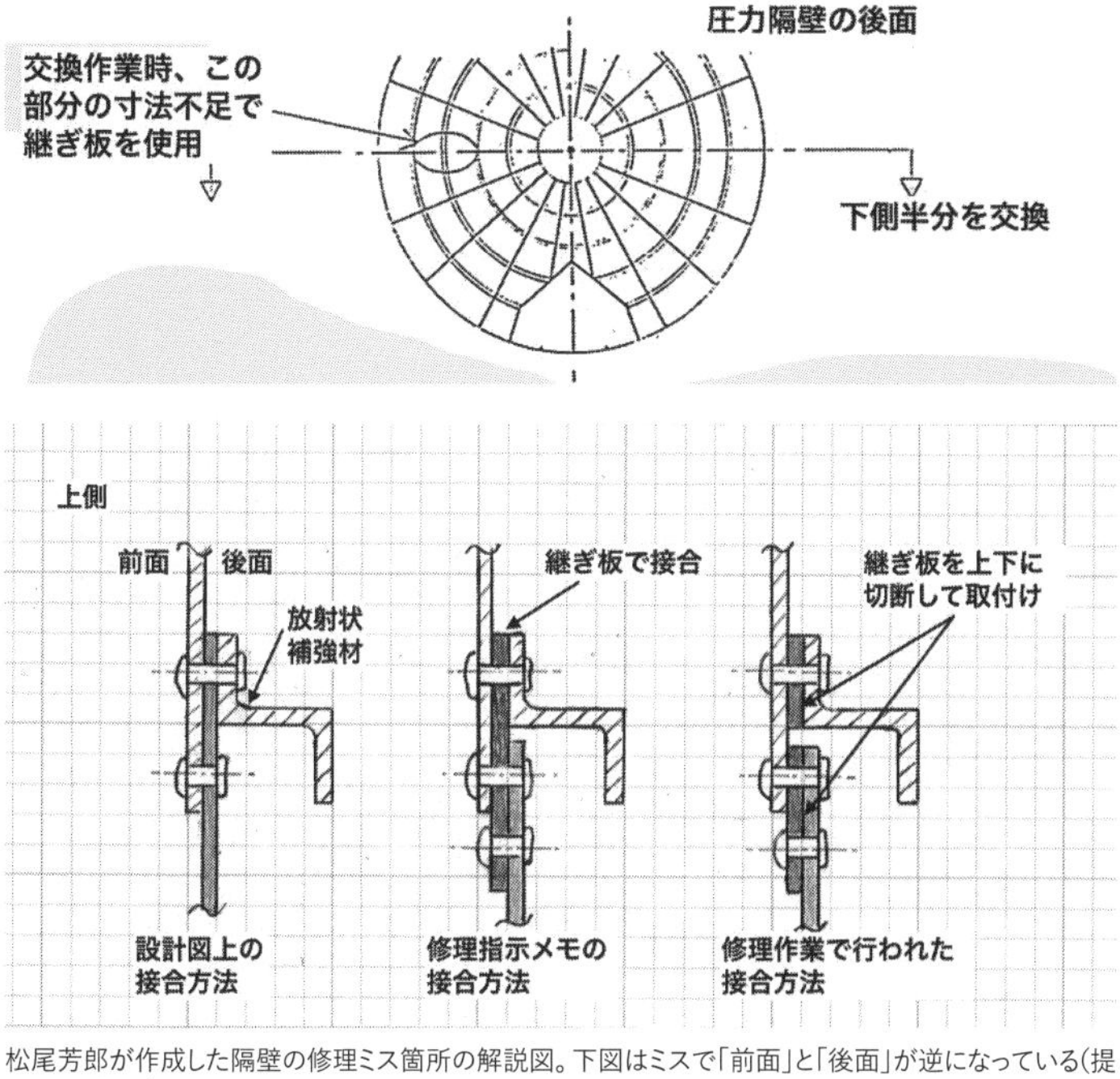

松尾芳郎が作成した隔壁の修理ミス箇所の解説図。下図はミスで「前面」と「後面」が逆になっている（提供・松尾芳郎）

修理指示書は「FRR（Field Rework Record）」と呼ばれ、ボーイング社のAOGチームのなかでエンジニア（技術者）からメカニック（作業員）に指示する作業内容を記したものであり、かつ作業現場での修理記録でもある。しりもち事故の修理指示書は160ページにも上り、そのうち隔壁の修理についての記述はわずか数ページだった。

スプライス・プレートの中継ぎ板を1枚差し込む修理方法については、修理指示書の「FRR 8－B」に図解入りで説明されていたが、すべて手書きで松尾が指摘するように杜撰で乱暴な書き方だった。図解も簡略だった。定規も当てられていなかった。ポンチ絵だった。これをとらえて河野は「落書き程度のことしか書いていない」と記者会見で説明したのである。

松尾はこのFRR 8－Bの修理指示書をもとにきれいな図面を書いている。最初は手書きで簡単に描いたが、その後、定規を当てて何度か書き直しながら書き上げた。事故調は松尾の図面を参考にしながら事故報告書の中の図面を書いた。FRR 8－Bをよく見ると、右上に「6－26－78（1978年6月26日）」と中継ぎ板を差し込む修理を実施した日付が記載され、その下のINSPECTION APPROVAL（FAA認定検査員）の欄にボーイング社のAOGチームを率いたFAA認定の有資格技術者（エンジニア）であるE・N・スタンフォードのサインがある。FAAはアメリカ連邦航空局を指す。

◇

今回の取材で筆者がメールに添付して入手したFRR 8－Bを送信すると、松尾芳郎は「問題の簡略な図解を含め、FRR 8－Bの左側（DISCREPANCY、不具合状況）と右側（REWORK DISPOSITION、修理計画）はいずれもスタンフォード自身が書いたものだ」と説明した。エッジ・マージン（リベット孔から部材端までの規定の寸法）不足が不具合状況であり、1枚の中継ぎ板（スプライス・プレート）を差し込んでリベットを3列に打つことが修理計画、修理指示であった。スタンフォードについては「28 修理ミスの理由」と「29 不起訴」で再び述べる。

さらにINSPECTION APPROVALの欄の左にENGINEERの欄があり、LIGHT TIME（飛行時間）、STAMP（検査員のスタンプ）、INSPECTOR（検査員）の欄が続いている。

松尾芳郎の説明によると、ENGINEERはこの場合、修理指示を出すエンジニア（技術者）ではなく、実際に作業に当たったメカニック（作業技術者）を指している。

メカニックのサインは乱暴でよく分からないが、この人物がFRR 8－Bの指示と違った作業を行って修理ミスを犯した人物とみられる。それにしてもFRR 8－Bというこのたった1枚の修理指示書から修理ミスが生まれ、それによって520人もが命を落としたと考えると、割り切れない思いで頭の中が一杯になる。

松尾が墜落事故を起こした日航123便（JA8119号機）の残骸を最初に調べたとき、機体底部の粗雑なリベットの打ち方に気付き、AOGチームの杜撰な修理に唖然とさせられたことは「18 裏切り」で書いたが、修理指示書も杜撰で粗雑なものだったのである。ただし、中継ぎ板を差し込んで上下の隔壁を合わせ、そこにリベットを3列打ちする指示自体は間違ってはいなかった。

◇

群馬県警の12月22日（1987年）の取り調べで、松尾はこんなことも言われている。

『日航の技術部は領収検査にもっと積極的に関わるべきであった』『FRR（修理指示書）をきちんとチェックすべきであった』のこの2点に同意すれば、取り調べはすぐ終わりになる」

「お前は（7年前のしりもち事故のときに）技術部長だったのだから課長や課員レベルと同じ考えを述べるのではなく、もっと高い見地からの意見を聞きたい」

10月29日から始まった取り調べは、土日以外の連日、午前9時ごろから夕方の5時過ぎまで行われた。逮捕されての取り調べではなく、任意の事情聴取ではあったが、「お前」「あんた」と呼ばれ、怒鳴られることも度々あった。芯が強く、並大抵なことではへこたれない松尾も疲れてきていた。そこに「同意すれば、取り調べはすぐ終わりになる」と誘いをかけてくる。明らかに誘導尋問であった。こうした警察の取り調べが冤罪、無実の罪を生むのだろう。

◇

JA8119号機は、1978（昭和53）年6月2日午後3時過ぎに大阪国際空港（伊丹空港）でしりもち事故を起こし、ボーイング社の修理を経て7年後の1985（昭和60）年8月12日午後6時56分、群馬県の御巣鷹の尾根に墜落した。

7年前（1978年）のボーイング社の修理は40人以上のAOGチームがアメリカから来日して東京・羽田の日航整備工場で6月17日～7月11日までおよそ1カ月かけて行われた。しりもち事故で損傷した大きなお椀型の後部圧力隔壁（直径4・56メートル、深さ1・39メートル）の下半分を新品と交換する作業は6月24日～7月1日にかけて実施され、上半分との間に生じたエッジ・マージン（規定の寸法）の不足を補う問題の作業は、6月26日に行われた。

FAA認定の有資格技術者エンジニアの書いた修理指示書では、1枚の中継ぎ板（幅6センチ、長さ105センチ、厚さ0・9ミリのスプライス・プレート）を上下のドーム（ウエブ、扇状板）の間に挟み込み、リベットは3列に打つよう指示していた。しかし、メカニック（作業員）が行った実際の作業では中継ぎ板が幅2センチと幅4センチの2枚に切り分けられたうえ、それぞれ補充板（フィラ、シム板）と中継ぎ板（スプライス・プレート）として挟み込まれた。そのためにこの部分の強度はリベット1列打ちと同じ状態となり、70％まで低下してしまった。これが修理ミスである。事故調の調査報告書（248ページ）によると、修理ミスは6月26日に起き、翌27日にボーイング社のAOGチームの検査員の検査を受けたが、発見されなかった。

7年間の与圧飛行の繰り返しによって金属疲労が進んで異常なマルチ・サイト・クラック（同時多発亀裂）が多数発生し、それが墜落事故に結び付いた。航空機の板金作業上、中継ぎ板を2つに切り分けて使用することはリベットが1列打ちと同じ状態となることから金属疲労を引き起こす致命的な修理ミスだった。

後部圧力隔壁を客室側から見ると、中継ぎ板と補充板との間にできる隙間は、隔壁の上半分と下半分の接続部を走るL18スティフナで隠れている。しかもこの隙間や、接続部のウエブ（扇状板）の断面にはすべてフィレット・シール（パテ、充てん剤）が埋め込まれ、さらに隔壁全体は内装材で覆われている。外見からは修理ミスに気付くことが極めて難しい。内装材のない背面（非与圧側の機体後方）からもリベットが正しく3列に打たれているように見え、修理ミスは分からない。

修理の途中や終了時に日航の検査員が立ち会って実施する領収検査や、日航の整備士による3000飛行時間ごとのC整備（重整備、通常1〜2年ごとに実施）などの定期点検では、隔壁の背面から検査するが、修理ミス箇所の発見は不可能に近い。スプライス・プレートの中継ぎ板を2枚に切り分けて挟み込む問題の作業を直接その場で見ていない限り、修理ミスには気付くことはできない。

たとえば、そこに修理ミスが存在すると認識したうえで、客室側の内装材をすべてはぎ取って隔壁の上半分と下半分の接続部を中心に拡大鏡によってリベット周辺やウエブ（扇状板）を詳しく調べ上げ、スティフナ（補強材）の内側を反射鏡を使って隠れたリベットを覗き込み、さらに長さ2〜3ミリのクラック（亀裂）まで発見できる渦電流検査まで行えば、金属疲労によるクラックの発生が見つかり、ボーイング社の修理ミスに気付くことはできたかもしれない。隔壁の背面から調べた場合も同様である。

だが、しかし、目視検査が基本である領収検査やC整備ではそこまでやらないし、それが当然だった。

墜落事故が起きたのは、修理ミスがボーイング社の安全設計上、想定外のものだったからである。この修理ミスさえなければ、後部圧力隔壁は壊れることなく、JA8119号機は次の定期点検まで安全に飛行することができたはずだった。墜落事故の直後、ボーイング社はそう考えた。

20 進言

ボーイング社の修理ミスによって墜落事故が起きたことが明らかになると、新聞、テレビなどの報道は「日航がボーイング社の修理ミスを見逃し、見落とした」「修理ミスは日航の領収検査や定期点検で発見できたはず」と日本航空を批判し、責め立てた。世論もその方向になびいた。群馬県警や検察庁も同様な観点から捜査に力を入れ、業務上過失致死傷罪という日航の刑事責任を立件しようと動いた。

墜落事故から4カ月後の1985年12月7日に発足した遺族による「8・12連絡会」も、翌年の4月から8月にかけて5回、日航とボーイング社、運輸省の幹部ら計12人の告訴・告発を行うなど活発な活動を繰り返していた。

もちろん、航空会社には乗客を安全に目的地まで運ぶ運航責務がある。航空法などもそう規定している。だが、しかし、日航ジャンボ機墜落事故は航空機メーカーであるボーイング社の犯した修理ミスに起因する。日航がパイロットの操縦ミスや天候判断の誤り、整備不良から起こした事故ではない。

◇

しりもち事故の修理に当たり、日航はボーイング社を高く信頼し、損傷した機体の修理をすべて任せるという委託契約を結んだ。日航は立ち会いの領収検査の際に整備士や検査員に「作業エリアに近寄り過ぎてボーイングのAOGチームの邪魔をしてはならない」という指示まで出していた。日航はボーイング社を特別扱いした。整備部門には「ボーイングは神様だ」と高く評価する声まであった。それだけボーイング社を信用し、頼りにしていたわけだった。しかし、厳しい見方をすれば日航の妄信だった。

修理ミスさえなければ、JA8119号機は正常な機体に整備されて日航の手もとに戻り、その後、不具合（調子や状態の良くないこと）や故障が見つかったとしてもさらなる整備・修理によって安全飛行を重ねることができるはずだった。

航空機は地上に降りるまで、あるいは次の定期点検まで、安全運航が可能なように設計されている。これがフェイル・セーフ（多重安全構造）とリダンダンシー（冗長性、余剰安全装備）による安全性の担保である。しかし、後部圧力隔壁の修理で中継ぎ板を2枚に切断し、それぞれ接続部に差し込んでリベットで留めるという強度を軽視したボーイング社の作業によって隔壁のフェイル・セーフもハイドロ・システム（油圧装置）のリダンダンシーも役に立たなくなった。

結果的に安全運航を無視したことになる。日航や運輸省、事故調、群馬県警、検察庁、それに日本政府はもっとボーイング社とアメリカ政府に対し、ものを言うべきだったのではないか。

◇

墜落事故から3カ月後の11月初旬のことである。大手町など東京駅周辺のビル木枯らしが吹き始めていた。

ジネス街でも、街路樹の黄色く染まったイチョウの葉がビルの谷間の路面に落ち、赤や茶に紅葉した他の落ち葉といっしょに強い風に吹かれて高く舞っていた。日差しが雲に隠れると、寒かった。近くのビルの飲食店街まで昼休みで食事に出た帰りなのだろう。上着の襟を立てたサラリーマンやカーディガンを羽織ったOLの姿が多く見られた。

この日、東京駅前の東京ビルヂング（旧丸ビル）の日本航空本社で行われた役員会議の後、松尾芳郎は社長室に立ち寄り、社長の高木養根《たかぎやすもと》に面会している。

役員室や社長室は最上階の8階にあった。眼下で街路樹が木枯らしに揺れているのが、窓越しに見える。向こうの灰色のビルの屋上では、いくつもの落ち葉が小さな竜巻に飲まれたかのようにグルグルと回っていた。

お茶を運んできた女性秘書が出ていった。社長室にいるのは松尾と高木の2人だけだった。最初、松尾は高木の大きな机の前に立って話していたが、高木にソファーに座るよう勧められ、そこに腰を下ろした。応接セットのテーブルの上には2つの湯呑み茶碗のほか、ガラスの灰皿と煙草を入れた木製のケースが載っていた。

松尾は日航の自分の事故調査で新たに判明したことを報告した後、少し大きな声で「ボーイングを訴えましょう」と進言した。思い切った発言だった。

しかし…、松尾のその進言を聞いた高木は黙ってうなずくだけだった。聞き置くといった感じだった。うなずいた後、高木は煙草に火を点けて一度煙を深く吸い込み、そして紫煙をくゆらせながら天井をじっと見ていた。

松尾は後になって「もう少し強くお願いすべきだった。担当の専務や上の役員たちにも具申すべきだったかもしれない」と反省したが、松尾の進言を否定せずに聞き置いた高木は、松尾と同じ思いを持っていたのだろう。

松尾を信頼して墜落事故の原因調査を任せた高木だ。これまでの松尾の報告からボーイング社に非があることは十分に理解していたはずである。

高木には自分の信じる道を貫こうとする強い信念があった。寡黙だが、しっかりとした考えの持ち主で日航社内での評価は高かった。戦後日本の航空業界のなかで半官半民の日航を世界的な航空会社に育て上げてきた1人だ。歴代の日航社長のなかで初めて社内から社長に就いた人物である。「16 社長の辞任」で書いたが、学生時代には治安維持法違反の罪に問われ、自ら京都帝国大学文学部哲学科を中退し、東京帝国大学法学部に入学し直すという苦労もしている。松尾はそんな高木を尊敬していた。だから進言まで行ったのである。

聞き置くだけの高木だったが、墜落事故の起きた年の12月18日に社長を辞した後も8月12日になると、御巣鷹の尾根への慰霊登山を繰り返していた。

◇

墜落事故当時、1945（昭和20）年8月15日の太平洋戦争の終結から40年がたっていても、まだ日本はアメリカ

日航ジャンボ機墜落事故の2年前、中曽根康弘は奥多摩に近い別荘「日の出山荘」でレーガンと妻のナンシーをもてなす。日米の親密さを示すロン・ヤス関係の象徴的な場面である=1983年11月11日、東京都日の出町

に完敗したという敗戦色が消えず、日米関係はアメリカ優位の状態が続いていた。

そんななか、政界で頭角を現し、勢いを増していた中曽根康弘が政権を握る。１９８２（昭和57）年11月27日に第１次中曽根内閣を成立させると、中曽根はアメリカとの関係を重視し、日米関係を揺るぎないものにしようと考えて翌年すぐに渡米、日米首脳会談（１９８３年1月18日、19日）で「日本とアメリカは運命共同体である」と強調し、強固な日米関係を作り上げていく。

このときの渡米で中曽根は大統領のロナルド・ウィルソン・レーガン（１９１１年2月6日～２００４年6月5日、享年93歳）と会食をする。レーガンが「私をロンと呼んでくれ。あなたをヤスと呼びたい」と語り、それ以来、２人は「ロン」「ヤス」とファースト・ネームから取ったニックネームで呼び合うことになる。首脳同士がニックネームで呼び合うなど日米の歴史のなかで初めてのことだった。

映画俳優を経てカリフォルニア州知事から第40代大統領に選ばれたレーガンは、大統領を１９８１年1月20日から１９８９年1月20日まで8年間、務めている。

「ロン・ヤス関係」は、良好な日米関係を象徴していた。たとえば、レーガンは夫人の元女優、ナンシー（１９２１年7月6日～２０１６年3月6日、享年94歳）をともなって１９８３年11月9日から12日にかけて国賓として日本を訪れている。この来日で奥多摩に近い中曽根の別荘「日の出山荘」（東京都西多摩郡日の出町）でロン・ヤス会談（11月11日）が開かれ、その席で中曽根はお茶を点ててレーガンとナンシーの2人をもてなした。

「ロン・ヤス関係」が出来上がった後、１９８５（昭和60）年8月12日に日航ジャンボ機墜落事故が起きる。日本航空がアメリカを代表する企業であるボーイング社を提訴すれば、中曽根政権が築いた日米関係に大きなひびが入る。中曽根はレーガンと強く結び付いていた。そんな中曽根政権下でボーイング社を相手に訴訟を起こすことなど到底不可能なことだった。結局、日航はボーイング社を提訴することはなかった。

◇

高木はアメリカとの外交上、日本が不利益にならないように中曽根政権から求められていたのかもしれない。あるいは高木自身が日本の将来をおもんばかったのかもしれない。墜落事故から2日後の8月14日午後、高木は首相官邸に中曽根を訪ね、事故の謝罪と辞任の意向を伝えている。そして12月18日に社長を辞任し、相談役に退いた。

中曽根政権は一連の行政改革のなかで、日航の民営化を推し進めていた。墜落事故が起きる1カ月前の7月には、総務庁の初代事務次官、山地進（１９２５年5月12日～２００５年5月27日、享年80歳）を常勤顧問に送り込んでいた。

日航では8月12日の墜落事故当日、日航１２３便（ＪＡ８１１９号機）が御巣鷹の尾根に墜落する数時間前に経営会議が開かれ、社長の高木をはじめとする役員たちが完全民営化の方針を決定している。事故後の12月18日に高木が社長を退くと、中曽根は自分が気に入っていた鐘紡（カネボウ）社長の伊藤淳二を社長に推した。しかし、人事が混乱するなどうまくいかず、伊藤を会長に据え、社長には山地を起用した。この伊藤・山地体制で日航は１９８７（昭和62）年11月に完全に民営化される。

中曽根は日航社内で人望のあった、初の生え抜き社長の高木を墜落事故の責任を取らせる形で辞任させ、高木に従う役員も辞めさせるなど日航という半官半民の会社をうまく掌握しながら完全民営化を推し進め、それを成し遂げた。

第5章

事故調は申し入れをことごとく無視した

21 亀裂の発見確率

日航ジャンボ機墜落事故の「航空事故調査報告書」が1987（昭和62）年6月19日に公表される前、松尾芳郎は運輸省航空事故調査委員会（事故調）から報告書の原案の要約を見せられ、意見を求められている。

事故調は松尾が日本航空を代表する航空エンジニアであり、後部圧力隔壁の下半分の取り付けなどしりもち事故で壊れたJA8119号機の修理を整備本部技術部長として統括していたことを知っていた。松尾に対して一目置いていた。それゆえ意見を聞いたのである。

指定された日時に、松尾は運輸省が入る東京・霞が関の中央合同庁舎3号館最上階の11階にある航空事故調査委員会の事務局まで出向いた。庁舎3号館は地下鉄の霞ケ関駅で降り、桜田通りと交差する外務省との間の坂道を国会議事堂に向かって少し上ったところにある。

2001（平成13）年1月の中央省庁再編で、運輸省は国土庁や北海道開発庁と統合されて国土交通省と名称は変わったが、いまも庁舎の建つ場所は変わらず、建物もほぼそのままである。

◇

ところで、筆者は産経新聞の社会部記者時代のうち1989（平成元）年から1991（平成3）年にかけ、運輸省の記者クラブに在籍し、日航ジャンボ機墜落事故の事後処理の取材を担当した。1989年11月22日の日航、運輸省、ボーイング社の関係者全員の不起訴処分やその翌年7月12日の再不起処分にからんで運輸省航空局や運輸省航空事故調査委員会、日本航空、航空専門家、それに遺族会の8・12連絡会をこまめに回って取材を重ねた記憶がある。

ついでに書くと、運輸省の記者クラブ詰めになる直前は、警視庁や検察庁などの事件官庁の記者クラブに所属しない、「事件遊軍」と呼ばれる社会部の遊軍記者で、1988（昭和63）年6月18日付朝日新聞の記事（社会面トップ）をきっかけに大型の贈収賄事件へと発展していくリクルート事件、同年7月23日に東京湾で起きた海上自衛隊の潜水艦と民間の釣り船の衝突事故、昭和天皇の病状悪化と翌年1月7日の崩御など大事件と大事故に翻弄された。

振り返ると、忙しい日々だった。新聞記者冥利に尽きる毎日だったかもしれない。しかし、あの時代に戻りたいとは決して思わない。それだけ過酷だったからである。

◇

運輸省航空事故調査委員会が松尾芳郎に見せた事故調査報告書の要約文は、横長の用紙を10枚ほど束ねたかなり簡単なものだった。写真は1枚もなく、数点の図が付いているだけだった。持ち帰ることは許されなかった。

それでも松尾はその場で要約文をしっかりと読み込み、そこにあったいくつかの記載に対し、口頭で訂正を申し入れた。自分や部下が調査してまとめてきた記録や資料をきちんと頭のなかに入れ、事故の原因をしっかり把握していたからこそできたのである。

しかし、事故調は松尾のその申し入れの大半をはねつけた。松尾は事故調のそんな対応について群馬県警の取り調べのなかで明らかにした。日航・松尾ファイルによると、訂正の申し入れについては、群馬県警の取り調べ調書（1988年3月31日作成、22枚）のなかでまとめられ、松尾ファイルにはその要点が、公表された事故調査報告書をもとにそのページ数を示して記されている。その1つを挙げてみよう。

◇

まず、調査報告書の100ページにある「14～60パーセント」という亀裂（クラック）の発見確率である。調査報告書には〈L18接続部で進展していた多数の疲労亀裂のうち、少なくとも1つを発見できる確率は14～60パーセント程度と計算された〉と記されている。「L18接続部」とは後部圧力隔壁の上半分と下半分を接合するため、中継ぎ板を2枚に切り分けて差し込んだ問題の修理ミス箇所である。強度が弱くなることからこの部分に多数の亀裂が発生して隔壁が破断した。亀裂の発見はL18接続部の修理ミス箇所の発見に結び付く可能性があり、極めて重要である。

御巣鷹の尾根に墜落したJA8119号機は、しりもち事故の修理後から墜落事故までの7年間に計6回のC整備（整備工場に入れて行う3000飛行時間ごとの重整備）を実施し、6回目が墜落事故の8カ月前の1984（昭和59）年11月20日から12月5日にかけて行われた。後部圧力隔壁の金属疲労による亀裂（クラック）が発生していたとみられるこの時期に、事故調は日航の整備士がその亀裂を見つけられる確率が14％から60％と指摘したのである。

しかしこれだと、確率の数字の幅が大きすぎる。それに本格的な点検・整備のC整備でさえ、亀裂が発生していた上下のドーム（ウエブ、扇状板）のL18接続部の修理ミス箇所やその周辺を特別に調べることはない。

松尾ファイルと事故調の調査報告書によると、墜落事故前、L18接続部のリベット孔を中心に発生していたと事故調が推測する亀裂は数カ所にわたり、それらの長さは11ミリ以下（平均10ミリ）と小さい。リベット頭部で隠れるので、実際の亀裂の可視部はもっと小さくなる。しかも機体尾部の底部にあるアクセス・プレートの点検口から機内に入って見ることができる、非与圧側の隔壁背面はリベットが正常に打ってあるように見え、修理ミスは分からない。

逆に与圧される客室側の機体前方から見た場合も、修理ミスの発見など不可能である。隔壁の内側はパネルやその他の内装材で覆われ、しかも問題のL18接続部はスティフナ（補強材）で隠れ、さらに背面と同様に継ぎ目がフィレット・シール（充てん剤、パテ）で埋められているからだ。

亀裂を目で確認して見つけ出すのは至難の業《わざ》なのである。最初から「そこに亀裂が多数発生する修理ミスがある」と分かっていない限り、本格的な点検・整備でも発見はできない。

◇

うに考えた。
事故調の算出した亀裂の発見確率について松尾は次のよ

アメリカのＦＡＡ（連邦航空局）の圧力隔壁に関する整備要件（ボーイング社の整備要件はＦＡＡ基準に準じる）には、「機体後方から見た目視検査（ｓｕｒｖｅｉｌｌａｎｃｅ）の実施」という項目がある。

「これは亀裂や腐食が発生しやすい隔壁下部の状況を調べるもので、隔壁の他の部分を検査するものではない」

「事故調の発見確率は検査箇所を指定し、さらに拡大鏡を使うなど特別な手法で検査する場合にのみ達成できるものだ」

「墜落事故の前から発生していたと事故調が推測する亀裂破面には煙草のヤニが付着していない。隔壁のすき間からは客室の煙草の煙が漏れ出すのにヤニがないのはおかしい」

墜落事故の当時は客室の最後尾に喫煙エリアがあり、そこで煙草が吸えた。破面とは亀裂が入ったときにできる断面である。

隔壁は原則、与圧空気が漏れないように作られているが、気密性の試験はされていない。このためリベット孔の周囲やウエブ（扇状板）の合わせ目からわずかに与圧空気が漏れ出し、それがヤニとして検出されることがあった。ヤニの付着は隔壁の背面、非与圧側に現れる。だが、ごくわずかなヤニを見つけるのは難しかった。

このヤニの付着について松尾と事故調は事前の話し合いのなかで「客室の与圧空気がある程度以上、非与圧側に漏れていると、その周辺にはヤニがこびり付く」という認識で一致していた。しかし、松尾によると、亀裂の破面にはヤニが付着していなかった。

「亀裂破面にヤニの付着がないということは、最後の検査（１９８４年11月～12月のＣ整備、重整備）のときには、亀裂は発生していなかったか、あるいは発生していても与圧空気の漏れない極めて小さなものだったとみるのが妥当だ」

こう考えたうえで、松尾は事故調が用いた計算方法（調査報告書別冊の付録12「目視点検による亀裂の発見について」に記載）を使い、現実的な数値を当てはめて新たに計算し、「２％以下」という発見確率を導き出して事故調に訂正を申し入れた。だが、事故調はそれを受け入れようとはしなかった。

◇

参考に挙げておくと、事故調が最終的にまとめ上げた調査報告書には次のようなヤニの付着の記載がある。

〈修理ミスのあったL18接続部で〉下側ウエブ（扇状板）、上側ウエブ及びスプライス・プレート（中継ぎ板）相互の合わせ面に煙草のヤニの付着があった〉（60ページ）

〈（L18接続部の）リベット№41付近及び同№50付近では、下側ウエブとスプライス・プレートの間にわずかな隙間が発生し、ここよりごく少量の煙草のヤニが非与圧側へ噴き出していた〉（同）

〈L18接続部の修理結果がヤニの付着及び吹き出しに関与

したものと考えられるが、ウエブの合わせ面に付着していたヤニは表面から発見できなかったものと認められる〉（104ページ）

〈（リベットの№41付近と№50付近の2カ所で）非与圧側へのヤニの吹き出しが前回のC整備の際にあったか否かについては明らかにすることはできなかった〉（同）

ヤニの検出は亀裂の発見に結び付く。修理ミスがあった箇所には確かにヤニが付いていた。しかし、外見からは分からない。しかも最後のC整備（重整備）のときに問題のヤニの吹き出しが存在していたとは事故調も断定できないのである。

◇

目視検査には、指定された部位を拡大鏡で調べる「詳細目視」（detailed visual inspection）、指定部位を肉眼で調べる「目視検査」（surveillance）、部位を指定しないで30センチほど離れたところから肉眼で見る「一般目視」（general visual inspection）の3種類がある。

墜落事故前のボーイング社のFAAが認可する整備要件では、後部圧力隔壁の後方（背面）下部は腐食状況などを目視検査（surveillance）によって調べ、それ以外の隔壁の部位は一般目視（general visual inspection）となっていた。事故調の算出した14～60％という発見確率は一般目視におけるもので、たとえば航空業界では一般目視による1インチ（2・54センチ）の亀裂の発見確率は5～50％といわれている。つまり少なくとも50％以上は見過ごされるわけで、発見確率は低い。そこから考えても、やはり小さな11ミリ以下（平均10ミリ）の亀裂の発見確率が14～60％というのはかなり高い確率になる。

事故調は〈この発見確率について検討した結果、C整備時にとられた点検方法ではL18接続部の疲労亀裂の発見が可能か否かについて明らかにできなかった〉と調査報告書の105ページに記している。「少なくとも1つを発見できる確率は14～60パーセント程度と計算された」と明記しておきながら、その5ページ後で「疲労亀裂の発見が可能か否かについて明らかにできなかった」と書くのは矛盾していないか。

◇

当初、事故調の担当者は亀裂の発見確率を「およそ10％」と算出した。しかし、事故調の委員長から「幅を持たせた方がいい」と言われ、新たにいくつかの条件を加えて計算し直し、「14～60パーセント」の発見確率を導き出したという話がある。

発見確率が高くなれば整備を担当する日航の責任が重くなり、「墜落事故の前から機体の点検を求めていた」と主張するボーイング社の責任は軽くなる。反対に発見確率が低ければ、日航とボーイング社の立場は逆転する。

そう考えていくと、事故調が幅のある発見確率を出したということは、よく言えば、日航にもボーイング社にも与《くみ》さないという判断が働いた可能性がある。だが、見方を変えると、幅のある発見確率は日航もボーイング社のどちらも認めるという立場にもなる。双方に良い顔をするわけで、優柔不断である。

松尾ファイルによると、ボーイング社が「墜落事故の前から機体の点検を求めていた」と主張したのは、アメリカ航空輸送協会（ATA、Air Transport Association of America）の整備方式検討部会（MSG、Maintenance Steering Group）の各改定指針（1960年代のMSG‐1、1970年代のMSG‐2、1980年代のMSG‐3）に基づくものだった。さらに経年機（高齢機、古い機体）に亀裂（クラック）が見つかるようになったことも追い打ちをかけ、ボーイング社は次々と追加の検査を各航空会社に求めた。

「23　隔壁の改善」でも書く予定だが、墜落事故前の1981年5月、アメリカのFAA（連邦航空局）が各航空機メーカーに経年機の補足構造検査プログラム（Supplemental Structural Inspection Document＝SSID、SSIP、SSI、SID）を設置するよう指示する通達を出す。これもボーイング社が航空会社に追加検査を求める根拠となった。

しかし、肝心の後部圧力隔壁については「下部のAPUダクト周囲の腐食状況を背面から目視検査する」という従来の点検方法のままだった。つまり、ボーイング社の求めた点検方法では、問題のL18接続部の修理ミスやそれによって発生するクラック（亀裂）は見つけることはできなかった。

ちなみに「APUダクト」とは、隔壁より後ろの機体尾部にAPU（Auxiliary Power Unit、補助動力装置）が設置されているが、駐機中にこのAPUから取り出した圧縮（高圧）空気を運ぶ管を指す。隔壁の下部を通り抜け、機内のエアコン・システム（空調設備）まで走っている。APUはこのほか、エンジンを始動させるスターター、機内照明、操縦システムなどに供給する電力を作り出す。

◇

結局、事故調は「14～60パーセント」という発見確率を調査報告書に盛り込み、「2％以下」という松尾の発見確率は葬られた。だが、科学的に裏付けされたより正確な亀裂の発見確率を導き出すことこそが、事故調の本来の役目ではないだろうか。事故調の「14～60パーセント」という発見確率は疑問である。

なぜ、事故調は幅のある発見確率を残したのか。もう一度考えてみよう。墜落事故当時、日本という国を動かしていたのは、アメリカとの外交を何よりも重視する中曽根政権だった。ボーイング社はアメリカそのものといえるボーイング社の不利益になるようなことを認めるはずはないだろう。運輸省の一部機関に過ぎない事故調が亀裂の発見確率の算出など

事故調査委員会委員長の武田峻(右)から事故調査報告書が提出され、目を通す運輸相の橋本龍太郎
=1987年6月19日、東京都千代田区霞が関の運輸省大臣室

事故の調査をめぐって中曽根政権から何らかの圧力を受けていたと考えてもおかしくはない。事故調の独立性や権限は、国土交通省の外局として自立する後身の運輸安全委員会（JTSB）と違ってかなり弱く、運輸省を通じて政権から圧力を受けやすい立場にあったことは間違いない。

中曽根康弘は、首相就任直後の1983（昭和58）年1月の日米首脳会談の中で、アメリカ大統領のレーガンと「ロン」「ヤス」と呼び合う親密な関係を作り上げ、その後も渡米を繰り返し、強固な日米関係を築き上げていく。そんな中曽根政権は第3次内閣の1987（昭和62）年11月まで続いた。

ところで、後に検察も捜査の過程で独自に亀裂の発見確率を導き出している。それは松尾の発見確率にかなり近い値で、松尾の算出の正しさが証明されることになる。これについては「29 不起訴」や「30 政権の限界」で触れる。

◇

事故調に無視され、調査報告書に反映されなかった松尾の申し入れは、まだある。

調査報告書の123ページの〈これは、修理作業において、後部胴体の変形に対する配慮がやや不足していたことにより生じた可能性も考えられる〉との記述に対し、松尾は「後部胴体の修理指示は当然、ボーイングが行ったもので、日航としては適切に指示されていたと考える」と抗議した。

調査報告書の「これ」とはL18接続部のエッジ・マージン（規定の寸法）不足のことを指す。この寸法不足を補うために中継ぎ板を1枚差し込む指示が出されたが、実際は2枚に切って使われ、その結果、隔壁の強度が7割に落ち、墜落事故を起こす要因となった。

調査報告書の124ページの〈今回の修理では、作業工程における検査を含む作業管理方法の一部に適切さに欠ける点があったと考えられる〉との記載にも、松尾は「作業工程における検査を含む」を削り、「ボーイング自身の検査を含む」に差し替えるよう求めた。

松尾はその理由を群馬県警の取調官に次のように説明している。

「契約上、作業工程における検査を含む作業管理はボーイングが責任を負うべきであり、修理ミスの主たる原因はボーイングにあったことは明白である」

「しかし、従の立場にあるとは言え、日航としては領収検査を行う必要があるため、調査報告書にあるこの表現に触れるところがないわけではない」

「しりもち事故の修理に当たって規定通りに領収検査要領が設定されず、代わりに仲野メモが使われ、領収検査員が指名されなかった。そうした点が完全でなかった」

松尾が取調官に話した「仲野メモ」とは、しりもち事故の修理の際に日航羽田整備工場の検査室長（当時）の仲野道雄が検査員に領収検査を実施するよう指示したもので、その領収検査では圧力隔壁を含む機体後部の構造や油圧システム、尾翼の駆動・作動状態などがもと通りに復元されているかどうかをチェックすることを求めていた。

ここであらためて説明しておくと、領収検査とは製造、あるいは修理工程のなかに検査ポイントを設け、機体各部位の組立・結合状態などを受領する航空会社の検査員が立ち会ってチェックする検査を指す。作業中にも、作業終了時にも実施される。

22 事故調の権威

松尾芳郎は運輸省航空事故調査委員会に申し入れの大半を無視され、「調査報告書の内容は不正確で承服できない」と腹立たしく感じた。事故調は独立性が弱いものの、エアライン（航空会社）などの航空関係者にとっては大きな国家権力である。その国家権力によって事実が歪められ、その歪められた事実が日本社会にまかり通っていくとしたら、松尾でなくとも「承服できない」と怒るのは当然である。

◇

ところで、調査報告書の記述には第3者の目から見ても納得できないところが多い。たとえば、「4 結論」の125ページの部分だ。

まず調査報告書は〈後部圧力隔壁のC整備時の点検方法は、隔壁が正規に製作されている場合、また、その修理が適正に行われた場合には当該C整備の時点では疲労亀裂がこの部位に多数発生するとは考えられないので、妥当な点検方法であると考えられる〉と述べる。

C整備とは、航空会社のハンガー（整備工場）に入れて行われる3000飛行時間ごとの重整備のことを指し、隔壁の修理が適正に実施されていれば、亀裂が多数発生することはなく、C整備は点検方法として合格である、と事故調は指摘している。ここまではいい。問題は次の1文である。

〈しかしながら、今回の場合のように不適切な修理作業の結果ではあるが、後部圧力隔壁の損壊に至るような疲労亀裂が発見されなかったことは、点検方法に十分とはいえない点があったためと考えられる〉

C整備を「妥当だ」と評価しておきながら、その直後に「修理ミスがあった場合には不十分な点検だ」と批判するのは乱暴な論理展開である。日航の点検・整備に問題があったと言わんばかりの記述の仕方だ。そもそも、初めから隔壁に修理ミスやそれによって発生した複数のクラック（亀裂）があると分かっていれば、特別の点検も実施できただろうが、修理ミスの存在は墜落事故が起きるまでだれにも分からなかった。

調査報告書の記述は、端的に言えば「日航の点検・整備が不十分だから墜落事故が起きた」と指摘しているのである。警察や検察が、日航が「修理中及び修理終了後の領収検査で修理ミスを見逃した」うえ、「その後のC整備でも修理ミスや亀裂の発生を見落とした」と判断した根拠はここにあるのだろう。その結果、松尾芳郎ら日航や運輸省の関係者は理不尽な取り調べを受けたわけである。事故調は群馬県警や前橋地検、東京地検の捜査をミスリードしたことになる。

◇

松尾芳郎もこの部分に対して違和感を持ち、事故調に次のように述べた。

「FAA（連邦航空局）認可の整備マニュアルによると、C整備では後部圧力隔壁に対し、腐食を主な対象とした目視点検（ｓｕｒｖｅｉｌｌａｎｃｅ）を行うことになっている。だが、この検査方法では発生していたと推定される微小クラック（亀裂）の検出は期待できない」

このＦＡＡ認可の整備マニュアルについては「21 亀裂の発見確率」でも述べた。

「微小クラックを検出するには、どうすればいいか。墜落事故の後に新たに設定された『2万サイクル（2万回の与圧飛行）以上の航空機の隔壁に対する、４０００サイクルごとの渦電流を使った詳細な検査』を実施する必要がある」

松尾はこう主張したうえで前掲の「しかしながら、今回の場合のように」から「点検方法に十分とはいえない点があったためと考えられる」までの1文の削除を求めた。だが、事故調は拒否した。

同様の表現は事故報告書１２８ページの「４・２原因」にも次のように出てくる。

〈疲労亀裂の発生、進展は、昭和53年に行われた同隔壁の不適切な修理に起因しており、それが同隔壁の損壊に至るまでに進展したことには同亀裂が点検整備で発見されなかったことにも関与しているものと推定される〉

ここで忘れてはならないのは、墜落事故の原因はボーイング社の修理ミスに起因するという間違いない事実である。言い換えれば、ボーイング社が修理ミスさえしなければ、５２０人は命を落とすことはなかった。事故調は日航を責めるのではなく、ボーイング社から修理ミスが起きた背景も含め、なぜ修理ミスが起きたのかについて詳細に話を聴くべきだった。ボーイング社が逃げても、ボーイング社の事情聴取にあらゆる手段を駆使し、全力投球して事情聴取を実現する必要があった。それでも駄目なときは、全力投球したその内容を具体的に私たち国民に明らかにしてほしかった。

◇

運輸省航空事故調査委員会は、日航がしりもち事故から墜落事故を起こすまでの7年の間に修理ミスによって発生した亀裂（クラック）を定期的に実施する点検・整備で見落とし、修理ミスの存在に気付かなかったという観点から調査報告書を取りまとめたところがある。調査報告書に基づいて本格的な捜査を始めた群馬県警や前橋地検、東京地検も当然のように同じ観点から日航の刑事責任を追及した。

事故調や警察、検察に対し、松尾はこう反論した。

「後部圧力隔壁の修理中にボーイングの作業員1人に日航の整備士が1人付くマンツーマン方式で監視していない限り、中継ぎ板を2枚に切断して差し込む修理ミスには気付くことができない」

「修理後の隔壁はきれいに整えられ、外見からは修理ミスが分からない。中継ぎ板を差し込むところを見ていない限り修理ミスに気付くことは無理だ」

「客室側から見ると、隔壁は内装材で覆われ、内装材を取っても修理ミス箇所のL18接続部はスティフナ（補強材）で隠れているうえ、フィレット・シール（パテ、充てん剤）が施されている。だから当然、領収検査やその後の点検・

整備では、修理ミスの発見は不可能だった」

中継ぎ板のスプライス・プレートと補充板（シム板）のフィラとの隙間の部分がスティフナの内側にあり、ここにはフィレット・シールが埋め込まれ、鏡を使って覗き込んでも分からない。詳しくは、「17事故調の報告」で取り上げた調査報告書252ページの「付図―3　修正と実際の継ぎ方」を参照してもらいたい。

「定期検査では機体後部の非与圧側から点検するが、隔壁のこの背面はリベットが正常に打ってあるように見えて修理ミスは分からない。しかも継ぎ目には煙草のヤニの流出を防ぐためのフィレット・シールが貼られている」

それにしてもなぜ、運輸省航空事故調査委員会はことごとく松尾の申し入れをはねつけたのだろうか。残念なことだが、航空事故の原因を調べる事故調に松尾と並ぶ航空機の点検・整備の知識を持った人材がいなかったからだろう。もちろん、エアライン（航空会社）の航空エンジニアの立場で考えることのできる調査委員や調査官もいなかった。

松尾は御巣鷹の尾根に墜落した日航123便（JA8119号機）の機体に詳しかった。大阪国際空港（伊丹空港）で7年前に起きた、しりもち事故の修理で整備本部技術部長として修理の指揮を執った。修理のすべてをボーイング社に任せるよう主張した張本人だった。修理のために同機を与圧しないで羽田空港まで飛行させた際、松尾はコックピットのジャンプ・シート（オブザーバー席）に座って同乗していた。

◇

事故調の調査報告書は実に分かりにくい。この分かりにくさを象徴しているのが、調査報告書「結論」の事故原因の記載箇所（128ページ）である。その部分を抜粋してみよう。後半部分はこの項の初めに抜き出しているが、もう一度掲載する。

〈本事故は、事故機の後部圧力隔壁が損壊し、引き続いて尾部胴体・垂直尾翼・操縦系統の損壊が生じ、飛行性の低下と主操縦機能の損失をきたしたために生じたものと推定される〉

〈飛行中に後部圧力隔壁が損壊したのは、同隔壁ウェブ接続部で進展していた疲労亀裂によって同隔壁の強度が低下し、飛行中の客室与圧に耐えられなくなったことによるものと推定される〉

〈疲労亀裂の発生、進展は、昭和53年に行われた同隔壁の不適切な修理に起因しており、それが同隔壁の損壊に至るまでに進展したことは同亀裂が点検整備で発見されなかったことも関与しているものと推定される〉

文章の末尾で「推定される」を連発しているから、「ほかの原因も考えられるのか」「原因は不明なのか」などと読み手を混乱させる。肝心要の事故原因の説明で誤解を招くのは大きな問題である。

繰り返すが、「（日航の）点検整備で発見されなかったことも関与している…」との表現も問題である。適切ではない。いや間違っている。墜落事故前の点検・整備の基準

（FAAが認定し、ボーイング社が日航に指示したもの）では、後部圧力隔壁の上側ドーム（ウェブ）と下側ドーム（ウェブ）を中継ぎ板でつないだL18接続部の修理ミス箇所を発見することは不可能だったからである。

「推定される」などのあいまいな表現について運輸省航空事故調査委員会の後身に当たる運輸安全委員会（JTSB＝Japan Transport Safety Board）は、2011年7月29日に公表した「解説」（日本航空123便の御巣鷹山墜落事故に係る航空事故調査報告書についての解説）の中で「調査報告書は不確かなことは書かないというICAO（国際民間航空機関）の考え方に沿って作られている」と釈明したうえで、事故調が次の4つの場合ごとに文言を使い分けていることを説明している。

①「断定できる場合」→「認められる」

②「断定できないが、ほぼ間違いない場合」→「推定される」

③「可能性が高い場合」→「考えられる」

④「可能性がある場合」→「可能性が考えられる」「可能性があると考えられる」

つまり、事故調が調査報告書で「推定される」と指摘している日航ジャンボ機墜落事故の隔壁原因説は「断定できないが、ほぼ間違いない」という意味になるのだが、事故調は「推定」という言葉を使わずに当初の時点から「ほぼ間違いない」と適切に分かりやすく表現すべきだった。

さらに「（日航の）点検方法に十分とはいえない点があったためと考えられる」や「（日航の）点検整備で発見されなかったことも関与している…」との言い回しは、それ自体が間違っている。

運輸安全委員会は運輸省航空事故調査委員会とは違い、国土交通省（運輸省の後身）から独立した外局である。国家行政組織法第3条に基づく行政機関（3条委員会）として2008年10月に設立された。独立したことで、調査報告書の問題点を「解説」で補うことができたのだと思う。事務局も東京・霞が関の官庁街ではなく、離れた新宿区四谷の高層ビル内にある。その大きな役割は言うまでもなく、航空・鉄道・船舶の事故原因を究明して再発防止に結び付けるところにある。

◇

調査報告書はその内容だけではなく、使われる用語や言い回しなどがかなり専門的で私たち一般人には分かりにくい。「解説」の〈はじめに〉の文中でも運輸安全委員会の事務局長が次のように指摘している。

〈事故原因は圧力隔壁の損壊ではなく、「機体構造の不良によるフラッタによる垂直尾翼の損壊等が事故の原因ではないか」という主張や「自衛隊のミサイルが当たって墜落した」という主張も出ています〉

ところで、「フラッタ（フラッター）」については、事故調は「解説」のなかの〈用語の解説〉で〈強風下で旗がはためくように、気流のエネルギーを受けて発生する破壊的な振動のこと〉と説明している。

松尾芳郎は筆者とのメールのやり取りのなかで「事故調の解説にある通り」と語り、エピソードを交えてこう補足する。

「飛行中にエルロン（補助翼）、ラダー（方向舵）、フラップ（下げ翼）などの動翼が振動を起こすことを指す」

「昔、零戦の開発段階で行った高速急降下の試験飛行中、主翼がフラッターを引き起こして操縦不能となって地上に激突、操縦士が殉職した事故がありました」

「当時は空気力学、構造力学、振動工学が未発達でフラッターという現象が十分に理解されていなかった」

「その後、零戦はフラッター対策として各動翼のマスバランス（調整用の重り）を大きくして修正した、と聞いています」

話を戻そう。事故調の「解説」にある「フラッタによる垂直尾翼の損壊等が事故の原因ではないか」や「自衛隊のミサイルが当たって墜落した」といった、こうした誤った主張が出てくるのはすべて事故調査報告書の説明不足が原因である。表現そのものをもっと理解しやすくすべきだ。

なぜなら、事故調査報告書は被害者とその家族、遺族、そして旅客機を利用する乗客、運航する航空会社の社員らすべての国民のために存在する、「空の安全への道標」だからである。事故調査のメンバーや運輸省（現・国土交通省）の幹部など一部の組織や人間のために存在するものではない。私たち一般の国民に対し、オープンなものでなくてはならない。

たとえば、発行部数が落ちているとはいえ、新聞各紙がこれまでに発行を続けてこられたのは、読者を常に意識して分かりやすい記事を書く努力を重ねてきたからである。行政機関の報告書は独りよがりになり、視野が狭くなる傾向がある。より多くの官僚や役人がそれに気付き、行政文書は国民が読んで簡単に頭に入ることが大切だということを理解してほしい。

◇

「解説」の〈はじめに〉でも述べているが、２００８年10月の運輸安全委員会の発足にともない、「被害及びその家族または遺族の心情に十分配慮し、事故調査に関する情報を適時、適切な方法で提供する」ことが法律（運輸安全委員会設置法の第28条の２）に明記され、犠牲者側、被害者側への情報の提供が義務付けられた。２０１１年７月、墜落事故から26年という長い月日が経過してようやく、被害者側への情報の提供という趣旨に基づいた「解説」がまとまったが、その間、犠牲者、被害者抜きに航空事故が論じられてきたと思うと、空恐ろしくなる。

事故原因の究明は類似の事故の再発防止のために行われる。再発防止は安全運航につながり、犠牲者とその家族や遺族、そして私たち国民のために欠かせない。にもかかわらず、恩恵を受けるべき国民が不在だったのである。

１９８９（平成元）年６月から１９９１年６月の間、産経新聞の社会部記者として運輸省記者クラブに２年間在籍し、航空事故調査委員会（事故調）も取材対象とした。日航ジャンボ機墜落事故の調査報告書が公表されて2年が過ぎていたが、事故調のメンバーはほとんど変わっていなかった。

事故調は1974（昭和49）年1月11日に運輸省内に発足した航空事故の調査を担当する常設部署である。その3年前の7月30日に岩手県雫石町上空で起きた全日空の旅客機（B‐727）と航空自衛隊の戦闘機（F‐86F）が空中衝突した事故などを教訓に創設された。調査委員や調査官の大半は、航空・宇宙学を専門とする大学の教授や研究機関の職員、運輸省OBらで構成され、ある種の権威だった。

彼らを個別に取材すると、みな紳士的で優しい方ばかりなのだが、彼らが事故調として一つにまとまると、どこか近寄りがたく感じた。当時、事故調は海上保安庁といっしょに運輸省が入る建物（東京・霞が関の中央合同庁舎第3号館）の最上階の11階に入っていた。薄暗いエレベーターホールの向こうの部屋のドアを開けると、そこが事故調の事務局だった。記者クラブ詰めの記者の取材でもなかなかその部屋の奥には入れてもらえなかった記憶がある。事故調はどこか近寄りがたい存在だった。

◇

40年近い歳月が過ぎるいま、松尾芳郎は当時の運輸省航空事故調査委員会（事故調）についてメールのなかで次のように語っている。

「事故調はNTSBに準拠して作られた組織です。その構成メンバーは、航空機構造や流体力学を専門に扱う大学教授、研究所の職員、航空輸送を含む輸送業界の専門家、その他で構成されていました」

NTSBとはアメリカの国家運輸安全委員会（National Transportation Safety Board）のことを指す。1966年に発足し、1975年から大統領直轄の独立した組織となり、航空、鉄道、自動車、海運、パイプラインなどの事故調査と事故原因の究明を行っている。

「当時の事故調はジャンボ機のB‐747型機に関しては、ごく部分的なことを除けば予備知識が皆無の人たちでした。日航ジャンボ機墜落事故の後に断片的な事実を調べ上げて繋ぎ合わせ、取りまとめたのが調査報告書です」

「私を含めて整備技術者は、航空機全般についてのかなりの知識を共有しています。私は若いころは航空エンジンに携わり、詳しく知ることができました。エンジンの設計はできませんが、設計の助言はできます」

「その後、次第に私の担当範囲が広がり、機体構造から電子装備、客室の設備について幅広く知識を積み重ねてきました」

「その間、『飛行機を知るには操縦も必要だ』と考え、自家用操縦士の資格を取り、運航技術の担当になってからは、B‐747型機のシミュレーター（模擬飛行装置）で操縦の手ほどきを受けました。実機をランプ（空港の駐機場、エプロン）上でタキシング（地上移動の操作）によって動かしたこともあります」

「FAA（連邦航空局）の技術担当者もボーイングの技術者の持つ知識には遠く及ばないところがあります」

「しかし、過去のFAAの長官の中には自費で自家用操縦士のライセンスを取得するなど航空機全般の知識を身につけてから長官に就任した人物もいました」

松尾は「事故調のメンバーは航空機構造や流体力学などの専門領域に安住せず、飛行機全般の知識を身につけることが肝要です」と訴え、最後に「ちょっと言いすぎましたが、ご容赦ください」としたためていた。

言いすぎとは思えないし、航空エンジニアとして率直な思いを語ってもらえたことがとてもありがたかった。松尾のような航空知識の質と量においてずば抜けた専門家の目からは、事故調の調査委員や調査官たちも「素人」に見えることがあるのだ。

23 隔壁の改善

航空技術の分野に「信頼性工学」という学問がある。1960年代にアメリカの軍事・宇宙開発で始まった考え方がベースとなっているが、この信頼性工学のなかにシステムの弱点や問題点を探り出すための手法が2つある。「FMEA（Failure Mode Effective Analysis）」と「FTA（Fault Tree Analysis）」である。

松尾芳郎は機会がある度にこのFMEAとFTAの重要性について次のように解説し、強調してきた。

「FMEAは部品の故障・不具合から出発してそれが航空機の運航などのシステム全体にどのような影響を及ぼすかを調べる手法」

「逆に、FTAのアプローチは、想定し得る望ましくない事象から出発してその原因となる部品やサブシステムを見つけ出す」

「ジャンボ機は1969年に初飛行した。その当時、FMEAもFTAもまだ始まったばかりの考え方で、主流の航空機設計とは異なる単なる傍流として軽くみられていた」

「日航123便は隔壁、垂直尾翼、油圧システムと次々と連鎖破壊した。仮にジャンボ機が設計段階からこのFMEAとFTAという手法で検証が行われ、設計に反映されていたら、隔壁の強度を弱めるような修理ミスがあったとしても大事故には至らなかったはず」

もちろん、松尾は運輸省航空事故調査委員会にも同じように説明した。だが、事故調は聞く耳を持たなかった。

FMEAとFTAはその後、大きな航空事故が起きる度に重視されるようになり、アメリカのFAA（連邦航空局）が定める型式証明（Type Certificate、TC）の取得要件に色濃く反映されるようになった。確かに松尾には事故調をしのぐ先見の明があった。

松尾は1994年から数年間、母校の慶應義塾大学の理工学部（1981年に工学部から改組）で非常勤講師を務めた際、修士課程の大学院生たちに「信頼性工学」の演目で講義をしている。FMEAとFTAは事故調には無視されたが、学生たちは真剣に松尾の講義に耳を傾けていた。

◇

ところで、三菱重工業が2023年2月7日、国産初のジェット旅客機「三菱スペースジェット（MSJ）」の開発について「断念する」と発表した。スペースジェットは2008年3月に三菱リージョナルジェット（MRJ）の名称で本格的に開発がスタートし、設計変更、検査態勢の不備、部品の仕様変更の末、2015年11月に初飛行に成功した。だが、その後も設計の変更に迫られるなど開発が長期化した。三菱重工業は1兆円規模の開発費をつぎ込み、国も旅客機産業を日本のものづくりの新たな柱に育て上げようと、500億円の支援をしてきた。しかし、次第に機能や装備が最新の技術に劣り、開発期間と開発費用との両面で事業性を失い、わずか15年で撤退に追い込まれた。

三菱スペースジェットの開発を継続した場合、型式証明の取得にさらに数年、数千億円と長い月日と莫大な費用が必要とされた。背景には新型機の就航に必要な型式証明の取得が難しくなっている事情がある。

筆者とのメールのやり取りのなかで、松尾は「開発の断念はやはりアメリカでＦＭＥＡとＦＴＡが型式証明の取得要件となったことが大きい」と説明し、日本が旅客機製造の難しさを思い知らされる格好で終わってしまったことを残念がる。

ここで型式証明（ＴＣ）について簡単に触れておこう。航空機が新たに開発されると、その型式ごとに設計、構造、強度、性能が一定の基準に達しているかどうかを検査し、国土交通省が航空法に基づいて合格を証明する。日本の型式証明はアメリカのＦＡＡの型式証明の基準に準じている。型式証明は一度合格すれば、その後に製造される同一型式の機体はすべて合格していることになる。これに対し、「耐空証明」（Ａｉｒｗｏｒｔｈｉｎｅｓｓ Ｃｅｒｔｉｆｉｃａｔｅ、ＡＣ）は機体1機ごとに構造や性能が航空法上の耐空性（安全性）の基準に適合しているかどうかを国土交通省が検査し、保証するものである。自動車の車検に相当する。

◇

後部圧力隔壁（アフト・プレッシャー・バルクヘッド）の修理が指示通りに正しく行われていれば、隔壁は壊れることなく、日航１２３便（ＪＡ８１１９号機）は墜落しなかった。

隔壁は「ワンベイ・フェイル・セーフ」と呼ばれるフェイル・セーフ（多重安全構造）で設計され、たとえ隔壁のウエブ（扇状板）に亀裂（クラック）が生じても、その進展、進攻は放射状のスティフナ（補強材）と同心円上のストラップ（帯板）に囲まれた1つのベイ（区画）のなかでいったん止まり、亀裂は客室の与圧異常、つまり外れたり破れたりしたウエブが圧力差で開き、ヒラヒラするフラッピングで見つかるか、あるいは長期間にわたって持ちこたえて次の重整備で発見される。ボーイング社は隔壁の安全性をこう考え、誇ってきた。日航ジャンボ機墜落事故のような修理ミスによる隔壁破壊は、例外中の例外だったわけである。

ところが、墜落事故後の１９８５年秋から行われた隔壁の疲労サイクル試験で思わぬことが起きる。長さ15センチほどの模擬の亀裂を入れてテストを行うと、わずか１５００サイクル（飛行回数、与圧回数）で亀裂はストラップを飛び越え、50センチ以上も成長した。つまり１５００サイクルという数値は重整備（３０００飛行時間ごとのＣ整備）と重整備との期間の半分に相当し、その短い期間で墜落事故と同じ運命をたどる危険性があった。ワンベイ・フェイル・セーフの失墜だった。もはや、日航１２３便（ＪＡ８１１９号機）固有の問題ではなく、すべてのＢ‐７４７型機（ジャンボ機）が対象となる大問題で

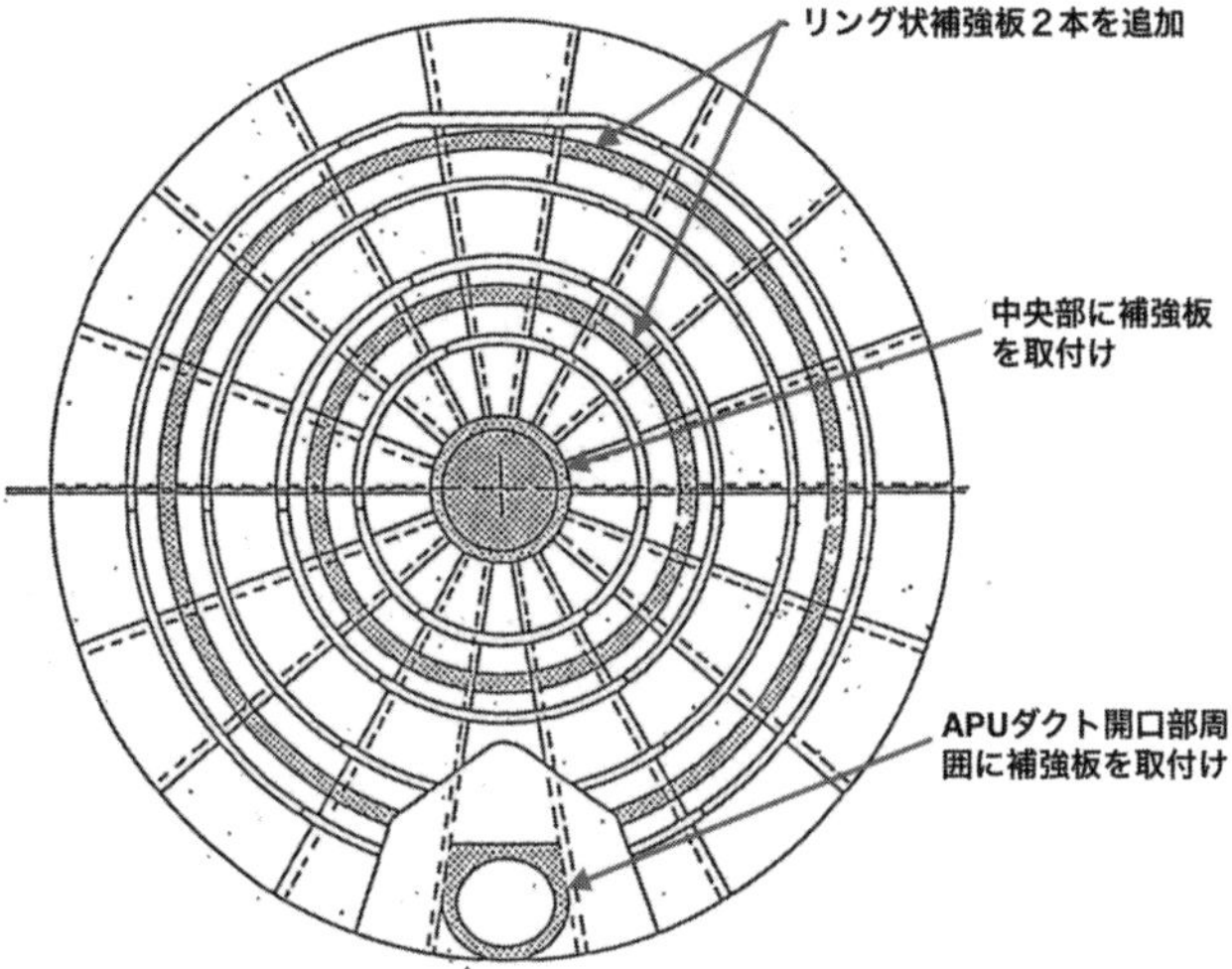

背面から見た後部圧力隔壁の改善図。日航・松尾ファイル「ボーイング747型機の構造及びシステムの変遷」から（作成・松尾芳郎）

あり、ボーイング社は隔壁の強度を見直し、改善・改良に追われることになる。

ここで注釈を加えておく。松尾芳郎によると、「ウエブが圧力差で開き、ヒラヒラするフラッピング」と前述したこの「フラッピング」は、「22事故調の権威」で触れた「フラッタ」とはまったく違う現象である。隔壁に限らず、四周を補強材などで囲まれた薄板が破れ始めるときの現象を指す。

◇

ボーイング社は新しく隔壁の中央部（コレクタ・リング）と隔壁下部のAPU（補助動力装置）用ダクト開口部の周りにそれぞれ補強板を追加し、さらに隔壁背面に従来のリング状のストラップ（帯板）の2倍以上の強度のあるストラップを2本加える改善を決め、1987年3月から世界の航空会社に引き渡されるB‐747型ジャンボ機の新造機から改良した。

同じ基準で作られていたB‐767型機（1981年9月に初飛行した中型双発の初期ハイテク旅客機、機長と副操縦士の2人乗り）の後部圧力隔壁にも1987年5月以降に引き渡される新造機から同様の改善が施された。すでに運航されている旅客機については2000サイクルごと（貨物機は1000サイクルごと）に、隔壁全体を拡大鏡によって調べ上げる「詳細目視検査」（ｄｅｔａｉｌｅｄ ｖｉｓｕａｌ ｉｎｓｐｅｃｔｉｏｎ）を実施することを決定した。

さらにボーイング社は、リベット孔の周辺に発生する微細なマルチ・サイト・クラック（同時多発亀裂、隔壁の修理ミス部位に多数発生した）を検出するため、2万サイクル（飛行回数、与圧回数）以上の機体に対し、4000サイクルごとに隔壁の「渦電流検査」を実施するよう整備要件に付け加えた。渦電流検査は2〜3ミリの微小なクラックまで検出することができる。

隔壁の疲労サイクル試験は、日航の要望とアメリカのNTSB（国家運輸安全委員会）の勧告に応えるために行われた。仮に日航ジャンボ機の墜落事故がなかったらこの疲労サイクル試験は行われず、老朽化したジャンボ機の隔壁は破断し、世界各地でジャンボ機が次々と墜落していた危険性があった。そう考えると、疲労サイクル試験で隔壁のワンベイ・フェイル・セーフが機能しないことが判明したのは、不幸中の幸い、救いだった。

◇

松尾ファイルによると、各航空会社は機体の製造時に設計目標寿命（想定寿命、想定飛行回数、経済設計寿命）の2倍に相当する負荷を与える疲労サイクル試験を要望したが、B‐747型機（ジャンボ機）は「2万サイクル（飛行回数、与圧回数）」「6万飛行時間」という設計目標寿命と同数の疲労試験しか実施していなかった。

なぜ、ボーイング社はB‐747型ジャンボ機の疲労試験で負荷を増やさなかったのか。ワイドボディ（広胴型）の旅客機による高速大量輸送の時代を迎え、DC‐10のマクドネル・ダグラス社、L-1011（トライスター）のロッキード社など他社との開発競争が激化し、製造を急いだのかもしれない。そうだとすると、金属疲労、亀裂の問題を慎重に判断せず、連続墜落事故を引き起こしたあのコメット機の教訓を忘れている。旅客機開発の基本は安全性にある。機内を与圧して高高度の成層圏を飛行する航空機は、金属疲労から生じる亀裂の進展、進攻を的確に予測し、細心の注意を払う必要がある。

しかしながら、松尾の見解は違う。ボーイング社がライバルの航空機メーカーとの競争から疲労試験を増やさなかったという見方を否定し、「機体全体よりも主翼、尾翼、フラップ（下げ翼、高揚力装置）、ランディング・ギア（降着装置）など構造単位、部品単位で疲労試験の項目を設定してテストした方が合理的だと考え、ボーイングはジャンボ機の主要構造の疲労試験を2万サイクルで打ち切った。手抜きなどではなく、合理性の追求だった」と説明する。

このジャンボ機の疲労試験の問題については「14セクション41問題」でも触れた。

大半の航空機は設計目標寿命の2倍以上の試験をしている。たとえば、同じボーイング社のB-757型機とB-767型機は、「5万サイクル（飛行回数、与圧回数）」「5万飛行時間」の設計目標寿命に対し、2倍の10万サイクルの疲労試験を行っていた。マクダネル・ダグラス社のDC-10も4万2000サイクルの設計目標寿命に対し、2倍の8万4000サイクルの疲労試験を実施した。エアバス社のA300も4万8000サイクルの設計目標寿命に対し、2倍の9万6000サイクルの疲労試験を、A-310は4万サイクルの設計目標寿命に対し、2・25倍の9万サイクルの疲労試験を行っていた。

他の機種がB-747型機（ジャンボ機）の2倍もしくはそれ以上のサイクルの疲労試験を実施していたことに松尾は「B-747型機に比べ、みな中短距離路線用で飛行回数が多い。小中型機で機種として古いタイプもある。それぞれの時代で最高の技術に基づいてその機種に合った疲労試験が実施されてきたからだ」とも解説する。

しりもち事故の修理をめぐってボーイング社に裏切られた松尾ではあるが、航空エンジニアとして評価すべきところはきちんと評価している。

安全性と合理性を追求したボーイング社の判断にもかかわらず、日航ジャンボ機墜落事故は起きた。墜落事故後、ボーイング社では1988年、1年間かけて本格的にジャンボ機の機体胴体に発生する亀裂（クラック）を調べるため、退役した日本航空の古いB-747型ジャンボ機（国籍・登録記号・JA8118）を買い取って疲労サイクル試験を実施している。「14セクション41」で触れた2階建て構造の機首部分（SECT・41、クラウン・エリア）の亀裂の多発状況もこの試験で詳細に確認され、把握された。

ちなみに、墜落事故の7年前のしりもち事故（1978年6月2日）で修理されたのは、機首部分のセクション41に対し、「セクション48」と呼ばれる後部圧力隔壁を含む機体尾部だった。このセクション48には隔壁のほか、操縦の要となる垂直尾翼やハイドロリック・システムの油圧配管などが配置され、当然これらの改良も隔壁の改善と同時に行われた。

◇

話は前後するが、ＦＡＡ（連邦航空局）は日航ジャンボ機墜落事故が起こる前の１９８１年５月にボーイング社をはじめとする各航空機メーカーに対し、通達を出して経年機（高齢機、古い機体）の補足構造検査プログラム（Ｓｕｐｐｌｅｍｅｎｔａｌ Ｓｔｒｕｃｔｕｒａｌ Ｉｎｓｐｅｃｔｉｏｎ Ｄｏｃｕｍｅｎｔ、ＳＳＩＤ）を新たに点検・整備の要目に追加するよう指示している。経年機の亀裂発生の問題がクローズアップされていたからである。これにより、Ｂ‐７４７型ジャンボ機は１９８３年から１万サイクル（飛行回数、与圧回数）を超えた機体を対象に機体構造の87カ所で亀裂の有無を検査することになった。

しかし、残念なことに後部圧力隔壁はこの補足構造検査プログラムから外れていた。つまり、墜落した日航１２３便の機体（ＪＡ８１１９号機）に対し、ハンガー（整備工場）に入れた重整備（C整備）で隔壁背面の下部の腐食状況を調べる従来の目視検査（ｓｕｒｖｅｉｌｌａｎｃｅ）は行われたが、それ以外の隔壁部位は亀裂の発見確率の低い一般目視検査（ｇｅｎｅｒａｌ ｖｉｓｕａｌ ｉｎｓｐｅｃｔｉｏｎ）が実施された。当然、事故原因に結び付く修理ミス箇所、上下のドームを継ぎ合わせたL18接続部の詳細な点検はなされようがなかった。修理ミスはそのままにされ、それによって発生する小さな亀裂も発見されることがなかった。

24 エアバス機の事故

その事故は日航ジャンボ機墜落事故から1年以上たった1986（昭和61）年10月26日、高知県土佐清水市の上空を飛行中のエアバス機で起きた。ボーイング社が機首部分（セクション41）の胴体外板や後部圧力隔壁などの強度を詳細に検査し、金属疲労による亀裂（クラック）に耐えられるように改善・改良するための検討作業に追われていたころである。

事故の概要はこうだ。10月26日午後8時ごろ、大阪国際空港（伊丹空港）に向かっていたタイ・バンコク発フィリピン・マニラ経由のタイ国際航空620便（乗員14人、乗客233人）の旅客機（エアバス・インダストリー式A-300-600、機体記号HS-TAE）内で突然、「ドーン」という爆発音のような激しい音とともに客室の気圧（与圧）が急激に低下し始めた。

飛行高度は3万3000フィート（1万58メートル）の成層圏だった。外気圧はかなり低いが、成層圏飛行は気流が安定しているから揺れることはほとんどなかった。だが、このときは違った。激しい音の後、機体は大きく揺れてダッチロールを引き起こし、一時、操縦不能となった。機内では急減圧（ラピッド・デコンプレッション）が発生し、いくつもの酸素マスクが自動的に客室の天井から降りた。日航ジャンボ機墜落事故を彷彿させる最悪の事態だった。

それでも機長や副操縦士が懸命に機体を立て直し、タイ国際航空620便は午後8時39分、なんとか大阪国際空港のB滑走路（3000メートル）に緊急着陸することができた。しかし、体が投げ出されたり、壁にぶつかったりして乗客106人が骨折や打撲の重軽傷を負ったほか、耳鳴り、吐き気などの症状を訴えた。キャビン・アテンダント（客室乗務員）の女性3人も重傷を負った。

テレビのニュース番組でタイ国際航空620便の事故を知った松尾芳郎は、日航ジャンボ機墜落事故を連想し、すぐにこう考えた。

「後部圧力隔壁が壊れ、急減圧が起きた可能性が高い」

「垂直尾翼が壊れなかったのは、垂直尾翼内部のトルクボックスの下面にフタがしてあったからだろう」

「緊急着陸できたのは、ハイドロ・システムの油圧系統がなんとか作動していたからだ。油圧系統の1つが生き残っていたのだろう。冗長性設計のお陰だ」

冗長性については「6 飛行機の夢」で説明した。同じ機能のある装置を余分に持つ、リダンダンシー（redundancy、余剰）のことである。1つの装置が故障しても、もう1つの装置がバックアップすることで安全に飛べる「余剰安全装備」を指す。

「垂直尾翼下のフタと油圧系統の冗長性…。いずれも不測の故障や事故を想定して採用したのだろう。その点においてボーイングの設計に比べ、エアバスの設計は優れている」

◇

型式（機種）名のところで登場した「エアバス・インダ

ストリー」とは、エアバス社の設立時の社名である。エアバス・インダストリー社は1970年12月、フランスとドイツの企業連合として生まれ、その後、イギリスとスペイン、オランダ、ベルギーなどのヨーロッパの航空機メーカーが出資参加して欧州共同体の企業となった。本社は南フランスのトゥールーズに置かれた。

アメリカの航空産業に対抗することが、設立の目的だった。アメリカの航空機メーカーがまだ使っていない最新の技術を採用した。2001年には株式化されてエアバス社となり、2006年からは欧州企業体の航空宇宙企業「EADS」が100％出資し、エアバス社を民用機部門としてその傘下に収めた。その後、2014年から防衛、宇宙、ヘリコプターの各部門と合わせて社名をエアバス・グループに変更したが、2017年1月から新会社のエアバス社を発足させた。

EADSとはEuropean Aeronautic Defence and Space Company（ヨーロピアン・エアロノーティック・ディフェンス・アンド・スペース・カンパニー）の略で、ヨーロッパ最大の国際航空宇宙企業である。旅客機や軍用機をはじめ、宇宙機器、各種エンジン、ミサイルなどを製造している。2000年にフランスのアエロスパシアル・マトラ社、ドイツのダイムラークライスラー・エアロスペース社、スペインのカーサ社が合併して設立された航空防衛の企業体として知られている。

エアバスという言葉には、高速大量輸送を担うワイドボディ（広胴型の機体）が主流となり、「バスのように気軽に乗れる飛行機」という意味があった。

エアバス社はヨーロッパ各国の企業との合併を繰り返して企業規模が大きく膨らみ、その技術力も向上し、アメリカ最大の航空機（民用、防衛、宇宙船、ヘリコプター）メーカーのボーイング社と肩を並べ、世界の航空機市場を二分するまで成長していく。

◇

激しい音とともにタイ国際航空620便の機内では後部のトイレや床に穴があき、後部圧力隔壁の大半が吹き飛び、客室に強い風が吹いて白い煙、霧が発生した。まさしく急減圧だった。

運輸省航空局は事故翌日の10月27日早朝から専門の職員を動員して本格的調査に乗り出し、大阪府警も捜査を開始した。タイ国際航空620便は緊急着陸してケガ人だけで済んだが、「異常音」「隔壁の破壊」「白い煙」「急減圧」「酸素マスク」「操縦不能」「ダッチロール」…と状況は、日航ジャンボ機墜落事故と極めて似ていた。

同じ機種のA－300－600型機にはこれまで墜落など大きな事故はなく、タイ国際航空620便の機体の総飛行時間は100時間29分、総着陸回数が30回だった。フランス・トゥールーズのエアバス本社の工場で組み立てられ、この爆発・急減圧事故の17日前の10月9日に最終の点検を終えてタイ国際航空が購入したばかりの新品の旅客機で、

隔壁などが破壊され緊急着陸したタイ国際航空620便（エアバスA-300-600型機）＝1986年10月26日午後9時40分、大阪国際空港

古い経年機（高齢機）と違って金属疲労、亀裂の問題はなかった。

　ちなみに当時、エアバス機を導入していた日本のエアライン（航空会社）は東亜国内航空（ＴＤＡ）で、１９８１年３月からＡ‐３００型機を就航させ、計９機が日本の空を飛んでいた。

◇

　タイ国際航空６２０便として飛行していたＡ‐３００‐６００型機は、エアバス社の成長を支えた機種である。エアバス・インダストリー社は１９７０年の設立直後から、世界初のワイドボディ（広胴型）双発中型旅客機（３００席クラスのジェットエンジンを２つ持つ旅客機）の本格的開発に乗り出し、標準のＢ２型と航続距離を延ばしたＢ４型の２タイプの旅客機を量産した。この２タイプがエアバスの「Ａ」と座席数の「３００」から「Ａ‐３００」と呼ばれるようになり、Ａ‐３００型機となった。

　その後、双発中型のＡ‐３１０型機が開発された。Ａ‐３１０型機はハイテク技術によって航空機関士（ＦＥ、フライト・エンジニア）の要らない機長と副操縦士だけの２人乗務を可能にした。初飛行が１９８２年４月で、翌年４月に運用が始まっている。

　コンピューター化を進め、計器類にはアナログからカラー画面デジタル表示のグラス・コックピットを採用し、操作を簡単にして乗務員の負担を軽くすることで安全性を高めた。ジェットエンジンの性能もアップさせ、洋上の長距離航路など双発機の路線を次々と拡大させた。

　Ａ‐３１０型機は新世代の機体として世界のエアラインの人気を集め、大成功を収めてライバルのアメリカのボーイング社に対抗できる実力を世界の航空界に示した。

　この成功をもとにＡ‐３１０型機のハイテク技術をかつての名機Ａ‐３００型機にフィードバックさせた双発中型のハイテク旅客機が、Ａ‐３００‐６００型機だった。初飛行が１９８３年７月である。翌年４月にサウジアラビア航空（現・サウディア）が初就航させている。

　以前のＡ‐３００型機よりも胴体がやや長く、客席は最大で３７５席、２クラス編成では２６０席以上の配置を可能にした。アビオニクス（電子機器）は当時の最新のものが搭載された。もちろん、２人乗務を可能にしたグラス・コックピットやデジタル式のエンジン・コントロールなどをＡ‐３１０型機からそのまま受け継ぎ、大型化によって発生した重量の増加は、軽い複合材の採用とエンジン出力のアップによって解消させた。

◇

「ドーン」という激しい異常な音、爆発音は何なのか。与圧装置などが故障した音だったのか。後部圧力隔壁が破断した音だったのか。一体、タイ国際航空６２０便（Ａ‐３００‐６００型機）の機内で何が起きたのだろうか。

　コックピット・ボイス・レコーダー（ＣＶＲ）の解析によると、操縦室のコックピット内は切迫した状態だった。機長がコックピット後ろのトイレから戻ったとき、「ドーン」

という音がした。デジタル・ディスプレーの並ぶ操縦席で、物が飛び散り、副操縦士は酸素マスクを付け、急降下を始めようとしていた。機長は急減圧が起きたとすぐに理解した。

飛行高度はエベレストよりも高い3万3000フィート（1万58・4メートル）だ。外気は氷点下50度以下、気圧は地上の5分の1の0・2気圧、気温がかなり低く、空気は薄い。操縦室や客室では与圧によって地上に近い0・8気圧を保っている。しかし、急減圧が起きると、一気に気圧が低くなり、乗客や乗員の体に異変が生じる。それゆえ、できるだけ早く急降下して高度を下げる必要があった。

しかし、機体が上下左右に大きく揺れ、ダッチロールを始めていた。オート・パイロット（自動操縦装置）はオフ。機長と副操縦士は急降下のために機首を下げようと試みたが、操縦輪（操縦桿）を前に押しても重く、かなりの力が必要だった。

東京コントロール（東京ACC、埼玉県所沢市の東京航空交通管制部）が盛んに航空無線で呼びかけてくる。だが、機長と副操縦士にはそれに応答する余裕がなかった。速度が最大運用限界を超え、いくつもの警報装置が次々に鳴り響いた。3系統の油圧システムのうち2系統で作動油が漏れ出し、機能が失われた。だが、残る1系統でなんとか操縦ができ、大きな異常音から20分後には飛行を安定させることに成功した。その後、管制の誘導を受け、午後8時39分、大阪国際空港に緊急着陸した。

◇

キャビン（客室）は、レジャーや観光、ビジネスを終えてタイやフィリピンから帰国する日本人、来日するタイ人やフィリピン人でほぼ満席だった。新聞記事に残る乗客の証言などから事故発生時の模様を見てみよう。

「乱気流に入ります。シートベルトを締めて下さい」とタイ語と英語の機内放送があった後、数分して突然「ドーン」という大きな音がする。みなビニール袋を頭からかぶったときのような息苦しさを感じた。一斉に酸素マスクが落ちる。機体がジェットコースターのように急降下を始め、激しく上下に揺れた。

機内サービスのワゴン車が倒れて食器が飛び出し、ウイスキーのビンが転げ落ちる。キャビン・アテンダントが飛ばされ、通路に倒れて頭から血を流す。シートベルトをつけるのが遅れた乗客も投げ出され、額や胸から出血する。全員が救命胴衣を身につける。子供が泣き出し、女性の悲鳴が飛び交う。多くの乗客が耳鳴りを訴え、みな顔は青ざめていた。

「前から鞄や服が飛んできた。シートベルトをしていても何度もイスから飛び出しそうになった」

「窓ガラスが割れるような音がしてゴォーと風が入ってきた。通路に白い煙が流れてきた。シートベルトをつけていなかった客室乗務員が激しい機体の動きで宙に浮き、天井や座席の角にぶつかり、血まみれになった」

「『もうあかん』と覚悟するほどの揺れだった。恐怖心で胸が締め付けられた」

「1年前のジャンボ機の墜落事故のことを思い出し、『命だけは助けて下さい』とお経を唱えた」

「『もう助からない』と思い、妻子に向けて『元気で』『お母さんを頼む』と土産物の紙袋に夢中で遺書を書いた」

「機体が大きく揺れても何の状況説明もなく、不安だった。着陸直前になって初めて『着陸態勢に入ります』とアナウンスがあっただけだ。それでも大阪空港の滑走路の明かりが見えて安心した。着陸した途端、乗客の間から拍手と歓声が沸き上がった」

◇

その後、大阪府警の現場検証と捜査、運輸省の調査によって機体左側最後部のトイレ内で小型の爆弾が爆発し、後部圧力隔壁などが破壊されたことが判明した。11月8日、大阪府警は機内に手りゅう弾（手投げ弾）を持ち込んだ43歳の暴力団組員の男を航空危険法違反（爆発物の航空機内持ち込み）容疑で逮捕する。男は病院で治療を受けていた。タイ国際航空620便（A‐300‐600型機）の事故は、「事故」から「事件」へと急展開した。

大阪府警の事情聴取に対し、男は「トイレで手りゅう弾の安全ピンを抜いた。安全ピンを差し直そうとしたがうまく行かず、怖くなって手りゅう弾をトイレに置いたまま逃げた」と供述した。1986年11月29日、この男は逮捕容疑と同じ航空危険法違反の罪で起訴された。

事故（事件）直後に松尾芳郎が考えたように、垂直尾翼下のフタと油圧系統の冗長性というエアバス機の設計の優位性が、タイ国際航空620便（A‐300‐600型機）を生還させたことも次第に明らかになっていく。

25 油圧の改良

運輸省航空事故調査委員会は、タイ国際航空620便(乗員14人、乗客233人、エアバスA-300-600型機)の事故(爆破事件)からちょうど2年後の1988(昭和63)年10月26日に事故調査報告書を公表している。

その事故調査報告書によると、キャビン(客室)最後部の機首に向かって左側のトイレ(Lf化粧室)内の化粧台が原型をとどめないほど壊れ、このトイレや隣接する他のトイレの壁面、ドアには多数の小さな貫通孔が見られた。貫通孔はLf化粧室の棚の付近から放射状に広がっていた。弾痕状のへこみからは米粒大の金属粒も多く見つかった。この金属粒には鉄分が多量に含まれ、へこみの一部にはアルミニウム成分が擦過状に付着していた。火薬で焼け焦げたとみられる黒色の付着物もトイレ内にあった。

調査報告書は、損壊の状況や貫通孔による損傷、金属粒などから「Lf化粧室内で火薬を含む爆発物が爆発したものと認められる」「同機には火薬を含む爆発物は装備されていないところから、同機の化粧室内で発生した爆発は、機外から持ち込まれた爆発物によるものと認められる」と結論付けた。

金属粒の鉄分や擦過状のアルミ成分は手りゅう弾(手投げ弾)の構成物とみられる。43歳の暴力団組員が手りゅう弾を持ち込んで、その手りゅう弾がキャビン最後部左側トイレ(Lf化粧室)内で爆発したのである。

日航ジャンボ機墜落事故は後部圧力隔壁の修理ミスで生じた金属疲労の亀裂が原因だったが、タイ国際航空620便の事故は手りゅう弾の爆発が原因だ。事故調査報告書は「原因」の項で「本事故の原因は、機外から持ち込まれた爆発物が左後部化粧室内で爆発したことによるものと認められる」と指摘している。

しかし、暴力団組員が手りゅう弾を持ち込んだことには触れていない。事故原因の究明が事故調の仕事で、犯罪は警察に任せるという考え方なのだろうか。そうだとしても爆発の原因は暴力団組員の手りゅう弾の扱いミスである。調査報告書はそこまで触れるべきではないか。

◇

問題の後部圧力隔壁(アフト・プレッシャー・バルクヘッド)の破損状況はどんなものだったのか。エアバスA300-600型機の隔壁は、ボーイングB-747型機(ジャンボ機)と同じようにウエブ(扇状板)を並べ、スティフナ(補強材)とストラップ(帯板)とともにリベットで留めてドーム状にしたものだ。だが、直径が3メートル86センチとジャンボ機のそれに比べて70センチ小さい。

機体後方から見て右半分はそのまま残っていたが、左半分は2つに分断され、機体後方に大きく折れ曲がって損壊していた。客室(キャビン)最後部の左側のトイレ(Lf化粧室)と同様に直径5ミリ前後の貫通孔がいくつもあった。それらは与圧された客室から隔壁外側の機体尾部の非与圧空間に向かって開孔していた。隔壁の損壊の状況と合わせて考えると、爆発で壊れて客室から与圧空気が一気に流れ込んだことを示している。これにより客室内で急減圧（ラピッド・デコンプレッション）が起きたのである。

◇

日航ジャンボ機墜落事故では、破断した後部圧力隔壁から客室の与圧空気が吹き出して垂直尾翼と、垂直尾翼内を走るハイドロ・システムの4系統の油圧配管がすべて破壊された。その結果、作動油が漏れ出し、操縦不能になって墜落した。4系統のリダンダンシー（冗長性、余剰安全装備）が役に立たなかったわけである。

しかし、タイ国際航空620便のエアバスA300-600型機は、後部圧力隔壁が大きく破壊されても緊急着陸することができた。なぜかというと、垂直尾翼下の点検口（垂直尾翼下を内部から支える柱状構造のトルクボックスの下部にあいた穴）にフタ（カバー）が取り付けられ、万一、隔壁が破断して破壊力のある与圧空気が非与圧空間に流れ込んだとしても、垂直尾翼内部には入り込まないように設計されていたからである。

しかも、エアバスA300-600型機は3系統あるハイドロ・システムの油圧配管がそれぞれ離れた状態で配置され、幸運なことに機体最下部の油圧配管1本が生き残っていた。このため操縦が可能だったのである。

◇

ハイドロ・システム（油圧システム）について簡単に説明しておこう。ハイドロとはハイドロリック・フルイド（hydraulic fluid、油圧流動体）の略で、作動油のことを指す。一般的に圧力のかかったこの作動油を油圧と呼んでいる。大型化した航空機の飛行装置＝エルロン（補助翼）、ラダー（方向舵）、エレベーター（昇降舵）、フラップ（高揚力装置の下げ翼）、ランディング・ギア（降着装置）など＝は、人の力では動かせない。このため、エンジンやモーターでポンプを動かして作動油に圧力をかけ、その圧力（油圧）を伝えることによってそれぞれの飛行装置を動かしている。

ここで思い出してほしいのが、圧力は液体内のすべてに等しくかかるという法則だ。密閉された容器のなかの液体は、受けた圧力をそのまま液体のすべてに伝えるというあのパスカルの原理である。たとえば、断面が1平方センチのピストンAと10平方センチのピストンBをそれぞれ入れた、液体で満たされた大小2つのシリンダーを用意し、その2つをパイプでつなぐ。次にピストンAに10キロの力を加えて10センチ押し下げると、ピストンBは100キロの力を受けて1センチ押し上げられる。ハイドロリック・システムは、パスカルの原理を応用して小さな力で重いものを動かす仕組みなのである。

◇

日航ジャンボ機墜落事故を受け、B-747型ジャンボ機の改修を進めていたボーイング社は、タイ国際航空620便の爆破事件を重視し、ジャンボ機などのハイドロリック・システムの油圧配管の配置を見直した。具体的に

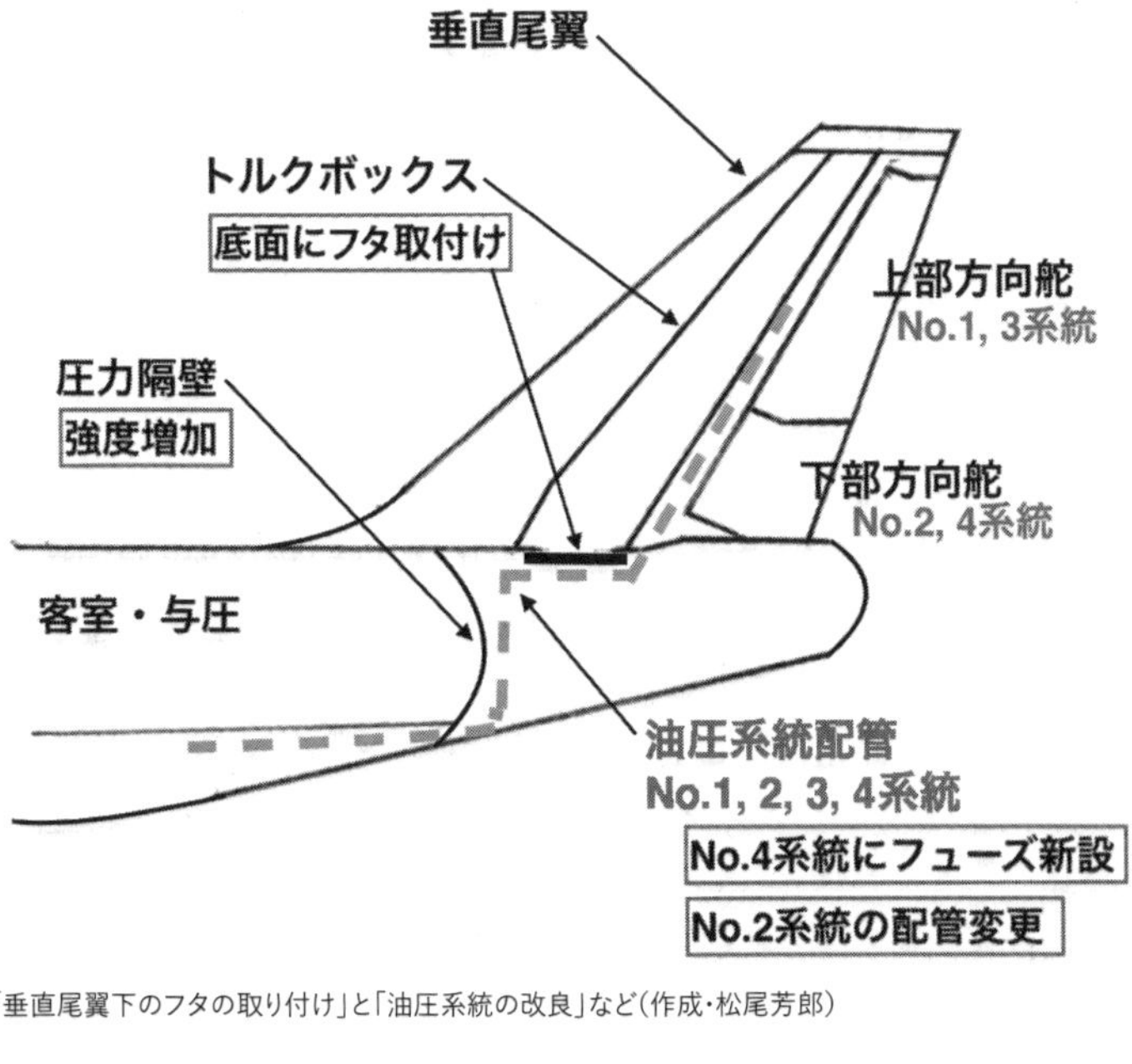

「垂直尾翼下のフタの取り付け」と「油圧系統の改良」など（作成・松尾芳郎）

は、機体後部のセクション46とセクション48で4系統ある油圧配管を2つに分けて床下の左右の端へ配置することをやめ、第2系統目を分離して床下の貨物室の底部を走らせることを決めた。１９８８年3月から新造されたＢ‐７４７型ジャンボ機やハイテク機能を搭載した双発中型のＢ‐７６７型機に適用している。

同じくハイドロリック・システムを守る観点からは、作動油の流出や漏れを防ぐための自動遮断弁（ｆｕｓｅ、フューズ）の設置を松尾芳郎ら日本航空のエンジニアが中心となって強く求めた。ボーイング社は日航のこの提案に従い、すべてのＢ‐７４７型機とＢ‐７６７型機に対し、１９８６年11月から第4系統の油圧配管に自動遮断弁を付け始めた。

垂直尾翼下の点検口のフタ（カバー）については、Ｂ‐７４７型ジャンボ機については墜落事故から4カ月後に取り付けを終え、Ｂ‐７６７型機への取り付けも１９８６年6月に完了させた。

◇

油圧配管の配置変更、油圧配管への自動遮断弁の設置、垂直尾翼下のフタ（カバー）の取り付け…。これらの改修は日航ジャンボ機墜落事故とタイ国際航空６２０便事故（爆破事件）を教訓として学んだ大きな成果である。

人類は、飛行機で空を飛ぶようになって様々な事故やトラブルに遭遇し、そこから多くのことを学び取って安全飛行に結び付けてきた。事故原因の究明も同じ事故を繰り返さないこと、再発防止に役立たせることが目的である。パイロットの操縦、機体の整備、気象条件など事故の原因となる要因は幅広く存在する。

皮肉なことに、事故を起こして初めて飛行に対する安全性を獲得できる。これまで多くの事故の経験を積み重ねてきたことによって私たちは安全に航空機を利用できるようになった。しかし、その安全性は確実なものではない。ハイテク化によって安全性能が向上してもパイロットの操作とコンピューターの反応とが反目し合って大事故に至ったケースもあった。

事故はどうしても起きる。それゆえ事故が起きたら少しでも早くその事故の原因を特定して同種の事故を防ぐことが何よりも大切である。事故や事件、トラブルを教訓として生かすことが欠かせない。ところが、すべての事故が教訓にされ、その後の飛行機の運航に生かされているかどうかと聞かれると、残念ながらそうではない。

◇

日航・松尾ファイルのなかに「晴天乱気流に遭遇、垂直尾翼を失ったＢ‐52」と題されたある航空事故の記録とその事故に対する松尾芳郎の思いをまとめたレポート（２００７年5月17日作成、２０１５年7月1日改訂）がある。

そのレポートは〈以下は『Ｇｏｌｄｅｎ　Ｅａｇｌｅｓ　Ｎｅｗｓ』の記事をもとにした50年以上前に起こったＢ‐52爆撃機の物語である〉と書き出され、こう続いている。

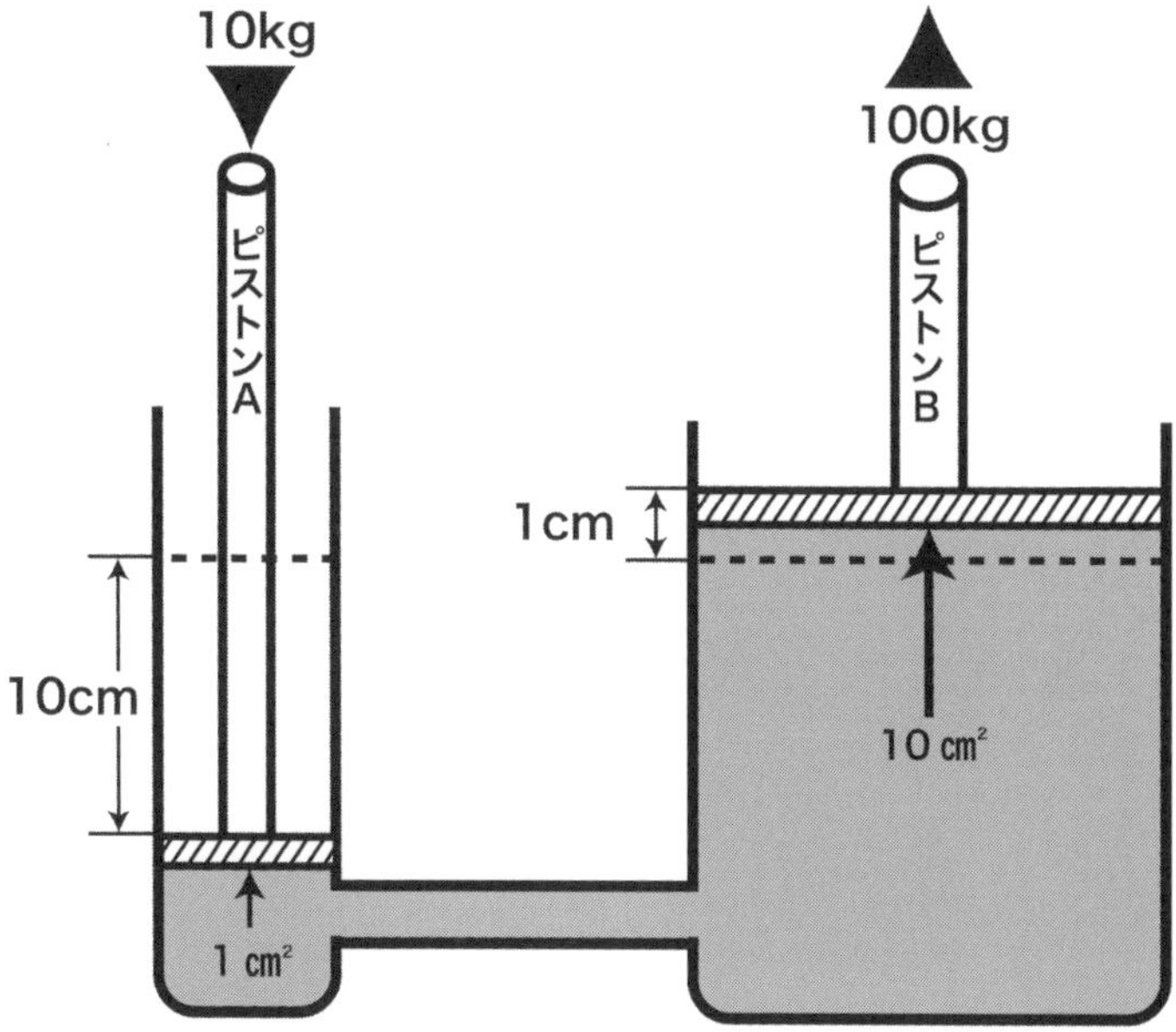

つながった大小のシリンダーでパスカルの原理を説明する。油圧システムはパスカルの原理を応用して小さな力で重いものを動かす仕組みだ（作成・nangotakuya）

〈1964年1月10日、ボーイング軍用機部門のウィチタ工場では試験飛行グループの1日がいつものように始まった。機長のチャック・フィッシャーは3人の同乗クルーとともにB‐52Hに乗って離陸した。飛行は敵地への低空侵入を想定した、低高度を高速飛行する際の機体構造に加わる荷重などのデータを得るための試験だ〉

1964年といえば、日航ジャンボ機墜落事故が起きる20年以上も前のことである。「Golden Eagles News」はアメリカの航空機エンジンメーカーのプラット・アンド・ホイットニーのOB数名が編集・執筆していた航空宇宙専門のWebサイトだ。松尾が参考にした記事は2007年5月11日付で、松尾は同年5月17日にこのレポートを書き上げ、8年後の2015年7月1日付で改訂している。

B‐52型機はボーイング社が開発したアメリカ空軍の戦略爆撃機だ。敵国の軍事工場などを爆弾の投下で攻撃してその生産力や士気を削ぐ。これが戦略爆撃である。全長48・5メートル、翼幅（よくはば、よくふく）56・4メートル。B‐747型機（ジャンボ機）の3分の2ぐらいのサイズで、8基のターボファン・ジェットエンジンを主翼に付け、その航続距離は長く、無給油で7650キロを飛行できる。直線にしてざっと東京・モスクワ間を超える飛行距離だ。H型、G型などの改良タイプがある。

愛称が「ストラトフォートレス」（stratofortress、成層圏の要塞）だ。旧ソ連圏内の目標物を核爆弾で攻撃するために作られ、ベトナム戦争では特定の地域に無差別に行う絨毯《じゅうたん》爆撃で「死の鳥」と恐れられた。長く大きな翼を持ったその姿はまさに翼竜である。初飛行が1952年4月、運用開始がその3年後だ。いまだ現役で2050年まで使われる計画というからその長寿には驚かされる。

フィッシャー機長のB‐52型機は、1月10日の試験飛行でウィチタ工場から真西に700キロ離れたコロラド州の山岳地帯上空で突然、上下に激しく揺れ、右方向から大きな衝撃を受けた。晴天乱気流（Clear Air Turbulence、CAT）だった。一時、操縦不能となったが、なんとか高度を1万6000フィート（4876・8メートル）まで上げ、安定した水平飛行に入ることができた。そして状況をウィチタ工場に連絡した。

「ウィチタ工場」とは、カンザス州ウィチタにあるアメリカの防衛産業を担うボーイング社の工場だ。この工場は2013年12月に閉鎖されている。ボーイング社は民間の旅客・輸送機の製造会社のほか、航空宇宙、軍用、ヘリコプターと事業部門ごとに会社を別にして独立させている。

すぐにウィチタ工場からボーイング社所有の超音速戦闘機F‐100が飛んで確認すると、B‐52H型機の垂直尾翼が破損してなくなっていることが分かった。F‐100はフィッシャー機長に航空無線でそのことを伝えるとともに、地上の対策本部にも連絡した。

対策本部では短時間のうちに垂直尾翼の欠けた状態で安

全に着陸できる方法を探り出してフィッシャー機長に伝え、Ｂ‐52Ｈ型機はアーカンソー州北東部のブリスビル空軍基地に無事、着陸することができた。

◇

日航ジャンボ機墜落事故でももう少し早く、航空自衛隊の戦闘機2機が緊急発進（スクランブル）して日航１２３便の両サイドに付き、垂直尾翼を失っていることを伝えて羽田空港まで誘導することができたら大事故にならずに済んだかもしれない。しかし、当時は自衛隊の災害派遣という概念に乏しく、自治体の知事の要請がないとスクランブル機を救難救助に使うことは難しかった。

松尾のレポートは指摘する。

〈軍用機の場合は、油圧系統が被弾した場合に備え、損害を最小に食い止めるべく様々な工夫が施されている〉

〈たとえば、①4重の装備の油圧配管をひとまとめにせず、分散配置にする②油圧配管に自動遮断弁を組み込んで油圧を確保する――といった装備である〉

Ｂ‐52Ｈ型機は、日航ジャンボ機墜落事故と同じように垂直尾翼が破壊され、ラダー（方向舵）に伸びる油圧配管も損傷した。だが、自動遮断弁という被弾破損に対する装備のおかげで、油圧配管から作動油が漏れ出るようなことはなく、エルロン（補助翼）、フラップ（下げ翼）、エレベーター（昇降舵）などの動翼やランディング・ギア（降着装置）が正常に稼働し、着陸できたのである。

松尾は「墜落事故当時のＢ‐７４７にはＢ‐52にあるような破損に対する備えが一切、施されていなかった。Ｂ‐７４７のシアトルとＢ‐52のウィチタと製造工場の場所は離れていても、もとは同じボーイングだ。晴天乱気流で垂直尾翼を失いながらも生還できた情報と経験が共有されていなかったことが非常に残念だ」と語る。

起きた事故やトラブルの原因を探り出し、同種の事故に対処する術《すべ》や再発防止に結び付けることが重要である。

１９６４年1月10日のＢ‐52Ｈ型機の生還と５２０人の命が失われた１９８５年8月12日の日航ジャンボ機墜落事故。この2つの事故の間には、21年7カ月という長い歳月がある。それだけにＢ‐52Ｈ型機の事故の情報と経験を風化させず、その教訓を生かすことが求められた。しかし、ボーイング社はそれができなかった。なぜ、できなかったのだろうか。

◇

話は変わる。日航ジャンボ機墜落事故の20年前の１９６５年12月4日、アメリカ・ニューヨーク市北方の上空1万１０００フィート（３３５２・８メートル）でイースタン航空（ＥＡＬ）８５３便とトランス・ワールド航空（ＴＷＡ）42便が空中衝突した。衝突の原因は、厚い雲に幻惑されたイースタン航空機の高度差の誤認だった。

イースタン航空機は独特の3枚の垂直尾翼を持つ、ロッキード社のレシプロ・エンジンの4発プロペラ機「スーパー・コンステレーション（愛称・コニー）」で、右の水平尾翼と右端の垂直尾翼1枚を失って操縦不能となり、原野に胴体着陸して乗客乗員54人中4人が死亡した。一方、トランス・ワールド航空機はボーイング社のB-707型機だった。左主翼の一部をなくしたものの、なんとか目的地のケネディ空港に着陸することができた。

イースタン航空機は操縦輪（桿）を動かしても機体が反応しなかった。アメリカのCAB（Civil Aeronautics Board、民間航空委員会、連邦航空局FAAの前身）の事故報告書には触れられていないが、操縦不能の原因は油圧配管や操縦ケーブルの破断と思われる。状況は日航ジャンボ機墜落事故とよく似ていた。ただし、エンジン出力をうまくコントロールしながら操縦して乗客乗員の9割以上が助かった点が、大きく異なる。

筆者と親しい航空専門家は取材で「仮に日航ジャンボ機墜落事故のパイロットがあのイースタン航空機とトランス・ワールド航空機の空中衝突事故を知っていたら同じようにエンジン出力を調整することで飛行したでしょう。そうすれば520人もの犠牲者は出なかったはず。そこが非常に残念です」と強調していた。

松尾芳郎も筆者とのメールのやり取りのなかで「日航ジャンボ機墜落事故ではエンジンの出力操作によって機体の姿勢がコントロールできていれば、結果は相当変わっていたと考えられる」と述べたうえで、次のように指摘する。

「しかし、イースタン航空機の空中衝突事故の発生当時、アメリカには事故原因を究明して再発防止の対策を進言するNTSB（国家運輸安全委員会）はまだなく、調査を行ったのはCAB（FAAの前身）でした。だから衝突の原因に焦点が当てられても、生還方法など事故の背景までは目が届かなかった。そうした事情からエンジン出力だけで操縦する訓練を推奨したり、フライト・マニュアルにそれを盛り込んだりすることはなかったのだと思います」

松尾によると、シミュレーター（模擬飛行装置）を使ってエンジン出力だけで操縦する訓練は、日航ジャンボ機墜落事故を受けて初めて始まったという。

◇

日航ジャンボ機墜落事故から4年後の1989年7月19日にアメリカのアイオワ州で、ある航空事故が起きる。ユナイテッド航空（UAL）のDC-10-10型機（マクダネル・ダグラス社製）が、3つあるエンジンのうち真ん中の垂直尾翼下にあるエンジンが故障して爆発した。破片が飛び散って油圧システムを損傷して操縦不能となった。

この事故機に偶然、日航ジャンボ機墜落事故を検証したことのあるユナイテッド航空のシミュレーター担当教官が乗客として乗っていた。教官はクルーと協力して残った両主翼下の2基のエンジンのパワーを使って事故機をスーシティーの空港に緊急着陸させた。その結果、乗客乗員296人中6割以上の185人を救出することができた。日航ジャンボ機墜落事故の教訓が、みごとに生かされたわけである。

過去の航空事故を知っているか否かが、明暗を大きく分ける。事故の形態ごとにまとめ上げた航空専門書やネット上の航空サイトも多い。すでに実施しているとは思うが、航空関係者はそうした事故資料を小まめにチェックするとともに生還するための対処方法について絶えず議論を重ねてほしい。

第6章

警察の執拗《しつよう》な取り調べに立ち向かう

26 群馬県警の追及

日航・松尾ファイルのうち、「群馬県警の取り調べ内容」＝1987（昭和62）年11月2日～翌年4月29日＝と題されたファイルには、群馬県警の取調官（特別捜査本部の捜査員、刑事、階級は警部や警部補）による尋問とそれに対する松尾芳郎の受け答え、それに松尾の見解や感想がこと細かに記されている。

群馬県警が松尾を重要参考人として取り調べを始めたのはこの年の10月29日からだった。松尾は現役の日本航空の取締役で、同社の航空安全推進委員会委員長を務めていた。57歳だった。

取り調べは日曜・祭日を除いてほぼ毎日、群馬県警察本部庁舎などで終日続けられた。終わると、松尾はその日の取り調べ内容を書いた手書きのレポート（報告書）を前橋市内の宿泊先のホテルから都内の日航本社にファックスで送った。そのレポートに資料を付けてまとめたのがこの「群馬県警の取り調べ内容」である。

◇

群馬県警が最初、松尾に来るよう求めたのは渋川警察署だった。その渋川署のある群馬県渋川市は県庁所在地の前橋市に隣接してはいるものの、田舎町だった。赤城山と榛名湖に挟まれた盆地に位置し、近くには万葉集で詠われた名湯、伊香保温泉がある。しかし、日が暮れるのが早い冬場の夕陽はうら寂しく感じられ、渋川署の周囲もまだ人家はまばらで田んぼや畑が目立った。南西の方角には、御巣鷹の尾根に続く山並みが見えた。松尾は前橋市内のホテルから電車で通った。

群馬県警特別捜査本部は日航側の領収検査の不備を突いた。取り調べに対する日航の技術部と検査部の受け答えの食い違いを鋭く指摘した。脅したり、なだめたりもした。暴言を吐き、怒鳴り上げることも度々あった。あの手この手で松尾を落とそうと試みた。

だが、松尾は屈することはなかった。そんな群馬県警と松尾とのやり取りを松尾ファイルから抜粋し、日付順に追いかけ、その一部を再現してみよう。

◇

【1987年11月25日(水)午前9時20分～午後4時45分】

〈本日の取り調べは「THE LONGEST DAY」であった〉

〈昨夜作成の「外注管理規則と技術部の役目」を説明したところ、おしかりを受けた〉

「外注管理規則」とあるのは、日本航空がしりもち事故で壊れた機体後部の修理をボーイング社に委託した際の基準である。群馬県警は「日航の不十分な点検・整備から墜落事故が起きた。その責任は技術部にある」との観点からしりもち事故当時、日航整備本部の技術部長だった松尾芳郎を追及した。松尾は「THE LONGEST DAY」「おしかりを受けた」という表現を使うことで自分の気持ちに少しでもゆとりを持たせたいと考えた。それだけ、取調官が発した言葉はどれもきつく、松尾を罵倒するものだった。

取調官と松尾のやり取りを再現する。

「屁理屈に過ぎない」

「警察をなめるな」

「俺の言うことが分からないのか」

取調官の怒鳴り声が取調室の中に響く。松尾は思わず耳を塞ぎたくなった。このときも取調室は、小会議室を仮に充てたものだった。そんなに狭くはなく、取調官を前に座った机も大きかった。だが、部屋が大きいだけ取調官の怒鳴り声は反響した。

「こんなことでは逮捕しての取り調べもあり得る」

逮捕…。脅しの言葉である。

「技術部はFRRを調べる義務がある。男らしく認めろ」

刑事が握りこぶしでドンと机をたたいて逮捕した容疑者を脅す刑事ドラマのあの場面と同じだ。警察の取り調べは人権を踏みにじる。しかし、松尾は逮捕されたわけではない。あくまでも任意での事情聴取なのである。

取調官が口にした「FRR」は、「Field Rework Record」の略だ。修理を担当するボーイング社のAOGチームの中でエンジニア（技術者）からメカニック（作業員）に指示する作業内容を記した修理指示書であり、修理記録にもなる。後部圧力隔壁の修理で、エッジ・マージン（リベット孔から板金のウエブ端までの長さ）不足を補うためにスプライス・プレート（中継ぎ板）を1枚差し込んで隔壁の上下を接続する修理方法については、「FRR 8-B」に図解入りで正しく説明されていた。

しかし、すべて手書きで乱暴な書き方だった。「落書き」と批判されても仕方がなかった。図解もポンチ絵で、定規も当てられていなかった。問題の「FRR」とその杜撰な書き方については、「19　修理指示書」の項で詳述した。

松尾はこの日の取り調べについて〈数回にわたり怒鳴られたため、午後はほとんど口をきかなかった〉と感想を書いているが、こんな理不尽な取り調べでは松尾でなくとも口を閉ざしてしまう。

◇

【11月26日(木)午前9時20分～午後5時10分】

「(日航の現役の)部長の1人は『事故の全責任は私にある。まことに申し訳ない』と言っている。それに比べてお前はどうだろう。取り調べに対する態度が悪い」

取調官のこの批判に松尾は反論した。

「事故の責任の重大さは十分に感じている。しかし、当時の技術部は定められた職務を遂行していた」

取調官の態度はさらに乱暴になる。繰り返し怒鳴り上げる。

「520人が亡くなっている。もっと反省が必要だ」

日航本社に送る手書きのレポートに松尾は〈繰り返し説教された〉と書いた。

さらにレポートにはこう記した。

〈午前2回、午後5回怒鳴られ、途中、「ばか者」「だらしがない」と悪態をつかれた。夕方1時間ほどは打って変わり、「君の味方になれるのは俺たち2人だけだ。検察送りになったとき、よく頼んでやる。だから『技術部にはＦＲＲを見る義務があった』と言ってくれ」と繰り返し言われた。夕方、頭痛を覚えたが、1日を振り返ってみてよく耐えたと思う〉

「俺たち2人」とは群馬県警の2人の取調官を指す。松尾の取り調べは、2、3人の取調官で行われていた。「検察送り」というのは、群馬県警から前橋地検への書類送検のことで、墜落事故から3年半後の１９８８（昭和63）年12月1日、松尾ら日航社員12人、運輸省関係者4人（1人自殺）、ボーイング社の従業員4人（氏名不詳）の計20人が業務上過失致死傷容疑で書類送検される。

取調官の1人が松尾にお茶を入れて勧めた。ムチの次はアメだ。「君の味方になれる」「（前橋地検に）よく頼んでやる」という取調官の言葉にもそれがよく表れている。

この日、朝晩は冷え込んだが、日中は陽が差して暖かった。小春日和だった。しかし、理不尽で過酷な取り調べは7時間50分もかかり、松尾が「頭痛を覚えた」のも無理はなかった。本当によく耐えたと思う。松尾は好きな天文学の文庫本を持参していた。取り調べの休憩時間は決まって天文学のこの本を読んで気分転換をしていた。

◇

【11月28日(土)午前9時20分～午後3時20分】

続けて、取調官と松尾のやり取りを再現してみよう。

「ＦＲＲがアメリカのＦＡＡ（連邦航空局）の基準を満たしているかどうかを、技術部が確認すべきだろう」

この取調官の問いかけに対し、松尾は「ＦＲＲはボーイング社の社内仕様だ。適正に作られているかどうかの確認は必要ない」と反論した。

捜査員の尋問とそれに対する松尾の受け答えは続く。

「日本航空が要求する品質に合致していることを確認できたのか」

「結果として作業ミスは発見できなかった」

「品質の確認義務は日航にあるのではないか」

「常識的な範囲内ではその通り。しかし、今回のケースは非常識な作業ミスの結果です」

取調官が「技術部は十分な対応をしたとは思えない」と松尾を揺さぶりにかかる。繰り返すが、しりもち事故で壊れた機体後部をボーイング社が修理した当時、松尾は整備本部の技術部長という要職にあった。

松尾は動じずに「業務分掌、諸規定に照らし、技術部は十分な対応をした」ときっぱり答えた。

すると、取調官は「あらかじめ決められた作業以外に日航は何もしなくて良いと決めたのは、お前か」と突いてくる。

「その通りです。それ以外のことは部員に指示していない」

「当時の技術部機体技術課長（河野宏明のこと）が上から『ボーイング社にできるだけ任せろ』と言われたと話しているが、本当か」

「本当です。私が指示したと思う」

「そうだとすると、お前は失格だ」

　取調官は「失格」という言葉で松尾に烙印を押そうとした。しかし、松尾は怒りを抑えて「やむをえないと思う」と答え、あっさりとうまくかわした。


【12月9日(水)】

　群馬県警の脅しは続いた。

「お前は諸規定を自分の都合の良いように説明している」

「同じことを検察でも裁判でも突っ込まれることを覚悟しておけ」

「この調子で警察の話を理解しない態度を続けると取り調べはかなり長くなるぞ」

「お前の申し立てには矛盾がいくつもある。技術部としての責任を認めるべきである」

　松尾は取調官に何度も責められたが、屈することはなかった。それどころか、群馬県警のまかないの女性が作った天丼やかつ丼、親子丼などの昼食を毎回、しっかりと平らげた。もちろん、美味しいとは感じなかった。「腹が減っては戦《いくさ》はできぬ」との思いで全部食べたのである。

　そばで2人の取調官も食べていた。食べながら「休みの日はパチンコを楽しんでいる」と話していた。

◇

【12月17日(木)】

　松尾ファイルにはこんなメモ書きも残されている。

〈本日は「技術部は積極的に領収検査に意見を言うべきであった」と言わせようと、かなりしつこく繰り返し責められた。これに対し、「意見を言っておけば良かったかもしれない。しかし、技術部が自発的に意見を言わなかったからといって責められることには異議がある」と回答し続けた〉

〈取調官からは「困った。これでは調書に入れない。長引くな」と言われた〉


【12月19日(土)午前9時20分～午後3時5分】

　松尾ファイルのレポートには〈技術部次長の行動と責任について私の口から「彼は責任を遂行していない。けしからん」と言わせようと、しつこく追及された〉と記載されている。「技術部次長」はしりもち事故当時の松尾の直属の部下である。

　さらにレポートを読み進めると、こんな記述もある。

〈「雑談でいいから意見を聞かせろ」と前置きして「検査部と技術部との間でどのくらいの割合で墜落事故の責任があると思うか。警察も50対50とは思っていないが、100対0でもなかろう」と聞かれた。これには「技術部の任務は技術仕様を作成することである」とだけ回答し、具体的な割合には言及しなかった〉

〈警察は手を変え、品を変え、何とかして私から「技術部は領収検査について積極的に意見具申、あるいは質問をすべきであった」との供述を引き出そうとしている。これに対して私は終始、「そうすればベターであったと思う」あるいは「そうすれば、領収検査の中で修理ミスを発見できる確率は高まったかもしれない」と言い続けている〉

〈本日の終了近くに取調官は「毎日同じことの繰り返しだ。困った。このままでは立件は難しいかな」とつぶやいていた〉

さすがの群馬県警の取調官も松尾の意思の強さに弱音を吐いたのだろう。しかし、群馬県警の取り調べの厳しさは生半可なものではなかった。それが証拠に取り調べを受けた元運輸省職員が自殺している。書類送検された運輸省関係者4人のうちの1人だ。

◇

松尾芳郎に対する群馬県警の取り調べが始まる半年ほど前のことである。1987（昭和62）年3月17日午前5時30分ごろ、57歳の男性が埼玉県上尾市内の自宅で農薬の殺虫剤を飲んで死んでいるのが見つかった。男性は元運輸省東京航空局航空機検査官だった。2階の自室には「勝手な行動をお許し下さい。みんな仲良く幸せに暮らして下さい」「おいしい食事をありがとう」と家族にあてた遺書が置いてあった。浴室脇の洗面台下のボックス内にしまってあった80ミリリットル入りの殺虫剤のビンが空になっていた。

自殺した元検査官は、1978（昭和53）年6月2日に大阪国際空港（伊丹空港）でしりもち事故を起こし、後部圧力隔壁の下半分を取り替えるなどのボーイング社の修理を受けたJA8119号機に対し、修理完成後に同僚の検査官2人と飛行の許可に当たる耐空証明（その機体ごとに出す安全に飛べるという証明書、Airworthiness Certificate、AC）を与えるかどうかを決める検査を行い、耐空証明を与えた。

群馬県警の特別捜査本部はこの検査に問題があった可能性があると判断し、3月10日から13日までと16日に元検査官を重要参考人として警視庁の施設に呼んで検査体制や耐空証明を発行した経緯について事情聴取していた。

16日の取り調べは午後8時までかかり、元検査官は午後11時ごろに帰宅し、軽く晩酌した後に2階の自室に上がった。17日も朝から取り調べに応じるよう求められていた。

元検査官は取調官に「検査が甘かったのではないか」と厳しく追及され、妻に「精神的に疲れた」と漏らしていた。運輸省航空局にも連日の取り調べ内容を細かく報告するよう求められ、心労が重なっていた。群馬県警が重要参考人として呼んで取り調べたのは、この元検査官が初めてだった。

元検査官は1950（昭和25）年に航空保安庁に入り、1966年、運輸省航空局検査課で装備品係長として勤務した。その後1976年から1984年まで東京航空局航空機検査官を務めた。墜落事故当時（1985年8月12日）は東京航空局保安部羽田駐在航空機検査長だった。1986年4月に東京航空局を退職して財団法人・機械電子検査検定協会関東事務所の職員として働いていた。

元検査官は隔壁など航空機構造の専門家ではなかった。たまたま3人の検査官のうちで最年長ということで、しりもち事故で修理を受けたJA8119号機に対して耐空証明を与える責任者となっただけだった。修理ミスは、ボー

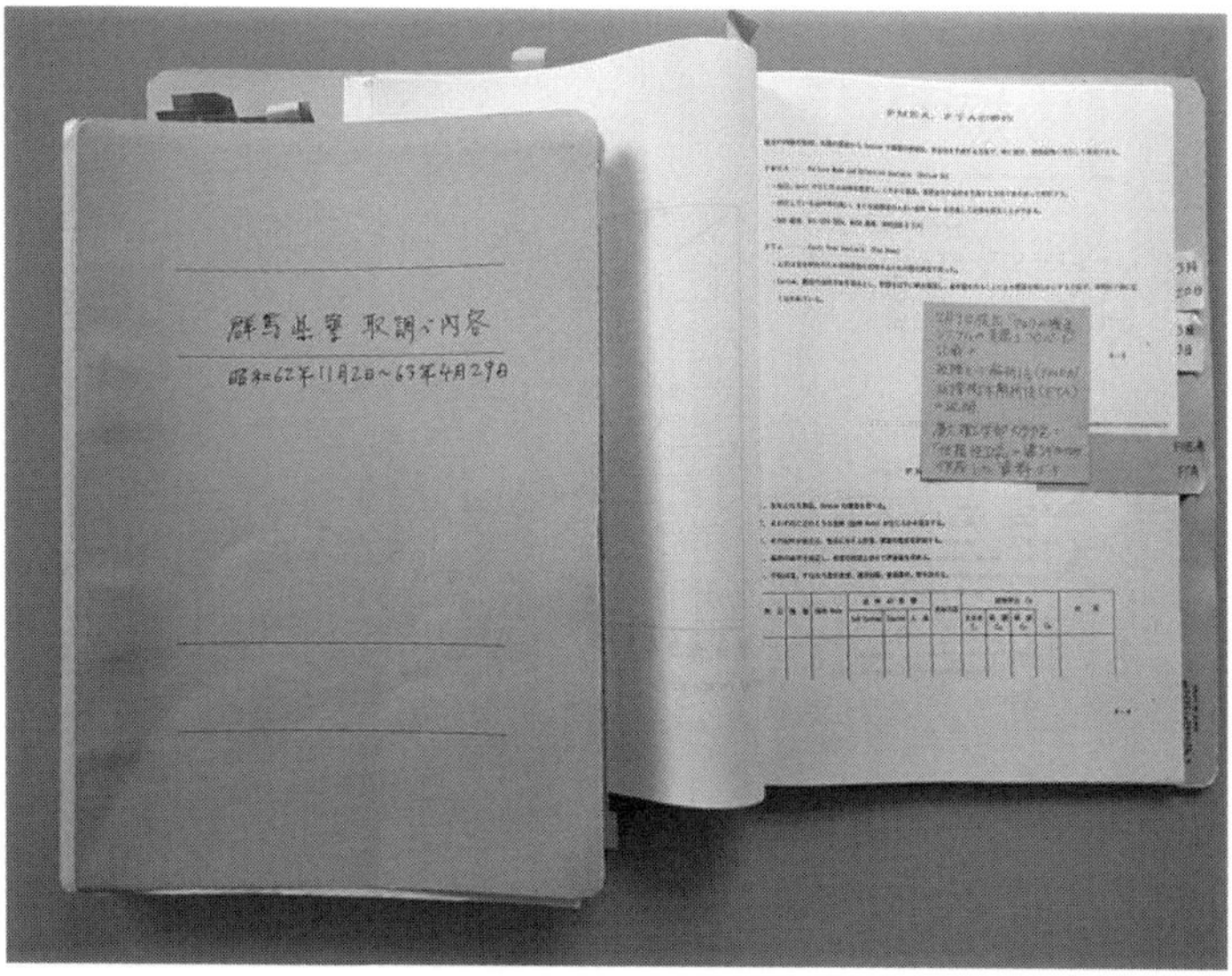

日航・松尾ファイルの「群馬県警取り調べ内容」(左)と「検察庁事情聴取報告書」(撮影・木村良一)

イング社や日航の専門家でも見つけられなかった。それにもかかわらず、「なぜ検査で見逃したのか」「発見できたはずだ」「見つけられなかったから520人が死んだ」と群馬県警は責め立てた。捜査に問題があった。

だが、しかし、群馬県警はその過ちに気付くことなく、40人を超える日航関係者からの事情聴取を進め、松尾ら日航幹部らを次々と責め立てた。

27 強じんさ

松尾芳郎はウィークデーを中心に群馬県警に事情聴取された。その間、前橋市内のホテルに宿泊し、土日は自宅に帰ってゴルフで疲れた心と身体を癒やす日々が続いた。

　高木養根の後に社長に就任した山地進（１９２５年5月～２００５年5月、享年80歳）にも「気分転換にとても良い」とゴルフを勧められていた。山地は鉄道監督局長などを務めた運輸官僚である。後に運輸省から総理府に移り、１９８４年7月には初代の総務庁事務次官に就任し、日航ジャンボ機墜落事故が起きる3カ月前の１９８５年5月には、中曽根内閣の民営化路線にからんで日本航空の常勤顧問に就いた。そして墜落事故の責任を取って12月18日に高木が社長を辞任して相談役になると、代わって社長に就いた。

◇

　松尾芳郎の父親が大のゴルフ好きだったから松尾とゴルフの付き合いは長い。前にも触れたが、松尾の父親は初代の航空保安庁長官や日本航空社長、会長を務め上げ、「戦後の日本航空業界の父」といわれた松尾静磨《まつおしずま》（１９０３年2月～１９７２年12月、享年69歳）である。日航の会長のときに亡くなっている。

　その松尾静磨がゴルフ場の名門、スリーハンドレッドクラブ（神奈川県茅ケ崎市）の会員だった。日曜日になると、松尾は車を運転して父親を同クラブまで送った。そのうち松尾静磨から「お前もゴルフをやりなさい」と言われ、ゴルフ練習場に通うようになり、コースにも出た。当時、松尾は30歳を過ぎるか過ぎないかという若さだったから、ゴルフの腕前はグングン伸びた。ちょうどそのころ、松尾が所属していた日航の技術部でもゴルフ好きが集まり、静岡県の御殿場などでプレーを楽しんでいた。もちろん、松尾もその集まりに参加して楽しんだ。

　そんな松尾がゴルフに本格的に力を入れ出したのは、父親の松尾静磨が亡くなった後の１９７３年の春だった。同僚に誘われて成田空港近くのゴルフクラブに入会し、休みになると、車を運転してゴルフ場通いを続けた。往復3時間はかかった。

　その後、松尾静磨が晩年、１９２２（大正11）年に創立した歴史のある程ケ谷カントリー倶楽部（横浜市旭区）の会員になっていた関係から、松尾も１９７６年に入会が認められるようになり、現在もここでプレーを続け、ゴルフクラブ主催のコンペ（競技大会）にも参加している。ハンディキャップは最高で「11」というからかなりの腕前である。

　松尾は取材中、「週に4回、自宅近くの練習場で打っていますが、加齢とともに衰え、ハンディキャップは26まで落ちました。健康維持のためと自分に言い聞かせてがんばっています。コースに出て18ホール回ると1万３０００歩ぐらいになり、90歳を超えた老骨にはこたえます」と語っている。だが、老骨とは言うものの、２０２３年5月11日には75歳以上の60人が参加した程ケ谷カントリー倶楽部の程ケ谷敬老会競技でみごと優勝している。このとき松尾は92歳だった。

ゴルフは80歳を過ぎると多くの人ができなくなり、90歳以上でコンペに参加する人は珍しい。松尾は精神だけではなく、肉体的にも強じんなのである。

◇

こんなエピソードもある。

松尾が連日、群馬県警の取り調べを受けていたころ、週末は取り調べが終わると、前橋市内のホテルから川崎の自宅に帰っていた。ちょうどその日は群馬県警から厳しく追及された後だった。母親のふみから「そんなに不機嫌な顔をするものではない」と叱られた。この言葉をしっかり受け止め、それ以来、松尾はどんなに過酷な事情聴取を受けようと、自宅では辛さを顔には一切、出さなかった。

ゴルフ場でも同じだった。当時、ゴルフ仲間から「君は偉いな。新聞やテレビのニュースで『事故の責任者』とたたかれても平気な顔でプレーしている」と感心された。

◇

再び、松尾ファイルをもとに群馬県警と松尾とのやり取りを追いかけてみよう。

【1987年12月22日】

松尾は〈取調官は「技術部は領収検査にもっと積極的に関わるべきであった」「技術部はＦＲＲ（修理指示書）をチェックすべきであった」と私に言わせようとした。「この2点について同意すれば取り調べはすぐに終わりになる」とも言われた。「お前は技術部長だったのだから課長や課員と同じ考えを述べるのではなく、もっと高い見地から言うべきだ。お前の意見を聞きたい」とも求められた〉と日航本社に送った報告書のレポートに記している。

まさに群馬県警の誘導尋問である。

【1988年2月12日】

松尾は取調官に「領収検査に関し、技術部は検査部を助言する立場にありながら助言しなかったのか。助言をしていれば、領収検査体制が整備されたのではないか」と詰め寄られ、「技術部長として助言はしていない。領収検査について何らかの質問をすれば良かったと思う」とかわしている。

墜落事故の遺族会「8・12連絡会」が編集した『旅路 真実を求めて 21年のあゆみ』（2006年8月12日発行）によると、1990年7月17日の前橋地検による不起訴理由の説明会で、遺族会のメンバーが「技術部と検査部で責任のなすり合いがある。組織で処理するとは名目ばかりで、確執、動脈硬化、セクショナリズムがあり、領収検査について協議されていない」と話すと、検察側は「技術部と検査部の両方で責任をなすり合っていた。両方とも相当きつく調べた。しかし、時間的経過があるので大変だった。捜査が困難だった」と答えている。

どこの企業でもどんな組織でも巨大化してくると、当然のことのようにセクショナリズムは起きてくる。日本航空

旧制湘南中学校（現・神奈川県立湘南高校）の同期生たちとゴルフを楽しむことも多かった。右から3人目が松尾芳郎＝2014年6月4日、神奈川県相模原市の長竹カントリークラブ（提供・松尾芳郎）

の内部でもそうした組織的な問題はかなりあっただろう。ましてや日航の場合、会社と正面から対立する力の強い労働組合の存在もあった。

群馬県警が作成した調書に対し、松尾はレポート（日航本社に送った手書きの報告書、メモ書き）のなかで〈警察は自分たちで設定した筋書を弱めたり、覆したりするような所見はなかなか調書の中には組み入れようとしない〉との感想を漏らしている。

検査部の幹部のなかには罵詈雑言を浴びせられたうえ、「お前たちの領収検査が不十分だから墜落事故が起きた」と責められ、反論できないまま調書を取られる者が多かった。群馬県警はそんな彼らの供述と松尾の説明との矛盾点を突いて日本航空が領収検査で隔壁の修理ミスを見逃し、その後の定期検査でも見落としたとして松尾を業務上過失致死傷の罪で刑事立件しようと動いた。

◇

【3月16日】

〈取調官の1人（警部）が今回の異動で特別捜査本部から群馬県警の捜査1課に戻ることになった。その取調官が取調室にやって来て取り調べが長くなった理由を説明してくれた〉

その説明とは次のようなものだった。「捜査1課」とは殺人や強盗、誘拐、立てこもりなどの強行な凶悪犯罪を扱う部署である。

「領収検査に関わる技術部以外の日航関係者に対する捜査の中で『領収検査の実質的な責任は技術部にある』という事実に反する供述があった」

「その関係者は不確かな記憶に推測を交えながら供述した」

「私は2年間にわたって整備本部を捜査してきたので、日航の組織の実態は理解している。それぞれの部門には職責に応じた人材が配置され、技術部を含む多くの職場では、責任のある仕事が遂行されてきたものと考える」

「それにもかかわらず、一部の関係者は『安全部門には業務遂行能力を欠く、無能な者を集中して配置してあった』と述べている。自分としてはこのようなことはあり得ないと考える」

「事実に反する供述をした関係者に対し、反省を強く望みたい」

特別捜査本部から捜査1課に戻ることになったこの取調官のように、群馬県警の捜査員のなかには松尾の話を支持する人間も存在した。だが、群馬県警全体としては刑事責任の追及の手を緩めなかった。

◇

【3月30日】

松尾は日航本社にファックスで送るために書いたレポート（報告書）に〈弁護士と会う予定があるのだろうと聞かれたので、「その通り」と答えたが、どうして知っているのか不思議である〉と書いている。

そのレポートによれば、取調官は「お前は刑事事件の経験がないのに対応が上手だ。弁護士としばしば会って指導

満開の桜の中、ゴルフを楽しむ。松尾芳郎は90歳を超えてもプレーを続けている=2023年4月2日、横浜市の程ケ谷カントリー倶楽部(提供・松尾芳郎)

を受けているからではないか」と指摘した。さらにレポートには〈弁護士とはいままでに数回しか会っていない。会っても有益な助言はしてもらっていない。覚えているのは「（逮捕されて調べられる）勾留取り調べではないのでまだ幸せだと思わなくてはいけない」「調書取りが始まったら10日ぐらいで終わる。もう少しの辛抱だからがんばるように」という助言ぐらいである〉と書かれている。

◇

【3月31日】

〈調書作成の要点は以下の通り〉

〈契約上、作業工程における検査を含む作業管理はボーイングが責任を負うべきであり、主たる原因はボーイングにあったことは明白である〉

〈しかし、従の立場にあるとは言え、日航としては領収検査を行う必要があるところから、この表現に触れるところがないわけではない。すなわち「領収検査要領が設定されず仲野メモが使われていたこと及び、領収検査員が指名されていなかったこと」が必ずしも完全ではなかった点である〉

この辺りは「21亀裂の発見確率」でも触れているが、「この表現」とは、運輸省航空事故調査委員会の調査報告書の124ページにある「今回の修理作業では、作業工程における検査を含む作業管理方法の一部に適切さに欠ける点があったと考えられる」の「一部に適切さに欠ける」を指す。「この表現に触れるところがないわけではない」という二重否定によって松尾は「領収検査要領」と「領収検査員」に関してはその不備を認めている。しかし、日航にそうした不備がなかったとしても修理ミスを未然に食い止めたり、修理ミスを発見したりすることは不可能であった。事実、後に検察は1989年11月22日に松尾らの不起訴処分を発表した際、その不起訴理由の説明のなかで「日航が領収検査要領をきちんと作成し、領収検査員も決められていたとしてもボーイング社の修理ミスは見抜けなかった」との趣旨を述べている。

また「仲野メモ」とは、しりもち事故の修理がきちんと行われたかどうかを確認するために日航羽田整備工場の検査室長（仲野道雄）が検査員に領収検査を実施するよう求めた指示書である。

【4月7日】

〈警察は「技術部はFRR（修理指示書）をチェックすべきだった」「技術部は検査部にもっと協力して領収検査体制を作るべきだった」の2点を私に言わせようとしている。しかし私は「そうしておけば、良かったであろう。しかし、技術部の義務ではない」と繰り返し供述した〉

【4月18日】

〈取調官が「契約の中でFRRはどのように決められたのか。取り決めておく必要があったのではないか」と尋問する〉

〈（これに松尾は）「ボーイングとの契約交渉中にFRRの取り扱いについてどのような話し合いがあったかは知らな

い。多分なかったのだと思う。そもそもＦＲＲはボーイングの社内仕様なので契約の中で取り扱いを決めておく必要はない」と答えた〉

【4月20日】

〈取調官と2～3時間議論したが、結果的にこの通りの調書となった。調書が出来上がったところで、取調官が「これでは調書（警察が書くもの）ではなく、供述書（被疑者や参考人が書いて提出するもの）だな」とつぶやいていた〉

【4月25日】

〈取調官が「日航の整備規程や技術基準に適合するように日航がＦＲＲ（修理指示書）を管理していかねばならないという解釈になるが、その通りか」と聞く〉

〈（松尾は）「ＦＲＲを直接管理しなければならないということはない。ボーイングの技術基準を承諾することで、ＦＲＲの中の技術指示を間接的に管理することになる」と答える〉

〈2人の取調官が「うまくかわされたな。みごとだ」と言っていた。これに対し、「警察のペースで調書を取られた感じだ」と答えておいた〉

【4月27日】

〈本日の調書を振り返ってみて、相手側は時間切れをちらつかせ、回答を急がせ、自分たちの意図する方向に調書を作ろうという態度が見えた。調書作成時はまったく油断できない〉

冤罪というのは、松尾の受けたような取り調べから生まれるのだろう。そもそも捜査というものは、新事実が明らかになれば振り出しに戻ってやり直すのが基本である。しかし、実際の捜査には警察の意地や社会の期待、ときの政権の示唆など様々な思惑が色濃く交差する。もちろん、日航ジャンボ機墜落事故の捜査にもそうした思惑による影響があったはずである。

◇

群馬県警は運輸省や日航を家宅捜索するとともに関係者からの事情聴取を進めた。本格的捜査が着々と進んでいるように見えた。だが、実は肝心なことができていなかった。それは修理ミスを犯したボーイング社の作業員からの事情聴取である。１９８８（昭和63）年3月に国際捜査共助を求めて群馬県警の幹部らが渡米したが、ボーイング社から具体的な話は聞けなかった。

にもかかわらず、群馬県警は同年12月1日、日航12人、運輸省関係者４人（1人自殺）、ボーイング社４人（氏名不詳）の計20人を業務上過失致死傷の容疑で前橋地検に書類送検した。松尾はこの日航12人のうちの1人で、唯一の取締役だった。１９８９（平成元）年2月9日から3月20日まで計5回にわたって東京地検で検察官の取り調べを受けることになる。

28 修理ミスの理由

取締役の松尾芳郎に対する検察の事情聴取は、1989（平成元）年2月9日から東京・霞が関の東京地方検察庁の取調室で始まった。検察は群馬県警からの書類送検を前橋地方検察庁が受け、捜査は東京地検と前橋地検との合同で行われた。松尾は、3月20日までに計5回実施された検察の事情聴取の内容を日航・松尾ファイルの1つである「検察庁事情聴取報告書」（1989年2月9日～3月20日）に記録している。「群馬県警の取り調べ内容」（1987年11月2日～1988年4月29日）と同様に事情聴取が終わるごとに日航の本社へ送っている。

2月9日付の報告書（レポート）には、群馬県警の取り調べについての感想を検事に求められた松尾の答えが記されている。

〈群馬県警の取り調べは強圧的態度で終始、不快であった。とくに（取り調べ初期の）11月末ごろの1週間は聞くに堪えない罵詈雑言《ばりぞうごん》を浴びた。全体的に群馬県警は「領収検査に深く関与すべきだった」「FRR（修理指示書）を見るべきだった」と主張し、この筋書きに沿った調書を作ろうと強要されたが、同意しなかった〉

〈私としてはB－747型機の問題箇所の設計上の欠陥を主張したが、部分的にしか調書に採用されなかった〉

群馬県警は日航ジャンボ機墜落事故について修理ミスを犯したボーイング社と修理後に耐空証明（飛行許可）を出した運輸省、領収検査とその後の点検・整備で修理ミスを見落とした日航の3者競合による人災と断定して捜査を進めてきた。これに関連して検察は2月9日の事情聴取で、松尾にボーイング社との事故責任の割合を聞いている。この質問に松尾はありのままに答えた。

「日航とボーイングの間で直接の取り決めはできていないと思う。しかし、両社はそれぞれが契約している保険会社間の話し合いの合意で、事故処理に費やしたすべての費用をボーイング側保険会社82・5％、日航側保険会社17・5％で負担することになり、これに基づいて支払いが実施されている」

「全責任がボーイング側にあるというのが日航の主張だが、ボーイングを訴訟するには至っていない」

この負担割合を聞いてボーイング社の担当者が「我々の全額負担はなくなった」と喜んだという話が松尾の耳に入っている。ボーイング社は「事故責任は100％、ボーイングにある」と決まることをかなり恐れていた。日航に訴訟を起こされることに備え、修理ミスは認めても「墜落事故が起きる前から機体の点検・整備を求めていた」と繰り返し主張していたが、それが功を奏した格好だった。ただし、ボーイング社の求めた点検・整備では隔壁の修理ミスやその修理ミスにともなって発生するクラック（亀裂）の発見は不可能だった。この辺りは「21 亀裂の発見確率」に詳しく書いた。

両社合わせた負担総額は公表されていないが、松尾は軽く1000億円を超えていたと試算する。

ここで再び説明しておく。隔壁の修理ミス箇所やクラックは、アメリカのFAA（連邦航空局）やボーイング社が推奨する当時の点検・整備では見つからない。その箇所に修理ミスがあると分かったうえで特別の点検を実施しない限り、発見は不可能だった。ボーイング社の主張は的が外れて正しくないと考えるべきである。

◇

1988（昭和63）年3月24日、警察庁と群馬県警の警察官4人が渡米し、29、30の両日、アメリカの司法省に対して捜査協力を求めた。書類送検を受けた検察も翌1989年1月、アメリカ司法省を通じてボーイング社に質問状を送り、5月中旬には法務省と東京地検の検事2人を派遣している。さらに検察は10月3日から8日にかけ、前橋地検と東京地検の検察官2人を渡米させ、捜査共助による刑事立件の道を探った。だが、ボーイング社の作業員に対する嘱託尋問や事情聴取は実現できなかった。その後、アメリカ司法省から「作業員の事情聴取に協力できない」とのボーイング社の正式回答書が届いた。アメリカ側の拒否である。日本側の意向は通らなかった。国際捜査共助の模索はそこまでで終了した。

話は少し戻るが、警察や検察だけではなく、運輸省航空事故調査委員会の委員や調査官らも1986（昭和61）年3月23日、事故調査の過程で渡米し、ボーイング社に「隔壁の修理をした作業員に直接、話を聞きたい」と申し入れたが、応じてもらえなかった。事故調はボーイング社の修理担当者から話を聞かないまま事故調査報告書をまとめ上げ、1987（昭和62）年6月19日に公表している。

◇

ボーイング社は日本の事故調や警察、検察から事情を聴かれることを恐れ、ことごとく拒絶した。なぜ、事情聴取を受けることをこれほど恐れたのだろうか。この答えを探る前に修理の指示を出したエンジニア（技術者）とメカニック（作業員）が後部圧力隔壁（アフト・プレッシャー・バルクヘッド）の修理をどう扱い、なぜ修理ミスが起きたのかについて考えていきたい。

まず復習しておこう。1枚であるべきスプライス・プレート（中継ぎ板）を幅4センチと幅2センチの2枚に切断し、機体後方から見て左側のL18接続部で既存の上側ドーム（ウエブ、扇状板）と新しい下側ドームの間に差し挟み、長さ105センチにわたって接続した。これが修理ミスである。

中継ぎ板を2枚にしてそれぞれ差し込んだことで、本来3列で打たなければならないリベットが1列打ちの状態となった。航空機のリベットは2列打ちが基本である。1列打ちの状態となった結果、L18接続部の強度が7割にまで低下し、リベット孔同士が手と手をつなぐようにマルチ・サイト・クラック（同時多発亀裂）が次々と発生した。後部圧力隔壁は破断し、その破断箇所からキャビン（客室）などの与圧空気が一気に吹き出した。

隔壁は修理ミスのあった箇所を中心に亀裂が次々と広がって破断し、隔壁のウエブ（扇状板）は引き裂かれ、引っ張られ、引きはがされ、機体後部に向かって大きくめくれ上がり、計2～3平方メートルもの穴があいた。そこから吹き出した与圧空気によって垂直尾翼やハイドロリック・フルイド（作動油、ハイドロ）・システムなどが破壊され、日航123便（国籍及び登録記号・JA8119）は操縦不能となって御巣鷹の尾根（群馬県多野郡上野村）に墜落した。

隔壁の修理を担当したボーイング社のAOGチーム（事故発生時に派遣される修理チーム）で、アメリカ連邦航空局FAAの認定資格を持つ）の作業員はなぜ、修理指示書（FRR）通りに1枚のスプライス・プレートをそのまま使わなかったのだろうか。

◇

日航ジャンボ機墜落事故からまる2年が経過した1987（昭和62）年8月12日のことである。午後1時30分から墜落現場の御巣鷹の尾根のふもとにある慰霊の園で「三回忌追悼慰霊式」が営まれた。参列した遺族ら250人は犠牲者の冥福を祈り、空の安全を誓い合った。この後、慰霊登山が行われ、墜落時間の午後6時56分には昇魂之碑の前に遺族たちが立って犠牲者数と同じ520本のペンライトを振りながら亡き肉親の名前を大きな声で呼んだ。

慰霊登山には墜落事故の責任を取って社長を辞任した高木養根の姿もあった。高木は夕闇が迫る午後6時10分過ぎに尾根の頂に着いたが、登山中、立ち止まっては尾根に点在するいくつもの墓標を見つめ、何度も頭を下げた。取材する新聞記者には「許しを得られず、伺えないご遺族もいます。でも、時間がたてば許していただけるかもしれません。是非、機会を作って弔問したい」と語った。

追悼慰霊式にはボーイング社の副社長（国際関係担当）が出席し、式の後に記者会見した。副社長は「社員全員が非常に遺憾に思い、強い悔恨の念を持っている。この気持ちを伝えるために私は出席した」と話し、修理ミスについては「イノセント・ミスだった」と述べた。

イノセント・ミス…。罪のない過ちとは一体、何だろうか。ボーイング社側は「一生懸命に修理をしたが、思わぬところで見落としがあったという意味のミスで、日本語に言い換えにくいニュアンスがある」と説明した。しかし、言い訳に思えてくる。

◇

ところで、その翌年の1988年5月13日付の読売新聞の朝刊が興味深い記事を掲載している。ボーイング社の社長と副社長（技術担当）が読売新聞の単独インタビューに応じ、日航ジャンボ機墜落事故について釈明した記事である。

その記事を要約すると、修理ミスを犯した理由について社長は「作業員がFRR（修理指示書）を読み間違えた。1枚のスプライス・プレート（中継ぎ板）をスプライス・プレートとフィラ（補充板、シム板）の2枚に切り分けてそれぞれ差し込んだが、その問題の箇所がウエブ（扇状板）に挟まれて隠れてしまい、ボーイングの検査担当者が修理完了の検査を行ったときには、修理ミスを発見することはできなかった」と説明し、作業員の処分には「関係者は自分自身を十分に罰したとの判断に立っている」と述べた。

読売新聞のこの記事によると、墜落事故後、ボーイング社の首脳が日本の報道機関の取材に応じたのは初めてで、修理ミスの理由を説明したのも初めてのことだった。

読売新聞の記事では、ボーイング社を「ボーイング・コマーシャル・エアプレーン」と書いているが、このボーイング・コマーシャル・エアプレーン社とは、ボーインググループの中で民間輸送機部門を扱う会社で、旅客機の話題で登場する「ボーイング社」はこの会社を指す。ボーイング社は民間輸送機部門、航空宇宙部門、軍事部門、ヘリコプター部門と事業ごとにそれぞれ会社を組織して独立させている。

「作業員がFRRを読み間違えた」というボーイング社の社長の説明は納得できる。なぜなら「19 修理指示書」で書いたようにFRRが乱暴な手書きで杜撰だったからである。読み間違えるのも無理はないと思う。

ボーイング社の修理チームを率いる航空エンジニア（技術者）は、アメリカのFAA（連邦航空局）が認定する有資格者である。FAAは航空機の飛行、検査、設計などにおいて自らの権限の一部を民間の専門家や有識者に委任する。この委任された専門家が、FAA認定の有資格技術者なのである。それほどの実力のあるエンジニアがなぜ、FRRを分かりやすくきちんと書いてメカニック（作業員）に伝えなかったのか。大きな疑問である。

◇

隔壁の接続修理はボーイング社のAOGチームにとって初めての作業だったが、その修理は板金作業のような簡単な作業で、隔壁の強度を弱めるような修理を行うこと自体あり得ないことだった。

松尾はボーイング社の隔壁の修理について次のように説明する。

「隔壁の製造はTRW社が担当していた」

このTRWはＴｈｏｍｐｓｏｎ Ｒａｍｏ Ｗｏｏｌｄｒｉｄｇｅ（トムソン・レイモ・ウールドリジ）の略。自動車業界から航空宇宙産業までの部品製造で著名な会社で、100年以上の歴史を持つ。

「しりもち事故の修理ではTRW社が製造した隔壁をボーイングが上下半分の2つに切断し、下半分を日本に運び込んだと聞いている」

「隔壁に限らず、飛行機の部品や構成材は多数の協力企業（下請け会社）で製造され、組立工場に集められる。これはボーイングだけでなく、エアバスあるいはその他の航空機メーカー（たとえばホンダ・エアクラフト）でも同じだ」

「しかも隔壁の修理は簡単な板金作業だった。修理が初めてだったことと修理ミスとは結び付けず、『関係ない』と考えた方がいいだろう」

それにしてもなぜ隔壁を（上下に切断しないで）まるごと交換しなかったのだろうか。墜落事故の原因が隔壁の修理ミスにあると分かってくると、当時、遺族からも同様の疑問の声が上がっていた。この疑問に松尾はこう答える。

「推測するに、隔壁全体を交換すると、尾翼を含む機体の尾部全体を取り外すことになってしまい、これがたいへんな作業になる。いったん組み上がった機体の尾部を取り外して再び取り付けるのは、ハイドロ・システムの油圧配管や多数の電線の脱着とそれらの調整が必要となる」

それにしても40年近くも前の古い話を90歳を過ぎたいまも鮮明に覚えている松尾の記憶力には驚かされる。

◇

FAA（連邦航空局）、つまりアメリカ政府は日航ジャンボ機墜落事故の原因をどう考えていたのだろうか。FAAのホームページを覗くと、過去の航空事故を挙げ、「事故から学ぶ教訓」を記したページがある。もちろん、世界最悪の520人という死者数を出した日航ジャンボ機の墜落事故についても触れ、「修理は航空機本来の安全機能を維持する方法で行う必要がある」と指摘したうえで、後部圧力隔壁の修理について「スプライス・プレート（中継ぎ板）が収まりにくかったために2つに切断されて取り付けられた。その結果、意図しない荷重がかかって隔壁が破断した」と説明している。

このFAAの説明によると、スプライス・プレートは1枚だと挟み込みにくく、それで2枚に切り分けて挟み込んだということになる。つまり、メカニック（作業員）はスプライス・プレートを2つに切断してそれぞれ挟み込むことで隔壁の強度が弱まり、金属疲労が進んで多数の亀裂が発生してしまうことを理解していなかったことになる。もしそうだとしたら、「意図しない荷重」とはいえ、このちょっとした理解不足、知識不足によって520人が命を落としてしまったわけである。そう考えると、言葉が出なくなる。

◇

日本の運輸省航空事故調査委員会のメンバーの中には「隔壁の修理自体はいい加減なものではなかった。FRRの指示通りに接合すると、隔壁自体の強度には関係ないが、ごくわずかな隙間ができる。この隙間をなくして気密性を高めるためにスプライス・プレートをわざわざ2枚に切り取り、そのうちの1枚をフィラ（補充板、シム板）として隙間を埋めるために使ったのではないだろうか」という見方をする事故調査官もいる。

それでは、検察は修理ミスの理由をどうみていたのか。1990（平成2）年7月17日に行われた遺族への不起訴理由の説明（「8・12連絡会」編集・発行の『旅路』に掲載）のなかで、前橋地検が推測している。その部分を補足しながら抜粋してみよう。

「スプライス・プレート（中継ぎ板）を2枚に分けて挟み込み、リベットが2列打ちではなく、1列打ちの状態となって隔壁の強度が落ちた。これが修理ミスだが、だれがやったかに加え、だれに指示されてやったかもはっきりしない」

「FRR（修理指示書、修理記録）は口頭または他の文書で出すこともある。FRR 8-B（隔壁に関する修理指示書の1つ）の通りにやっていない。あれをミスと考えていなかったのかもしれない」

「マルチ・サイト・クラック（同時多発亀裂）の学説が出る前で、しりもち事故の修理をした当時はミスだと思わない。7年後に墜落するなどとだれも予測できない」

「証拠はないが、FRR 8-Bと別の指示（スプライス・プレートを2枚に分ける指示）が出ていた可能性はある。作業員が自分の判断だけで2枚に切断して使ったのだろうか。ミスではなく、『切った方がいい』といわれて切った可能性もある」

「別の作業指示」「指示されて2枚に切断」と実に興味深い話である。しかし、たとえば航空機のリベット打ちは2列打ちが基本だ。前橋地検は「だれかに指示された可能性」を示唆するが、指示を出すのは、FAA（連邦航空局）の承認を受けた航空エンジニア（技術者）である。そのエンジニアがリベットの2列打ちの基本を知らないはずはない。

松尾も「例外としてごく簡単な作業変更を口頭で指示することはあるかもしれないが、FRRはAOGチームの作業記録・成果として残すために書類で出される」と説明したうえで、「隔壁の修理に関して別の指示は出ていなかった。常識から考えても有資格エンジニアがそんな別の指示を出すはずはない」と話している。

そう考えていくと、検察の推論はいま1つのように思われる。

◇

しりもち事故当時から日航とボーイング社を結ぶパイプ役で、日航側の窓口だった松尾芳郎は、修理ミスが起きた理由やその背景についてどう考えているのか。

「FRR（修理指示書）をメカニック（作業員）が読み違えて作業した結果、修理ミスを犯したのだろう」

「なぜ修理ミスが起きたかというと、エンジニアとメカニックの間に壁や塀があったからだ。エンジニアは塀の向こう側からメカニックに指示を投げ渡すようなところがある。ボーイングの工場を見学する機会がしばしばあったが、このような関係を見聞した。エンジニアとメカニックの意思疎通が不十分だった」

「しりもち事故の修理を行ったAOGチームの中で唯一FAAが認定する有資格技術者がE・N・スタンフォードという人物だった。ボーイングの基準が適用できない修理作業については、彼が特例のFRRを作成して指示を出した。隔壁に1枚のスプライス・プレートを差し挟む指示もこの特例に当たり、彼が出した」

「一般的に言うと、仕様を書くエンジニア、作業を行うメカニック、作業の結果を検査するインスペクターの3つの職種に分かれ、それぞれの分担作業で修理の仕事を完成させる」

「これはどの航空機メーカーでも同じだし、自動車の修理工場でもそうだ。修理が簡単な場合はメカニックがインスペクターを兼務することもある」

「しりもち事故の修理では、メカニックがインスペクターを兼務していたのかもしれない」

「しかし、現場の最高責任者のE・N・スタンフォードの書いたFRRが殴り書きではなく、丁寧に分かりやすく書かれていれば、あるいはメカニックにきちんと説明していれば、修理ミスは起きなかったはずだ」

この松尾の話のなかでとくに注目したいのが、「壁」「塀」「意思疎通の欠如」である。エンジニアはメカニックを下に見下していたのだろう。地位や立場が異なると、どうしても考え方も違ってくる。組織的にも個人的にも、両者の間に何らかのわだかまりがあったのかもしれない。結果的に組織内の風通しが悪くなり、意思疎通ができなくなる。

旅客機の操縦では機長と副操縦士との意思疎通に大きな問題が生じると、事故につながる。航空事故に限らず、医療過誤や工事現場の作業事故も意思疎通の欠如から起こるケースが多い。

29　不起訴

検察は日本航空、運輸省、ボーイング社の社員や職員ら計20人の書類送検を群馬県警から受け、前橋地検と東京地検が合同で捜査を進めた。しかし、捜査は大きな壁にぶつかり、前橋地検は1988（昭和63）年12月1日の書類送検から11カ月後の翌年11月22日、この20人全員を不起訴処分とした。20人の内訳は、19人が「嫌疑不十分」、残りの1人が自殺した元運輸省東京航空局航空機検査官で、「被疑者死亡」とされた。

同時に遺族やその関係者が東京地検に告訴・告発していた日航社長の高木養根、ボーイング社の社長（いずれも墜落事故当時）を含む日航、運輸省、ボーイング社の幹部ら計12人（うち1人は書類送検と重複）についても、前橋地検は不起訴処分にした。結局、捜査対象となった31人（書類送検との重複を除く）全員が不起訴となった。

「うち1人は書類送検と重複」の「1人」とは、松尾芳郎のことである。松尾は遺族から墜落事故の筆頭責任者として告訴されていた。

前橋地検はボーイング社についてはエンジニア（技術者）、メカニック（作業員）ら従業員から修理時の詳しい状況が聞けず、日航と運輸省に関しては検査や点検・整備で修理ミス箇所とそこに発生したとみられるクラック（亀裂）の発見は難しく、過失が認定できないとの判断を下した。

この検察の不起訴処分に対し、検察審査会は1990（平成2）年4月25日、日航の2人とボーイング社の2人について「不起訴不当」の議決を下し、検察は再び捜査に着手した。しかし、3カ月後の7月12日に再びこの4人を嫌疑不十分として不起訴にしている。再不起訴となったのは、日航ではしりもち事故の修理で領収検査に関係した検査部長（しりもち事故当時）と検査課長（同）の2人、ボーイング社ではAOG（修理）チームの作業員（氏名不詳）と品質管理担当検査員（同）の2人である。当時の検察審査会には検察とは別に起訴ができる法的強制力はまだなく、検察が再不起訴の判断を下すと、それで捜査は終了していた。

◇

4人が再び不起訴処分とされた翌日の7月13日は、午前中に小雨が降っていた。そんな雨模様のなか、遺族会の8・12連絡会のメンバー数人と弁護士が不起訴理由の説明を求めて前橋地検の前に7時間座り込み、検察から説明会を開催する了承を得る。そして4日後の17日、検事正が異例の不起訴理由の説明を行った。資料の一部も遺族たちに公開された。座り込みをした13日とは違い、17日の前橋は朝から晴れ、最高気温も38・1度と高くなった。アブラゼミが並木の木々にとまってうるさく鳴き、歩くと汗ばんだ。夏本番であった。

この年（1990年）の8月12日には日航ジャンボ機墜落事故は発生からまる5年が経過し、公訴時効（5年）が成立して日航と運輸省の関係者らの業務上過失致死傷の容疑は消えた。しかし、ボーイング社の関係者の時効は、海外にいることで適用外となり、時効は成立していない。乗客乗員520人の命を奪ったボーイング社の容疑は、いまも存続していることになる。

これまで述べたように捜査に着手すると、警察と検察は捜査員や検事をアメリカに派遣し、司法省に国際捜査共助を求めた。だが、すべて断られた。ボーイング社が捜査への協力を強く拒絶したからである。捜査の早い段階でも群馬県警は日航を介してボーイング社に同社の従業員の事情聴取を申し入れたが、ボーイング社からの回答はなかった。

修理ミスを犯した作業員を免責したうえで嘱託尋問を行うという捜査手法も浮上した。嘱託尋問とは、その国の裁判所が他国の司法機関に依頼して証言を求める証人尋問のことである。ロッキード事件（1976年2月〜1977年1月、前首相の田中角栄が外国為替管理法違反容疑で東京地検に逮捕されたのは1976年7月27日）では日本の裁判所からアメリカの裁判所に嘱託され、ロッキード社の幹部が証人尋問されている。

◇

ボーイング社はアメリカの憲法修正第5条で保障されている自己負罪拒否特権（「自己に不利益な供述を強要されない権利」）を盾に従業員の事情聴取を拒否した。なぜ、ボーイング社は事故調、警察、検察と事情聴取の求めをとことん拒絶したのだろうか。ボーイング社の真意はどこにあったのか。もう少し考えてみよう。

「28 修理ミスの理由」で読売新聞のボーイング社の社長と副社長への単独インタビューの記事（1988年5月13日付朝刊）を取り上げたが、その記事の中でボーイング社の社長は日本の捜査についてこんな趣旨の発言をしている。

「アメリカでは一般的に個人が故意または極端に無謀な行為をしたときだけ、刑事処罰の対象となる。単なる個人の過失で事故に至ったような場合は、刑事訴追や刑事罰の対象とはならない」

「日航ジャンボ機墜落事故で、ボーイング社や日本航空の社員、運輸省の職員が刑事訴追を受けることが妥当だとは理解しがたい」

過失に対し、日本とアメリカの考え方は大きく違っていた。アメリカには相手を死傷させる行為を裁く合衆国法典18編1112条や各州法の「故殺罪」（ｍａｎｓｌａｕｇｈｔｅｒ、一時の感情から犯す殺人に対する罪。日本の旧刑法の殺人罪の1つ）はあるものの、日本の刑法上の業務上過失致死傷罪とは異なる。

◇

松尾芳郎は、ボーイング社のＡＯＧ（修理）チームを率いたＦＡＡ（連邦航空局）認定の有資格技術者、Ｅ・Ｎ・スタンフォードが、墜落事故の1カ月後に来日し、ボーイング社の事故調査の担当者と会った直後に逃げるようにしてあわてて帰国したという話を聞いたことがあった。スタンフォードは、しりもち事故の隔壁の修理で修理指示書のＦＲＲ８-Ｂを書き、それにサインしている。

なぜ、急いでアメリカに帰ったのか。スタンフォードはボーイング社の在日スタッフから「逮捕される恐れがある。早く帰国した方がいい」とアドバイスされ、慎重に行動して日航や運輸省の関係者とは接触せずに帰国を早めた。ボーイング社は本気で日本の警察や検察に社員が逮捕されることを恐れていたのである。

スタンフォードは大阪国際空港（伊丹空港）でのしりもち事故の直後、AOG（修理）チームのメンバーとして応急修理も担当していた。このとき、松尾は応急修理完了の知らせを受けてすぐに大阪国際空港に飛び、フェリー・フライト（機体の輸送）に同乗してとんぼ返りで東京国際空港（羽田空港）に戻っている。そのためスタンフォードとは話す機会がなく、会ったこともなかった。

◇

ところで、航空機の事故が起きたとき、何よりも重要なのは一刻も早くその事故の原因を探り出して再発防止に努めることである。旅客機がひとたび事故を起こすと、多くの乗客乗員が犠牲になるからだ。事故原因が解明できれば、同種の事故に対応する措置を講ずることができ、同じ事故を繰り返さないという再発防止に結び付く。それゆえ、広い国土の中で航空機が移動手段として発達し、早くから航空機の利用が定着していたアメリカでは、事故を起こしたパイロットらの刑事責任を免責することによって事実をありのままに語ってもらい、できる限り早く再発防止策を施し、同種の事故を繰り返さないようにする考え方が古くから定着し、主流となっている。

ここでもう一度、過失について触れる。再発防止の観点からアメリカでは過失によって飛行機が墜落しても犯罪行為として扱われない。故意や犯罪性が高いケース以外は、業務上過失致死傷の刑事立件という意識はない。アメリカには日本と同じ業務上過失致死傷という刑事上の罪が存在しない。過失は民事の損害賠償で処理するのが一般的なのである。

業務上過失致死傷の罪に対応する罪がアメリカに存在しないということは、つまり国際捜査共助の要件の1つとなる双方可罰性がないことになり、外国の司法機関に証人の尋問を依頼する嘱託尋問の前提が消えてしまう。

だから、日本の警察や検察が国際捜査共助を求めてもアメリカの司法省は首を縦に振らなかった。ロッキード事件で捜査共助が成り立って嘱託尋問ができたのは、贈収賄という罪がアメリカにも存在し、日本以上に深く認知されていたからだ。これが双方可罰性である。そう考えていくと、ボーイング社が業務上過失致死傷容疑で社員が逮捕されるような事態を避けようと真剣に考えて行動したのは、当然なことかもしれない。

しかしながら、修理ミスがどうして起きたのか、ボーイング社が修理ミスの理由を40年近くも公にしないのは大きな問題である。事故原因が究明され、特定できたら次は公表することを忘れてはならない。公にされることで事故原因をボーイング社以外の世界の航空機メーカーやエアライン（航空会社）が共有することができる。この共有化によって世界各国が同種の事故を防げる。

◇

航空史上最悪の520人の命を奪った日航ジャンボ機墜落事故に対し、日本の警察と検察は業務上過失致死傷という刑事責任の追及に走った。日本は刑事責任の追及に重点を置き、事故原因は刑事捜査の過程で究明するという考え方が主流だったからである。刑事責任を免責してでもボーイング社をはじめとする関係者から真相を聞き出し、それを再発防止に結び付けようという発想に欠けていた。刑事責任を問うことはなく、刑事責任の追及よりも事故原因の究明を優先するアメリカとは対照的だった。

◇

航空機の事故はパイロットの操縦ミスや悪天候による運航障害が原因となるほか、点検・整備のミスも事故原因となる。日航ジャンボ機墜落事故の原因になった圧力隔壁の修理ミスはあえて言えば、この点検・整備ミスの範疇に入る。しかし、問題の修理ミスは通常の点検・整備では発見できないものだった。

1989（平成元）年11月22日に前橋地検が記者会見して発表した不起訴処分の理由でも、隔壁の外観は修理指示書（FRR）通りに修理されていたと見えることから日航の領収検査での修理ミスの発見は困難で、さらに修理ミスの箇所に発生したと推定される亀裂（クラック）の発見確率は「2～6・6％」と低く、整備士による亀裂の発見は極めて難しいと結論付けている。検察のこの発見確率は、事故調の「14～60％」よりも松尾芳郎の導き出した「2％以下」にかなり近い値だった。

群馬県警と前橋地検が「日航が修理ミスとその後に発生したとみられる亀裂を見逃し、見落とした」と松尾芳郎らを追及した業務上過失致死傷容疑がことごとく否定されたのである。松尾の主張が通ったわけだ。不起訴処分が意味するところは、ここにある。

「21 亀裂の発見確率」や「22 事故調の権威」のなかでも指摘したが、松尾は事故調査委員会や警察、検察に対し、次のように反論していた。

「隔壁の修理中にボーイングの作業員1人に日航の整備士が1人付くマンツーマン方式で監視していない限り、スプライス・プレート（中継ぎ板）を2枚に切断して差し込む修理ミスには気付くことができない」

「重整備（C整備）の定期検査では機体後部の非与圧側（の背面）から点検するが、隔壁のこの背面はリベットが正常に打ってあるように見え、修理ミスは分からない」

「その点検は亀裂や腐食が発生しやすい隔壁の下部（APUダクトの開口部周辺）の状況を目視検査（ｓｕｒｖｅｉｌｌａｎｃｅ、指定部位を肉眼で調べる点検）によって調べ上げ、それ以外の隔壁の部分は一般目視（ｇｅｎｅｒａｌ ｖｉｓｕａｌ ｉｎｓｐｅｃｔｉｏｎ、部位を指定しないで肉眼で見る点検）で検査する。修理ミスの部分は一般目視による点検箇所とされ、そこに発生したとされる亀裂は見つかり難い」

不起訴という結果が、松尾の反論の正しさを如実に示している。

◇

時間を戻すが、日航の松尾芳郎らに対する業務上過失致死傷容疑をなんとしてでも立件しようとする群馬県警の強い意志を受け、前橋地検と東京地検は起訴に向け、捜査を進めた。ボーイング社の航空エンジニア（技術者）やメカニック（作業員）ら44人（うち1人は死亡）の取り調べができないなかで、警察と検察はせめて日航と運輸省の関係者だけでも刑事立件しようとした。その焦りが松尾に対する執拗な取り調べとなって表れたのだろう。

結局、検察は起訴を断念した。起訴して公判を求めることができなかった。その辺りのいきさつについては、遺族会の8・12連絡会が21年間（1985～2006年）の活動をまとめ上げて編集・発行した『旅路　真実を求めて』（制作・発売　上毛新聞社出版局）の「不起訴理由説明会の概要」に詳しく書かれているので、読んでみる。

この項（「29 不起訴」）の初めの方で前述したが、説明会は1990年7月17日に開かれた。5時間にわたって前橋地検の検事正室で行われた。検察側が検事正と三席検事の2人、8・12連絡会側が遺族21人と弁護士2人だった。検察の説明に対し、連絡会が質問している。こうした検察の説明会は極めて異例だった。説明会の概要は分かり難いところも多少あるが、極力そのまま掲載する。

検察「日航の説明からAOGチーム44人の名前も分かった。1人2役、3役もやっていてだれがリベットを打ったのかはっきりしない。8・12連絡会の検察審査会への中立書によると、過失のない人、軽い人に刑事免責を与えて聞け、嘱託尋問しろというが、だれに過失がなく、だれが軽いかが分からない。44人全員に過失の可能性があり、44人に刑事免責を与えるしかない。免責というのはアメリカの憲法で認められ、証人尋問の前に与えるものだが、全員に可能性があるので与えられない」

連絡会「不起訴理由で『修理のプランナーに過失の証拠がない』と言っている。技術担当者の修理指示書（FRR8・B）に間違いはない。作業担当者について修理ミスは明らかとなっている。しかし、作業者を特定できないし、具体的な過失も特定できないとしている」

検察「アメリカはものの考え方が違う。修理ミスをして人が死んだ。でも刑事罰に処するなどまったく考えていない」

連絡会「アメリカにはアメリカのやり方があるのでしょう。しかし、私たちは日本人だ」

検察「我々は事故調の調査報告書しか分からない。事故原因とだれがやったかは別だ」

連絡会「修理ミスはだれがやったかではなく、どうして間違いが起こったのかが重要だ」

検察「重要なことだが、それは刑事裁判でやることではない。我々は事故調の調査報告書でしか原因のことは分からない。過失のある人を罰するために裁判をするのであって事故原因を究明するために裁判をするのではない。事故調が突き止めた原因を受け入れざるを得ない。我々は刑事罰をやるかやらないかだけだ」

連絡会「日本では事故調も十分でないし、刑事捜査に遠慮してる」

検察「事故調は調査結果を刑事事件に使われたくないから我々に協力しない」

連絡会「ボーイング社に聞くことができずに何もしないで終わりにしてしまうことの重大さを検察はどう考えているのか」

検察「アメリカが協力しなければ仕方がない。検察審査会はボーイング社の2人に対して不起訴不当の議決をしたが、アメリカにいるこの2人をどうやって起訴するのか」

連絡会「起訴が望めないならせめて嘱託尋問という形で捜査して修理ミスがなぜ起きたかを明らかにしてほしい。これまで米司法省を通じて何をしてきたのか」

検察「気持ちは当然だと思うが、だれに対して嘱託尋問をするのか。証拠あさりの嘱託尋問はできない。米司法省は『修理ミスにどうしてこんなにこだわるのか分からない』と言ってきている」

連絡会「アメリカは事故が起きた場合、事故原因は徹底的に究明するとの考えのはず。その考え方に立てば嘱託尋問はやれるのではないか」

検察「アメリカはいろいろ捜査したけど、だれが修理したのか、一切分からないとしている。我々の仕事は起訴するか、しないかだけだ。事故の原因がどうかではない」

連絡会「日航内部のセクショナリズム、確執は認めるのか」

検察「まさにそう認めている。（領収検査要綱を作って領収検査員を指名する）社内規定通りの検査をしていないと検察審査会が言っているが、その通りだ。検察審査会が不起訴不当とした日航関係者2人については起訴したかった。しかし、過失の認定は難しい。こうやったら防げたということが言えなければ駄目だ」

検察「日航のジャンボ機（JA8112号機）が氷結したタクシー・ウェイ（誘導路）でスリップして脇の斜面を滑り落ちたアンカレッジ国際空港（アメリカのアラスカ州）の事故（1975年12月16日）では、機体の下半分を全部交換した。隔壁などを修理した、しりもち事故に比べたら比較にならないほどの大きな損傷だった。ボーイング社のAOGチームが駆け付け、日航も立ち会ってありとあらゆるFRRを見た。FRRを日航が確認したのは、このときだけだった」

連絡会「検察審査会の議決の中にもあるが、領収検査の基準を作ったのは検査課長。自分で決めたものなのにきちっとした検査をしなかったことは認めている」

検察「それは検察も認めた。しかし、きちっとした検査をしても、まだ修理ミスを見つけられないと分かったから起訴できなかった。業務上過失致死傷なのだから、墜落ま

前橋地検の記者会見。検察はボーイング社、日本航空、運輸省の関係者31人全員を不起訴にした＝1989年11月22日、群馬県前橋市

で予見できなければ駄目だ。マニュアル（手引書）に書いてある通りに修理していないということなら起訴できる。しかし、スプライス・プレートを充てることはマニュアルに書いていない。だから2つに切ったからといって起訴できない」

連絡会「事故が発生してボーイング社のＡＯＧチームが来て修理したのは何機か」

検察「たくさんある。ＦＲＲを事前確認したのは特殊事情がある場合で、全日空もどこもやっていない。リベットは16万本ある。（それをすべて確認するには）立会検査をする日航の検査員が何人いても足りない」

連絡会「空の安全を求める私たちの署名（26万人分）や法廷での議論を求める多くの世論を検察は蹴った。その責任は重いと思う。遺族としては企業の責任があると考えている。私たちは企業の責任を問いたい」

検察「企業責任を問えば起訴できた。（企業責任を問う法律の）立法化に向けての活動を是非、遺族の方々にもやってもらいたい。立法化を望んでいる」

2枚に切断したスプライス・プレートで隔壁の上下のドーム、ウエブ（扇状板）同士をつなぐという極めて単純な修理ミスで一瞬にして５２０人が亡くなり、４０１世帯が遺族となった。何とかして関係者を起訴して公判で「なぜ修理ミスが起きたのか」を明らかにしてほしいと遺族が願うのは当然である。しかし、検察は「墜落まで予見できなければ起訴はできない」「裁判は事故原因の究明のためにあるのではない」との主張を繰り返す。遺族の思いと検察の捜査との間の溝がいかに大きかったかがよく分かる。

日航ジャンボ機墜落事故は、ボーイング社の修理ミスによって起きた。ボーイング社はエンジニア（技術者）やメカニック（作業員）の逮捕・起訴を極度に恐れた。そんなボーイング社に対して刑事責任を免責し、その代わりに真相を、修理ミスの理由を語らせ、再発防止に結び付けられれば良かったと思う。だが、残念ながら検察は刑事免責や嘱託尋問を否定した。刑事責任の追及よりも事故原因の究明を優先しようとする柔軟な発想は持ち合わせていなかった。

◇

そもそも「日本航空が領収検査で修理ミスを見逃し、その後の定期の点検・整備でもその修理ミスやそれによって発生した亀裂を見落とした」という警察と検察が描いた捜査の構図が大きく誤っていた。出発点から間違っていたのである。これまでに書いたように、その誤り、間違いは運輸省航空事故調査委員会のミスリードから生まれた。群馬県警や前橋地検は、航空事故の調査、分析という極めて専門性の高い分野だけに、事故調の報告書を頼りにした。捜査の土台にした。だが、それが失敗だった。それゆえ、不起訴処分となったのである。不起訴は当然の結果だった。

航空事故調査委員会という組織は、運輸省の一部の機関に過ぎず、運輸省を通じた政治的な圧力があり、独立性に欠けていた。事故調査報告書は警察や検察の刑事責任の追及に使われた。憶測だが、事故調が松尾芳郎の訂正要求に耳を貸そうとしなかったのは、何らかの圧力がかかっていたのかもしれない。

墜落事故後からかなり後にはなるが、大統領直轄のアメリカのNTSB（国家運輸安全委員会）のようにその独立性を高めようという機運が盛り上がり、運輸省航空事故調査委員会は2001（平成13）年10月1日に航空・鉄道事故調査委員会と変わり、さらに7年後の2008（平成20）年10月1日には、海難審判庁の原因究明機能も合わせ持つ、国土交通省外局の運輸安全委員会（JTSB）へと大きく衣替えした。

事故調の報告書には次のように記載されている。

〈今回の場合のように不適切な修理作業の結果ではあるが、後部圧力隔壁の損壊に至るような疲労亀裂が発見されなかったことは、点検方法に十分とはいえない点があったためと考えられる〉（125ページ、「結論」の「その後の事故機の運航及び整備の状況」）

〈疲労亀裂の発生、進展は、昭和53年に行われた同隔壁の不適切な修理に起因しており、それが同隔壁の損壊に至るまでに進展したことは同亀裂が点検整備で発見されなかったことも関与しているものと推定される〉（128ページ、「結論」の「原因」）

事故調査報告書の記載は、曖昧な点が多く、不明確で分かり難い表現もある。2011年7月にまとめられた運輸安全委員会の「報告書についての解説」も、その点を認め、

たとえば「『推定される』は『断定できないが、ほぼ間違いない』という意味になる」と説明している。これらを踏まえて考えると、事故調が導き出した結論は「日航の点検方法がしっかりしていれば、亀裂は発見できた」「日航の点検整備で亀裂が発見できなかったことが事故に結び付いた」と解釈できる。

しかし、松尾ファイルが指摘しているように修理ミスそのものを見つけることは不可能であり、亀裂の発見も極めて難しかったのである。

30 政権の限界

群馬県警と前橋、東京両地検の捜査を振り返ってみよう。運輸省航空事故調査委員会の調査でもそうだったが、警察と検察の捜査の最大の欠落は、ボーイング社のエンジニア（技術者）とメカニック（作業員）から事情が聴けず、なぜ作業員が修理ミスを犯したのかなど修理時の詳しい状況が把握できなかった点にある。警察と検察はアメリカの司法省に国際捜査共助を求めたが、徒労に終わり、刑事責任の追及を断念した。検察は対象者全員を不起訴処分にして捜査を終了した。刑事捜査における国際捜査共助は、不利益な供述を強要されない「自己負罪拒否特権」、相手国にも同じ罰が存在する「双方可罰性」、刑事責任を問わない「刑事免責」、相手国に頼んで証人の証言を求める「嘱託尋問」と法的ハードルが高く、失敗に終わった。だが、不起訴は正しい判断であり、当然の結果である。無理な判断から冤罪を生むような事態はなんとか避けられた。

さらに考えてみると、仮に首相の中曽根康弘が直接、前面に出て外交ルートを駆使しながらアメリカ政府に要請したり、調整したりしていたらアメリカ司法省の対応は前向きなものとなり、ボーイング社の事情聴取は実現できたかもしれない。政治の力があってこそ、高いハードルを飛び越えて新たな境地に立てるからだ。

ただし、刑事捜査で事故原因を究明できるという考え方は捨て去らねばならない。刑事責任の追及と事故原因の究明とを完全に分離する必要がある。航空事故において一番重要なのは、事故原因の究明を優先して再発防止に結び付けることである。その点において政治レベルで合意し、日本がアメリカの方針や姿勢を受け入れていたら、なぜ修理ミスを犯したのか、どのように修理ミスが起きたのかという修理ミスの理由にかなり迫ることができたのではないだろうか。これが新境地である。しかし、中曽根は動かなかった。

◇

自民党総裁選に打ち勝ち、第71代内閣総理大臣（首相）に指名された中曽根康弘は１９８２（昭和57）年11月27日に内閣を発足させ、年が明けると、すぐに渡米（１９８３年1月17～21日）している。その渡米で大統領のロナルド・レーガンとの初めての日米首脳会談に臨み、中曽根は「日本とアメリカの両国は太平洋を挟む運命共同体」という認識を表明し、いわゆる「ロン・ヤス関係」の確立を目指した。その辺りのいきさつについては「20 進言」で触れている。

ところで、内閣発足後初の渡米で中曽根はワシントン・ポスト紙の取材を受け、日本列島を「不沈空母」に見立てたあの発言が飛び出す。

7人の政治・外交の研究者によるインタビューに中曽根が答え、その返答を編集した『中曽根康弘が語る戦後日本外交』（２０１２年10月25日、新潮社発行）の「第14章 ロン・ヤス関係の構築」の中で、中曽根は「日本列島を不沈空母にする」発言が生まれたいきさつについて次のように説明している。

〈（ワシントン・ポスト紙幹部との朝食会で）私が言った正確な言葉は「航空機の侵入を許さないような周囲に高い防壁を持った大きな船のようなものにする」というものでした。「エアクラフト・キャリア（航空母艦）」というと、言葉の響きが強いから「高い防壁を持った大きな船」と表現したのですが、それを通訳が意味を酌んで「アンシンカブル・エアクラフト・キャリア（沈まない航空母艦）」と訳しました。私は横で聞いていて「言っていることを正確に訳せていないな」と気付いたけれど、この方が分かりやすいと、異を立てず、そのままにしておいた〉

〈なぜ訂正しなかったかというと、「安保条約には軍事条項は含まれていない」という前総理（鈴木善幸）の発言が、米側ジャーナリズムに無用な日本不信の空気を作り出してしまっていたからです。その雰囲気を打ち破るためには、ある程度のショックが必要だと思っていたので、通訳の訳を耳にして「ああ、こういう言葉でやれば鈴木（善幸）発言を払拭するのに、非常に役に立つな、よしこれを利用しよう」という考えが、即座に浮かびました。実は、不沈空母という訳にはすぐに気付き、だいぶ意訳をしたなと思ったのです（笑）。こっちは注意深く、あえてそういう言葉は使わないで、用心して回りくどい説明をしたのにね〉

もともとの中曽根の発言の趣旨は、ソ連のバックファイアのような爆撃機が日本の領空に侵入してくることは絶対に許さないというものだった。それを不沈空母と意訳され、インタビューの録音を聞いたワシントン・ポスト紙側が「訂正しましょう」と伝えると、中曽根は「その必要はない」と答えた。

通訳の意訳をすぐに日米関係を改善するためのテコに使おうと考えるところはさすがである。ただし見方を変えると、それだけ中曽根は盤石な日米関係の構築に必死だったのである。

中曽根の不沈空母発言は、日本では国会で大きな議論を呼ぶなど物議を醸した。しかし、逆にアメリカ政府は高く評価した。中曽根の作戦は見事に成功したのである。さらに中曽根は日本の安全保障が西側の安全保障と緊密に連携しているとの立場を明らかにして米ソ冷戦下のなかで日本が対ソ連防衛に進んで参加するとの姿勢も強く示した。

バックファイアとは、ソ連が1970年代から1980年代にかけて開発した超音速中距離爆撃機「Tu‐22M」のことで、欧米は「バックファイア」というコードネームで呼んでいる。ロシアは現在もこの爆撃機を所有している。

◇

鈴木善幸発言の問題を補足説明しておくと、1981年5月7～8日の鈴木・レーガンの首脳会談で日本とアメリカは「同盟関係」にあることが共同声明に明記された。にもかかわらず、鈴木は日本の記者団に「軍事的意味合いはない。軍事同盟ということは共同声明の中にも入っていない」と説明し、帰国後も国会で同様の発言を行った。

この発言に対し、アメリカ政府は強い不信感を抱き、日米間のしこりとなっていた。米ソ冷戦のなかで、西側諸国から日本は安全保障の意識に欠け、「安保のただ乗りだ」と度々批判されていた。中曽根は「日米安保条約は軍事同盟ではない」という鈴木善幸発言を払拭する機会を狙っていたのである。

考えてみると、ボーイング社はアメリカを代表する企業だ。アメリカそのものと言っても過言ではない。その意味で、アメリカとの強い絆を新たに構築しようと懸命だった中曽根が、ボーイング社の修理ミスで起きた日航ジャンボ機墜落事故に対し、積極的に動こうとしなかったのは当然の成り行きだろう。

言い換えれば、中曽根にとって墜落事故は国家の一大事ではなかったのである。事実、中国などからの批判を覚悟したうえで、中曽根は墜落事故が起きた3日後の8月15日の終戦記念日には、靖国神社を参拝している。戦後初めての首相による靖国神社への公式参拝だった。この時期、後部圧力隔壁の破壊は判明したものの、ボーイング社の修理ミスはまだ表に浮上していなかった。運輸省航空事故調査委員会の事故調査の行方が、大きく注目されていた。新聞やテレビは連日、墜落事故のニュースを大きく扱っていた。それにもかかわらず、中曽根は靖国神社を公式参拝した。中曽根にとって墜落事故の原因究明よりも、戦没者を追悼する靖国神社公式参拝の方が、そのウエイトが重かったのである。

◇

『中曽根康弘が語る戦後日本外交』の「第21章 内憂外患にいかに対処したか」に中曽根自身の靖国神社参拝問題についての考えが端的に述べられているので、その部分も参考に抜き出しておこう。

〈靖国参拝問題が、中韓両国の関係において、それほど重大性を持っているとはあまり認識していませんでした。しかし、向こうはそれを一つの政治的に利用できるカードとして取り上げてきたということでしょう。神社に参拝するのは、我々からすると当たり前の事だが、向こうにしてみたら、拝む相手が靖国神社というのはけしからんという国情の相違があるのだと思います。いずれにせよ、靖国参拝によるダメージが外交にとってそんなに大きかったとは思いません〉

中曽根は初の靖国参拝を行った翌年の終戦記念日（1986年8月15日）は、靖国参拝を見送った。その見送りに関してはこう釈明している。

〈前年（1985年）は終戦40年の節目で、終戦記念日に靖国参拝をした後、9月になってから胡耀邦（こようほう、フー・ヤオパン）＝中国共産党総書記＝の立場がかなり難しく、苦しくなってきているという情報を聞いて、「これは来年の参拝は少し自粛しないといかんな」と思いました。それに、韓国も、この問題について中国の右へならえという基本的方針があったからね。しかし、中曽根・胡耀邦というのは特別な関係で、日中関係をこの信頼関係を軸とし

墜落事故から3日後に、中曽根康弘は首相として戦後初の靖国神社公式参拝を遂行した。左後ろは官房長官の藤波孝生=1985年8月15日、東京都千代田区九段北

て改善しようと思っていた。全斗煥（ぜんとかん、チョン・ドゥファン）＝韓国大統領＝とも同様であった。こういう首脳間の特別な信頼関係が壊れ、相手に迷惑をかけるというのは、両者にとっても、両国のためにもよろしくないので、こちらで身を退こうと思ったのです。中韓両国の反発を考慮して参拝を取り止めたのは事実だね〉

〈私自身は、総理大臣として公式に一度参拝しておく事は大事であるが、あとは止めてもいいと思っていました。何回も続けなくともいいとも言っていましたしね。とはいえ、かりに中国、韓国から言ってこなければ、もちろん次の年も参拝したでしょうけどね〉

中曽根はアメリカや中国、韓国など諸外国との関係、すなわち外交を重視して国益を獲得しようとした。ここであらためてその観点から考えると、やはり中曽根という政治家は、日航ジャンボ機墜落事故の事故原因の究明よりもアメリカとの親密な関係を重視したのである。

墜落事故の処理は事故調や警察、検察に委ねた。ボーイング社のエンジニア（技術者）やメカニック（作業員）に対する事情聴取の求め、アメリカの司法当局への捜査共助の依頼も事故調や警察、検察に任せた。政権自体が直接、動くことはなかった。そこが中曽根政権の限界だった。

◇

警察と検察の捜査の最大の欠落は、ボーイング社の事情聴取ができなかったことだと書いたが、捜査の最大の過ちは「日本航空が領収検査で修理ミスを見逃し、その後の点検・整備でもその修理ミス箇所や修理ミスによって発生する亀裂（クラック）を見落とした」との視点から日航の業務上過失致死傷の罪を立件しようとしたところにある。1989（平成元）年11月22日、書類送検されていた松尾芳郎を含む日航の社員12人の不起訴（嫌疑不十分）を発表した際、あるいは記者の個別の取材を受けたとき、前橋地検は不起訴の理由を述べている。

「日航の領収検査では、社内規定通りに領収検査実施要項を設定し、完了検査を実施しても、ボーイング社のFRR（修理指示書）に記載された指示自体に問題はなく、隔壁の外観は指示通りに修理されたと見える。こうしたことから修理ミスの発見は困難だ」

「日航の技術力をはるかに超えるボーイング社の修理に対し、詳細な検査方法を適用する注意義務は日航になく、過失は問えない」

前橋地検は、墜落事故直前の1984（昭和59）年11月20日から12月5日にかけて実施された定期の点検・整備（3000飛行時間ごとのC整備、重整備）で、日航の整備士が隔壁の亀裂を「見落とした」とされた点に関しては、当時の目視検査での亀裂の発見確率を「2・0％、場合により6・6％」と算定し、「亀裂の発見は極めて困難だった」と結論付けている。検察の算出したこの2〜6・6％の亀裂発見確率は事故調の「14〜60％」を否定するもので、松尾芳郎が導き出して事故調に訂正を申し入れた発見確率（2％以下）にかなり近い。この亀裂の発見確率の問題については「21　亀裂の発見確率」で書いた。

◇

群馬県警と前橋、東京両地検の捜査にこうした欠落と過ちがある以上、不起訴は当然の結果なのである。それにしてもなぜ、警察と検察は日航を悪者扱いにして責任を負わせようとしたのだろうか。

日航ジャンボ機墜落事故について運輸省航空事故調査委員会の事故調査報告書は、「結論」の中の最重要ポイントとなる「原因」の項（128ページ）で次のように書いている。

〈疲労亀裂の発生、進展は、昭和53年に行われた同隔壁の不適切な修理に起因しており、それが同隔壁の損壊に至るまで進展したことには同亀裂が点検整備で発見されなかったことも関与しているものと推定される〉

「亀裂が点検整備で発見されなかったことも関与している」とは日航が問題の亀裂を見逃した、見落としたという意味である。しかも「推定される」と指摘している。事故調査報告書では「ほぼ間違いない」場合にこの「推定」が使われる。ボーイング社のメカニック（作業員）が隔壁の上半分と下半分をつないだL18接続部の一部に修理ミスがあり、そこを中心にマルチ・サイト・クラック（同時多発亀裂）が発生し、日航123便のJA8119号機は墜落した。しかし、肝心の修理ミスの箇所は、機体前方からは内装材で覆われたうえ、スティフナ（補強材）で隠れ、しかも継ぎ目はフィレット・シール（パテ、充てん剤）で整えられているために見えない。同様に機体後方からも隔壁の背面はフィレット・シールがきれいに貼られているために分からない。リベットは正しく打たれているように見える。点検作業をしっかり行う重整備でさえ、後部圧力隔壁の点検は背面の下部と背面全体を目視で調べるだけである。つまり、修理ミスで発生した亀裂（クラック）は、点検整備時の目視検査で発見することが不可能なのだ。そこに亀裂や修理ミスがあると分かったうえで点検しないと分からないのである。

それにもかかわらず、事故調は点検・整備で疲労亀裂の発生と進展を見逃したことは「ほぼ間違いない」と判断した。亀裂の発見が修理ミスそのものの発見に結び付くとも考えたのだろう。

松尾芳郎もこうした事故調の判断を「納得できない」と考え、事故調に訂正を申し入れた。だが、受け入れられなかった。この辺のいきさつについては、「22　事故調の権威」で詳しく触れたが、事故調のこうした誤った判断が、群馬県警と前橋地検の捜査に強く影響し、ミスリードしてしまったのではないだろうか。

航空事故調査委員会、警察、検察が政府機関である以上、背後にはときの中曽根政権の存在がある。日航ジャンボ機墜落事故が起きたとき、首相の中曽根康弘は「運命共同体」「ロン・ヤス関係」「不沈空母発言」によってアメリカとの親密な関係を築き上げようとしている最中だった。信頼関係の構築に懸命だった。当然、中曽根政権はアメリカとの争いごとを極力、避けようとした。事故原因の究明と刑事責任の追及をめぐっても、アメリカを代表する大企業のボーイング社を責めようとは考えなかったはずである。その分、日本航空に矛先が向けられたのではないだろうか。ましてや、日航は事故や運航トラブルが相次いでいたうえ、完全民営化に向けての大手術を控えていた。何よりも中曽根という政治家は、自らの政治目標達成のために日航に犠牲を強いるようなことを平然とやってのけられる人物だった。

私も、松尾芳郎さんを取材するまで日本航空が領収検査やその後の点検・整備でボーイング社の修理ミスやそれによって発生した亀裂（クラック）を「見逃した」「見落とした」と考えていた。日航の責任は重く、警察や検察の厳しい取り調べを受けるのは、当たり前だと思っていた。しかし、墜落事故から40年近い時間が経過するなか、あらためて取材を進めていくと、日航が修理ミスを見逃した、亀裂を見落としたという自分の考えが間違っていることに気付かされた。日航は加害者なのか。本当は被害者ではないのだろうか。

私が日航ジャンボ機墜落事故に直接関わったのは、日航、運輸省（国土交通省の前身）、ボーイング社の3者に対する不起訴（1989年11月22日）をめぐる取材だった。当時、産経新聞の社会部記者として運輸省の記者クラブに籍を置いていた。産経新聞を代表する航空担当記者としてそれなりに自負はあった。だが、あのころの考えが誤っていたと思うと、恥ずかしくなる。

私だけではない。マスコミをはじめ日本の社会全体が日航を悪者扱いしていたと思う。墜落事故の3年前には「逆噴射」「心身症」の言葉で知られる羽田沖墜落事故を引き起こし、精神分裂病（統合失調症）の機長に操縦を任せていた日航の運航管理体制が厳しく問われた。その前後には親方日の丸の体質や放漫経営が問題視されていた。民営化されても次第に経営が悪化し、倒産に追い込まれ、その後再興している。こうした側面を考えると、日航が悪く見られるのは仕方がないのかもしれない。しかし、ジャンボ機墜落事故は日航の悪しき体質が直接の原因で起きたのではない。

「はじめに」で触れたように、ジャーナリストとして取材対象に接する場合、鳥の目と虫の目という異なる空間的視点に立って考えることに加え、時間の経過が重要な要素となる。時間とともに悲しみや怒り、記憶は色あせていくが、その分だけふるいにかけられて見えなかったものが鮮明に見えてくるからである。その意味では、新聞記者時代に取材した特定の事件や事故についても再取材する必要があるし、その再取材によって当時の考え方や見方が覆されるようであれば、そのことをきちんと書き留めなければならない、と思う。それはジ

松尾芳郎さんは懇切丁寧に取材に応じてくれた＝東京都千代田区内幸町の日本記者クラブ9階ラウンジ、2022年11月15日（撮影・木村良一）

ャーナリストとしての義務であり、責任である。

◇

松尾ファイルの入手のいきさつについて序章で「後で説明する」と書いた。これについて触れておこう。松尾さんに対する取材を計画したのは4年前の2020年だった。しかし、取材は進まなかった。

2019年12月から中国湖北省武漢市で新型コロナウイルス感染症が流行し、それが世界各地に広がり、2020年3月11日にはWHO（世界保健機関）がパンデミック（地球規模の流行）を宣言し、日本ではこの年の4月7日に最初の緊急事態宣言が発令されている。

2020年6月の松尾さんとのメールのやり取りを見ると、こんなことが書いてある。

――新型コロナの取材がひと段落した後、1年かけて墜落事故の取材と執筆をしたいです。松尾さんを主人公にして書き上げたいと考えています。

「アメリカのFAA（連邦航空局）や日本のCAB（運輸省航空局）が発行した耐空性改善通報などの技術的資料や、群馬県警や検察に取り調べを受けた記録が手元にあります。必要であれば送ります」

「ただし、これからお書きになるなかで僕の名前を出すことはご容赦願いたいと思います。僕としては思い出したくない事件です。主人公などとはとんでもないことです」

松尾ファイルを受け取った後、事故の対応や警察・検察の取り調べで辛い目に遭ってきただけに松尾さんが「思い出すのも嫌で、名前は出さないでほしい」と言うのは当然だと考え、しばらく時間を置こうと思った。それに新型コロナの取材も予想以上に長く続き、かなり忙しくなってきていた。

それから1年半後の2021年12月9日、日本記者クラブ（東京・内幸町）のラウンジで松尾さんにお会いした。ある集まりの直前だったが、そのときに松尾さんは名前を出すことを快く了承してくれた。

なぜ松尾さんの気持ちが変わったのか。さらに1年後の2022年11月にメールで聞くと、こんな答えが返ってきた。

「日航側の責任者の代表だったことを再認識しました。間もなく人生の終わりを迎えることになるので、『いいかな』という感じです」

日航の事故調査の最高責任者だった松尾さんは、ボーイング社との折衝や事故調との意見交換、警察・検察対応まですべて引き受けていた。私は「間もなく人生の終わりを迎える」という言葉にとまどいもしたが、1930（昭和5）年9月21日生まれで90歳を超える松尾さんにとって正直な思いなのだろう。

◇

前述した「ある集まり」とは、若手のジャーナリストに助成金を付与する「小河正義《おごうまさよし》ジャーナリスト基金」の選考委員の慰労会のことである。松尾さんも私も選考委員のメンバーで、2019年から毎年、助成するジャーナリストを選んできた。この基金の名称にある小河正義さん（1943年3月4日～2017年11月11日、享年74歳）が、私と松尾さんを引き合わさせた人物だった。

小河さんは日本経済新聞社で長く編集委員を務め、日本を代表する航空担当記者として活躍した。新聞記者になる前は航空管制官だった。私は運輸省の記者クラブ詰め時代に知り合い、飛行機のイロハから教えてもらった。小河さんの晩年、小河さんが主宰する会合に協力していた関係からか「いっしょに日航ジャンボ機墜落事故のことを書いて本にまとめないか」と誘われたことがあった。だが、残念なことに小河さんは亡くなってしまった。小河さんの死後、基金が作られる過程で松尾さんと親しくなり、松尾さんも小河さんから「いっしょに本を書こう」と誘われていたことも知った。なんとか小河さんの意思を貫徹できないものかとの思いもあり、本格的に取材をスタートさせ、今回どうにか原稿を書き上げることができた。

◇

取材と執筆を続けるなか、2023年8月3日に羽田空港の滑走路を臨む東京モノレール・新整備場駅前の「日本航空安全啓発センター」を訪れ、展示されている後部圧力隔壁（アフト・プレッシャー・バルクヘッド）の残骸をあらためて見てきた。ここには、日航123便（JA8119号機）の垂直尾翼や後部胴体、客室座席などの残骸もいっしょに展示されている。どれも大きく裂け、ひん曲がり、墜落の衝撃の激しさと悲惨さを物語っている。

運輸省記者クラブと運輸大臣との記念撮影。当時は江藤隆美さん（最前列中央）が運輸相だった。最後列の左から5番目が小河正義さんで、後ろから2列目の左端が筆者＝1989年あるいはその翌年、都内の宴会場（提供・運輸省広報）

安全啓発センターは、２００６年4月24日に安全運航の教育を目的に日航グループ社員の研修施設としてオープンした。当初、日航は残骸を廃棄処分しようと動いた。しかし、墜落事故の遺族で作る「８・12連絡会」の強い反対で保存が決まり、隔壁などの一部が展示されることになった。いま思うと、日航１２３便の残骸は空の安全のために欠かせない存在となっている。

隔壁の残骸を見るのはこれで2度目である。前回はオープンした年の夏で、安全啓発センターは整備場駅近くの別のビルに入っていた。新聞記者として取材し、そのとき書いた記事（２００６年8月28日付産経新聞朝刊のコラム）には「日航１２３便の残骸の前に立ち、乗客・乗員（計５２４人）の最後の32分間を考えると、空の安全の大切さが改めて分かる」とある。

安全啓発センターでは、隔壁の残骸は上半分と下半分がそれぞれもとの形に並べられ、問題の修理ミスの部分もすぐに分かるようになっている。修理ミスは長さ1メートル5センチ、幅6センチのわずかな範囲で起きた。この部分をあらためて目にすると、かなり細くて狭く感じられる。アルミ合金の隔壁の板（扇状板、ウエブ）は厚さ1ミリほどと薄いが、手で触ると、硬くて冷たい。たった此れだけの修理ミスで５２０人もが亡くなってしまったと思うと、言葉が出なかった。

◇

本書を執筆した仕事場のある西新宿・十二社《じゅうにそう》の空は夕方になると、何機もの旅客機が北から南に向けて飛んでいく。2020年3月29日からその運用がスタートした、羽田空港の発着容量を増やすための新飛行ルート（南風運用）である。南風が吹く日の午後3時から午後7時の間に新宿から品川方面に向けて降下し、羽田空港に着陸する。見上げると、どの旅客機もエンジンは2つだ。機体性能が向上した結果、運航効率の良い2基のエンジンを持つ中小型機が主流となり、ジャンボ機のように4基のエンジンを翼にぶら下げ、一度に500人以上を運ぶ大型の旅客機は姿を消した。

それにしても機体が3～5センチほどの大きさに見えるからかなりの低空飛行である。都心上空を飛ぶルートなので、部品や氷塊を落としたら大変なことになる。機体の整備には万全を期してもらいたい。

◇

事故は思わぬところから起きる。まさに日航ジャンボ機墜落事故がそうだった。1枚のスプライス・プレート（中継ぎ板）を2枚に切り分けて使っただけで、大勢の犠牲者を出してしまった。犠牲者とその家族にとって航空事故は理不尽すぎる。事故後、過酷な辛い目に遭うのは、残された遺族たちである。

そう思うと、日航ジャンボ機墜落事故の「8・12連絡会」の美谷島邦子《みやじまくにこ》さんに会いたくなり、久しぶりに連絡を入れた。美谷島さんは9歳になる小学3年生の次男を亡くした。墜落事故直後の8・12連絡会の発足当時から事務局長を務めている。美谷島さんとは35年前に取材で知り合い、お付き合いさせていただいている。

日航で長年にわたって航空エンジニア（技術者）を務めてきた松尾さんは、群馬県警の取り調べなどで理不尽な目に遭わされた。松尾さんも遺族と同様に被害者ではないのか。日航は加害者ではなく、被害者ではないか。日航を一方的に悪者扱いするのは、どこか間違っているのではないか。そうした私の思いは正しいのだろうか。それを美谷島さんに聞きたくなり、クリスマスイブ前日の2022年12月23日に美谷島さん宅を訪ねる約束をした。ところが、その2日前に美谷島さんから「家人が新型コロナに感染しました」とのメールが入り、取材は一時中止となった。年が明け、再度取材を申し入れたが、活動が忙しいらしく返事がなかった。その後、何度かメールを差し上げ、2023年5月12日に会うことができた。

この数年、松尾芳郎さんを取材していることを説明したうえで、質問をぶつけると答えが返ってきた。

「日本航空は被害者でもなければ、犠牲者でもない。日航にはボーイング社に修理を任せた責任がある。やはり犠牲者は亡くなった人たちです。言葉を間違えると危ない。ただし、犠牲者や被害者にはいくつかの形があると思う」

美谷島さんの心のうちには、遺族会の代表として、そして幼いわが子を失った深い苦しみを経験した母親として複雑な思いがあるのだろう。それでも「木村さんに久しぶりにお会いして良かった」と私を受け入れてくれた。墜落事故で亡くなった方々や遺族とはまた違う意味で「松尾さんも日航も犠牲者だし、被害者だ」と示唆してくれたような気がした。

最後に美谷島さんは「大切なのは次につなげること。事故を教訓として安全運航に結び付けることです。ボーイング社はいまだになぜ修理ミスを犯したかを明らかにしていません。私は個人でアメリカの司法省に対し、ボーイングの調べ上げた事故原因を開示するよう訴えました。断られましたが、ボーイングは開示すべきです」と強調していた。美谷島さんの言う通りだ。遺族が一番知りたいのは、愛する肉親がどうして亡くならなければならなかったか、その理由である。なぜあの修理ミスを犯したのか。その修理ミスはどのような過程でどう生まれたのか。ボーイング社には修理ミスの理由をその背景を含めて公表し、世界の航空業界が同じようなミスをするのを防ぐ義務と責任がある。

520人という数の命を奪ったことで、日本航空やボーイング社の関係者は自責の念に駆られ、耐え切れぬほどの苦しみと痛みを負ったはずだ。だから彼らも犠牲者だし、被害者だと、私は思う。航空事故は関係するすべての人に対し、理不尽でどうしようもなく重く暗い影を落とす。だからこそ、早期に事故原因を究明して公表し、それを共有することで再発防止に役立たせなければならない。

◇

最後になってしまったが、取材に全面的に協力してくれた松尾芳郎さんをはじめとする関係者の方々、出版に尽力してくれた徳間書店の執行役員の青戸康一さんと編集者の齋藤豪さん、ツー・スリーのチーフデザイナーの金井久幸さん、それに出版の相談に乗ってくれた友人、知人にあらためて深くお礼を申し上げる。

2024年初夏　東京・西新宿の十二社にて

ジャーナリスト・作家　木村良一

	日航ジャンボ機墜落事故関連	社会の動き
1951（昭和26）年		1月3日 NHKの第1回紅白歌合戦がラジオで放送される 9月8日 吉田茂首相（自由党）がサンフランシスコ講和（平和）条約と日米安全保障条約に調印する
1952（昭和27）年	5月2日 イギリスのデ・ハビランド社が高高度の成層圏を飛行する世界初のジェット旅客機「コメット」を開発、BOAC（イギリス海外航空）の定期路線に登場する	4月 漫画雑誌「少年」で4月号から鉄腕アトムの連載がスタート 4月28日 講和条約が発効し、日本が占領下から解放される 5月1日 皇居前広場でデモ隊と警察が衝突して大乱闘となる「血のメーデー事件」が勃発する 11月1日 アメリカが太平洋のマーシャル諸島で世界初の水爆実験を行う
1953（昭和28）年	5月2日 BOACのコメット機がインド・カルカッタの空港を離陸後に墜落、乗客乗員43人全員が死亡。1回目の墜落事故	2月1日 NHKがテレビ放送を開始する 2月28日 吉田首相が衆院予算委で「バカヤロー」と暴言を吐く 3月14日 内閣不信任案が可決、衆院が解散（バカヤロー解散）
1954（昭和29）年	1月10日 BOACのコメット機がイタリア・ローマの空港を離陸後に墜落、乗客乗員35人全員が死亡。2回目の墜落事故 2月2日 日航が初の国際線（東京・ホノルル・サンフランシスコ）を開設。機体はDC-6B型機で、週2往復した 4月8日 南アフリカ航空のコメット機がローマの空港を離陸後に墜落、乗客乗員21人全員が死亡。3回目の墜落事故。3件の事故はいずれも金属疲労で生じた亀裂が原因で機体が空中分解したとみられている	2月19日 力道山がプロレスで活躍、日本初の対米国際試合が行われる 3月1日 マーシャル諸島ビキニ環礁で操業中の第五福竜丸がアメリカの水爆実験で被ばくする 11月3日 日本初の特撮怪獣映画「ゴジラ」が封切り。ゴジラは水爆実験で出現したとの設定で、核兵器反対のメッセージが込められていた
1962（昭和37）年		8月5日 マリリン・モンローが36歳で死去 9月 ビートルズがシングルレコード「ラヴ・ミー・ドゥ」でデビュー 10月16日 キューバ危機（〜28日）。キューバを巡ってアメリカが不侵攻を約束、ソ連がミサイルを撤去して危機を回避し、米ソ冷戦の状態を保つ
1964（昭和39）年	1月10日 アメリカのコロラド州でB・52H爆撃機が晴天乱気流によって垂直尾翼を失う事故を起こすが、生還する	8月7日 アメリカの議会で北ベトナムへの報復攻撃が議決され、ベトナム戦争が本格化する 10月10日 東京オリンピック開催
1969（昭和44）年	2月 B・747型ジャンボ機の初飛行	

1970(昭和45)年	3月11日 羽田空港に初めて飛来したパンアメリカン航空のB-747型ジャンボ機に大勢の航空ファンが集まった 3月31日 赤軍派による「よど号ハイジャック事件」が起きる。よど号は日航351便(羽田-福岡)のB-727型機 4月 日航がB-747型ジャンボ機を導入、初めて日本の空に登場する	3月15日 大阪で日本万国博覧会が開催される(~9月13日) 7月27日 東京都が初めて光化学スモッグ注意報を出す 11月25日 作家の三島由紀夫が東京・市ケ谷の陸自東部方面総監部で割腹自殺する
1971(昭和46)年	7月30日 岩手県雫石町上空で全日空の旅客機(B-727型機)と空自の戦闘機(F-86F)が空中衝突事故を起こし、全日空機の乗客乗員162人全員が亡くなる	
1972(昭和47)年	12月31日 松尾芳郎の父親で、日航会長の松尾静磨が69歳で死去	
1974(昭和49)年	1月11日 運輸省航空事故調査委員会の発足 1月30日 JA8119号機(B-747SR-100型機、ジャンボ機)が製造される。11年7カ月後に群馬県上野村の御巣鷹の尾根に墜落する	
1975(昭和50)年	12月16日 日航422便(B-747型ジャンボ機、JA8122号機、アンカレジ-東京)がアンカレジ国際空港の凍った誘導路でスリップ、機体の下半分が大破する事故を起こす。ボーイング社のAOGチームが大修理を行う	
1976(昭和51)年		7月27日 ロッキード事件(1976年2月~1977年1月)で、田中角栄前首相が外国為替及び外国貿易管理法違反容疑で東京地検に逮捕される 8月16日 東京地検が受託収賄罪と外為法違反の罪で田中前首相を起訴する
1977(昭和52)年	3月27日 カナリア諸島のテネリフェ島でB-747型ジャンボ機同士が滑走路上で衝突、計583人が死亡。航空史上最大の死者数を記録する 4月 松尾芳郎が整備本部技術部長に就任する	
1978(昭和53)年	6月2日 日航115便(JA8119号機、羽田-大阪)が大阪国際空港(伊丹空港)で着陸に失敗、「しりもち事故」を起こす。乗客乗員計394人中、乗客2人が重傷、同23人が軽傷。日航はアンカレジでのスリップ事故の修理を高く評価し、機体の修理をボーイング社に任せる。この機体が7年後に御巣鷹の尾根に墜落する	

	日航ジャンボ機墜落事故関連	社会の動き
1978(昭和53)年	6月17日 しりもち事故の修理が始まる(〜7月11日)。後部圧力隔壁の修理は6月24日〜7月1日に実施。修理ミスは6月26日に起きた	
1981(昭和56)年		5月7日 鈴木善幸首相が訪米し、レーガン大統領と首脳会談(〜8日)を行う
1982(昭和57)年	2月9日 日航350便(DC-8-61型、福岡-羽田)が羽田沖に墜落して乗客乗員174人中24人が死亡、149人(重傷95人、軽傷54人)が負傷。精神分裂病(統合失調症)の機長による逆噴射操作が墜落の原因と判明、日航の管理責任が厳しく問われる 1982年ごろから日航のジャンボ機、B-747SR型機(国内線用)で機首部のセクション41に亀裂が見つかり出す。日航は1983年に経年のB-747SR型機2機に特別検査を実施する	2月8日 東京・永田町のホテルニュージャパンで火災が発生し、死者33人を出す。防火設備の不備が問題となる 6月23日 東北新幹線が開業する 11月27日 中曽根康弘内閣の発足
1983(昭和58)年	6月 松尾芳郎が取締役・整備本部副本部長に就任する 9月1日 大韓航空機(B-747型ジャンボ機)がソ連領空内のサハリン上空でソ連の戦闘機に撃墜される。乗客乗員269人全員が死亡。同機は正規の航空路から数百キロも逸脱していた	1月11日 中曽根首相が韓国を訪問(〜12日)。全斗煥(チョン・ドゥファン)大統領と日韓首脳会談を行う。訪韓はアメリカに対する安全保障上のメッセージでもあった 1月17日 中曽根首相が訪米(〜21日)。ワシントン・ポストの社主主催の朝食会で日本列島「不沈空母」化の発言をする(18日)。続いてレーガン大統領と最初の日米首脳会談(18日、19日)を行う 1月26日 ロッキード裁判で東京地検が田中角栄元首相に懲役5年を求刑 4月4日 NHK朝の連続テレビ小説「おしん」の放映がスタート。1カ月後には50%の高視聴率を記録する 4月15日 東京ディズニーランドの開業 10月12日 東京地裁が田中元首相に実刑4年の判決を下す。田中元首相は即日控訴する 11月9日 レーガン大統領夫妻が国賓として来日(〜12日)。中曽根首相の別荘「日の出山荘」でロン・ヤス会談(11日)

1984(昭和59)年

- 1月 羽田空港の沖合展開が始まる
- 8月19日 JA8119号機が北海道・千歳空港への着陸に失敗、エンジンを滑走路に擦り付ける事故を起こす

- 1月 週刊文春が「疑惑の銃弾」(ロス保険金殺人疑惑)の連載を始める
- 2月12日 冒険家の植村直己が北米大陸最高峰のマッキンリー(6194メートル、現・デナリ)の冬期単独登頂に世界で初めて成功するが、下山途中に消息を絶つ
- 3月11日 アニメ映画「風の谷のナウシカ」(監督・宮﨑駿)が公開される
- 3月18日 江崎グリコの社長が誘拐され、社長は自力で脱出。「かい人21面相」を名乗る犯人グループはその後も森永製菓などに青酸混入菓子をばらまくなどして次々と脅迫した(グリコ・森永事件)
- 9月6日 韓国大統領の全斗煥が国賓として来日する

1985(昭和60)年

- 8月12日 日航ジャンボ機墜落事故が発生。日航123便(B-747SR-100型機、JA8119号機、羽田-大阪)が御巣鷹の尾根に墜落して520人が死亡、生存者は女性4人。世界の航空史上最悪の事故となる。7年前のしりもち事故の修理ミスから後部圧力隔壁が破断、操縦不能となった
- 8月13日 運輸省航空事故調査委員会(事故調)が調査官を墜落現場に派遣する
- 8月13日 午後、松尾芳郎が読売新聞夕刊(8月13日付)に掲載された奥多摩上空を飛行する写真を見て垂直尾翼の大半がないことに気付く。隔壁が壊れて与圧空気が噴き出し、垂直尾翼と油圧系統が破壊された可能性があると推測する
- 8月14日 松尾芳郎が群馬県藤岡市内の病院で日航アシスタントパーサーの落合由美を見舞って話を聞く。落合の話から松尾は自分の推測が正しいことを確信し、原因がボーイング社のしりもち事故の修理ミスにあると考える
- 8月16日 毎日新聞が朝刊1面トップで「隔壁の破壊」の特ダネを報じる
- 8月16日 アメリカの調査チームのNTSB(国家運輸安全委員会)、FAA(連邦航空局)、ボーイング社の関係者計10人が事故現場入り、後部圧力隔壁を調査

- 3月11日 ミハイル・ゴルバチョフがソ連の最高指導者に任命される
- 3月16日 茨城県つくば市で国際科学技術博覧会(科学万博、3月17日~9月16日)の開会式
- 3月22日 厚生省がアメリカ在住の36歳男性を日本のエイズ患者第1号に認定する
- 4月1日 日本電信電話公社(電電公社)が民営化され、日本電信電話株式会社(NTT)となる。日本専売公社(専売公社)も民営化され、日本たばこ産業株式会社(JT)が設立される。中曽根政権の行政改革
- 5月17日 男女雇用機会均等法の成立
- 5月25日 アーノルド・シュワルツェネッガー主演の映画「ターミネーター」が日本で公開される。アメリカでの公開は前年1984年10月26日
- 6月18日 悪徳商法(詐欺)の豊田商事の会長が大阪市内の自宅で刺殺される
- 8月15日 終戦記念日。中曽根首相が首相として戦後初めて靖国神社を公式参拝する
- 9月13日 任天堂のファミコンソフト「スーパーマリオブラザーズ」が発売され、爆発的な人気を呼ぶ
- 9月22日 ニューヨークのプラザホテルで開催されたG5(先進5カ国蔵相・中央銀行総裁会議)でドル高の是正策が合意される(プラザ合意)

	日航ジャンボ機墜落事故関連	社会の動き
1985(昭和60)年	8月27日 事故調が第1回中間報告を行い、コックピット・ボイス・レコーダー(CVR)とデジタル・フライト・データ・レコーダー(DFDR)の解析結果を示す 9月4日 運輸省が古いB・747型ジャンボ機の与圧構造の総点検指示を出す 9月6日 ニューヨーク・タイムズがボーイング社の修理ミスを報道 9月6日 ボーイング社が「しりもち事故の修理ミスが事故原因」との声明を発表 9月14日 事故調が第2回中間報告で「修理ミスが原因」と発表 12月7日 「8・12連絡会」が発足 12月18日 日航の高木養根が社長を辞任して相談役となり、顧問の山地進が社長に就く	
1986(昭和61)年	1月 FAA(米連邦航空局)が各航空会社にB・747型ジャンボ機の総点検を指示する 3月23日 事故調の委員らが渡米(〜29日)。しかし、修理ミスを犯したボーイング社の技術者や作業員らには話を聞けずに帰国 3月28日 事故調査報告書の最終原案となる事故調の「事実調査に関する報告書案」が官報に公示される 4月〜8月 8・12連絡会が5回にわたって告訴状・告発状を東京地検に提出する。被告訴人は日航、運輸省、ボーイング社の計12人。松尾芳郎はその1人 10月26日 高知県上空を飛行中のタイ国際航空機(エアバスA・300・600型機、マニラ・大阪)内で爆発(爆破事件)が起きる 11月8日 大阪府警は機内に手りゅう弾を持ち込んだ43歳の暴力団組員の男を航空危険法違反容疑で逮捕する。11月29日に起訴 12月 群馬県警が日航を通じてボーイング社に質問状を送るが、ボーイング社は具体的に回答せず この年、松尾芳郎が第24回飛行機シンポジウム(主催・日本航空宇宙学会)で、セクション41問題や日航ジャンボ機墜落事故の原因について発表する	1月28日 アメリカのスペースシャトル「チャレンジャー号」が爆発し、宇宙飛行士7人が亡くなる 4月26日 ソ連のチェルノブイリ原子力発電所で事故 12月 バブル経済の到来(〜1991年2月)。株式や不動産の価格が異常に跳ね上がる

1987（昭和62）年	3月17日	群馬県警の取り調べを受けていた元運輸省東京航空局航空機検査官が自殺する。しりもち事故を起こしたJA8119号機の機体を修理したときの検査官だった	4月1日	日本国有鉄道（国鉄）の分割民営化で、JR7社が誕生する。中曽根政権の行政改革の1つ
	6月19日	事故調が「事故調査報告書」を公表する。以後、群馬県警の捜査が本格化する	11月6日	中曽根内閣が終わり、竹下登内閣が発足
	8月12日	「三回忌追悼慰霊式」でボーイング社の副社長が修理ミスについて「イノセント・ミス（罪のない過ち）」と語る		
	8月17日	群馬県警が日航本社などを家宅捜索（〜18日）		
	10月29日	松尾芳郎に対する群馬県警の取り調べが始まる（〜1988年4月29日）。日航役員に対する初の事情聴取だった		
	10月31日	群馬県警が運輸省航空局検査課などを家宅捜索。県警と運輸省は捜索の事実を伏せる		
	11月18日	日航が完全民営化される		
1988（昭和63）年	1月上旬	警察庁が国際捜査共助の要請文とボーイング社に対する尋問項目を外務省経由でアメリカの司法省に送る	6月18日	朝日新聞が「川崎市の助役がリクルートコスモス社の未公開株の譲渡を受けていた」と報じる。政・官・財界を揺るがすリクルート事件に発展する
	3月24日	警察庁と群馬県警の警察官4人が渡米。米司法省にボーイング社の修理担当者（技術者と作業員）から事情聴取できるよう国際捜査共助を求める	6月	中曽根前首相、安倍晋太郎幹事長、宮澤喜一蔵相、竹下登首相らの秘書名義のコスモス株譲渡が報道される（〜7月）
	5月13日	読売新聞の朝刊がボーイング社の社長と副社長の単独インタビューを掲載する。社長は「作業員がFRR（修理指示書）を読み違えた」と述べる	7月23日	横須賀沖の東京湾で海自潜水艦「なだしお」と遊漁船「第一富士丸」が衝突して同船が沈没、30人が死亡する
	10月26日	事故調がタイ国際航空機の爆発（爆破事件）の調査報告書を公表		
	12月1日	群馬県警が日航、運輸省、ボーイング社の計20人を前橋地検に書類送検する。松尾芳郎はこの20人のうちの1人。ボーイング社の4人は氏名不詳とされた		
1989（昭和64）年			1月7日	昭和天皇が午前6時33分、皇居・吹上御所で崩御。87歳だった

1989（平成元）年

日航ジャンボ機墜落事故関連

2月9日	松尾芳郎に対する東京地検の取り調べが始まる（〜3月20日）
5月中旬	法務省と東京地検の検事2人が渡米し、アメリカの司法省にボーイング社の修理担当者に対する事情聴取を求める
9月	マスコミ各社が「不起訴処分の決定」を報じる
10月3日	検察官2人が渡米、ボーイング社の修理担当者の事情聴取を求める（〜8日）。その後、米司法省からボーイング社の「事情聴取には協力できない」との正式回答書が届く
11月22日	前橋地検は20人全員を不起訴。8・12連絡会の遺族らが東京地検に告訴・告発していた12人も不起訴にする
12月19日	8・12連絡会が前橋検察審査会に審査の申し立てを行う

社会の動き

1月8日	元号が昭和から平成に変わる。前日の7日午後、小渕恵三官房長官が首相官邸で「平成」と書かれた2文字を掲げる
2月13日	東京地検がリクルート社創業者の江副浩正を贈賄容疑で逮捕する
4月25日	リクルート事件と消費税導入から内閣支持率が5〜3％と歴史的な低支持率を記録し、その責任を取って竹下首相が退陣表明を行う
5月22日	東京地検が藤波孝生元官房長官（自民）と池田克也衆院議員（公明）を受託収賄罪で在宅起訴する
5月25日	リクルート事件に絡み、中曽根前首相に対する証人喚問が衆院予算委員会で行われる
5月31日	中曽根前首相が自民党を離党する
6月3日	宇野宗佑内閣が発足（〜8月10日）。女性スキャンダルで69日の短命に終わる
6月3日	中国で天安門事件が起きる（〜4日）
8月10日	海部俊樹内閣の発足

1990（平成2）年

日航ジャンボ機墜落事故関連

4月	日航が2人乗務のB-747-400型機（ダッシュ400、ハイテクジャンボ）を導入
4月25日	前橋検察審査会がボーイング社のAOGチーム2人（作業担当者と品質管理担当検査員、いずれも氏名不詳）と日航2人（しりもち事故修理の領収検査を担当した検査部長と検査課長）について「不起訴不当」の議決を行う
7月12日	検察が「再不起訴」を発表し、捜査は終了した。結局、検察の国際捜査共助の要請に米司法省は応じず、ボーイング社側の事情聴取や嘱託尋問は実現しなかった
7月13日	遺族らが不起訴の理由を説明してもらうために前橋地検の前に7時間、座り込む。次席検事が「日をあらためて説明会を開く」と提案
7月17日	前橋地検で検事正が遺族に不起訴の理由を説明。捜査資料も公開

社会の動き

11月12日	天皇陛下の即位を国内外に示す国事行為の「即位の礼」が執り行われる
12月2日	ソ連の宇宙船ソユーズ11号にTBSの秋山豊寛が乗り込み、日本人として初めて宇宙飛行を体験する

1990（平成2）年	8月12日　事故から5年、公訴時効が成立する。ボーイング社の時効は中断したまま時効は不成立	
1991（平成3）年		2月　バブル経済の崩壊 4月1日　都庁新庁舎が開庁 4月25日　中曽根元首相が自民党に復党 5月15日　東京・芝浦にディスコ「ジュリアナ東京」がオープン（〜1994年8月31日）。ボディコン姿の女性たちがお立ち台で踊り、大人気となる
1993（平成5）年		3月6日　金丸信・元自民党副総裁が東京国税局の査察を受け、東京地検に脱税容疑で逮捕される
1994（平成6）年	4月26日　名古屋空港で台湾の中華航空140便（エアバスA-300-600型機）が着陸に失敗、乗客乗員264人が死亡した。国内では日航ジャンボ機墜落事故以来の大惨事となる。パイロットとコンピューター（自動操縦装置）が反発し合った結果、失速した。	
1995（平成7）年		3月20日　オウム真理教による地下鉄サリン事件が起きる
1999（平成11）年	1月9日　元日航社長の高木養根が86歳で死去	
2001（平成13）年	1月　中央省庁再編で運輸省が国土交通省に変わる 10月1日　事故調が「航空・鉄道事故調査委員会」と変わる	9月11日　アメリカで同時多発テロが起きる
2006（平成18）年	4月24日　日航安全啓発センターがオープン。隔壁などを展示 8月12日　8・12連絡会が21年間（1985年〜2006年）の活動をまとめた『旅路　真実を求めて』を発行する	
2008（平成20）年	3月　国産初のジェット旅客機「三菱リージョナルジェット（MRJ）」の本格的開発が始まる 10月1日　航空・鉄道事故調査委員会が国土交通省外局の「運輸安全委員会（JTSB）」として発足する	
2011（平成23）年	7月29日　運輸安全委員会が日航ジャンボ機墜落事故の事故調査報告書の「解説」を公表	3月11日　東日本大震災。東電福島第1原発で事故が発生する

	日航ジャンボ機墜落事故関連	社会の動き
2020(令和2)年		3月11日 ＷＨＯ(世界保健機関)が新型コロナのパンデミックを宣言する 4月7日 政府が緊急事態宣言を発令し、外出自粛と休業を求める。16日には7都府県から全国に拡大する
2021(令和3)年		7月23日 東京オリンピック開催(〜8月8日)
2022(令和4)年	3月29日 東京都心上空を通過して羽田空港に着陸する新飛行ルートの運用が始まる 5月5日 ボーイング社が「本社を米イリノイ州シカゴから首都ワシントン近郊のバージニア州アーリントンに移転する」と発表。創設時の本社はワシントン州シアトルにあった	2月24日 ロシアがウクライナに侵攻する 7月8日 安倍晋三元首相が奈良市で街頭応援演説中に襲撃され、命を落とす。67歳だった
2023(令和5)年	1月31日 ボーイング社がＢ・747型ジャンボ機の最後の機体を航空会社に納入する。生産は前年に終了していた 2月7日 三菱重工業が「三菱スペースジェット」(ＭＳＪ、旧ＭＲＪ)の開発を断念すると発表 4月6日 陸自ヘリが沖縄県の宮古島沖に墜落、幹部自衛官を含む乗員10人全員が亡くなる。エンジン2基を搭載した安全運航システムが役に立たなかった	3月21日 ワールド・ベースボール・クラシック(ＷＢＣ)で日本がアメリカを下して優勝。二刀流の大谷翔平が大活躍する
2024(令和6)年	1月2日 羽田空港の滑走路で日航機と海保機が衝突、海保機の乗員5人が死亡した。航空機と管制とのコミュニケーションが問題となる	1月1日 能登半島で最大震度7の地震が発生、多くの死傷者を出すなど被害は甚大 3月20日 米大リーグ・ドジャースの大谷翔平(2023年12月9日、エンゼルスから移籍)の通訳が違法なスポーツ賭博に手を染めていたことが、米メディア2社のスクープで明らかになる

※月日時間は現地時間で表記、敬称略(首相など一部は表記)

主な参考文献

『航空知識ABC』(1972年、日航広報室編集、読売新聞)

『航空用語集』(1984年、全日空広報室編集、全日空)

『航空事故ダイジェスト(離陸編、エンルート編、進入着陸編)』(1980～1981年、前根明=筆名・岡野正治、全日空)

『事故からの生還』(1984年、前根明=筆名・岡野正治、全日空)

『事故のモンタージュ(I～VI)』(1990～1994年、前根明=筆名・岡野正治、全日空)

『マッハの恐怖－連続ジェット機事故を追って』(1971年、柳田邦男、フジ出版社)

『死角－巨大事故の現場』(1985年、柳田邦男、新潮社)

『墜落の夏－日航123便事故全記録』(1986年、吉岡忍、新潮社)

『日航ジャンボ機墜落－朝日新聞の24時』(1990年、朝日新聞社会部編集、朝日文庫)

『クライマーズ・ハイ』(2003年、横山秀夫、文藝春秋)

『旅路－真実を求めて』(2006年、8・12連絡会編集、上毛新聞)

『御巣鷹山と生きる－日航機墜落事故遺族の25年』(2010年、美谷島邦子、新潮社)

『日航機事故の謎は解けたか－御巣鷹山墜落事故の全貌』(2015年、北村行孝・鶴岡憲一、花伝社)

『日航機123便墜落－最後の証言』(2018年、堀越豊裕、平凡社新書)

『日本航空一期生』(2018年、中丸美繪、中公文庫)

『中曽根康弘が語る戦後日本外交』(2012年、中曽根康弘、新潮社)

『国家経営の本質』(2014年、戸部良一ほか、日本経済新聞出版社)

『しりもち事故の調査報告書』(1978年、運輸省航空事故調査委員会)

『逆噴射事故の調査報告書』(1983年、運輸省航空事故調査委員会)

『日航ジャンボ機墜落事故の調査報告書』(1987年、運輸省航空事故調査委員会)

『タイ国際航空機事故の調査報告書』(1988年、運輸省航空事故調査委員会)

『日航ジャンボ機墜落事故の調査報告書の解説』(2011年、運輸安全委員会)

朝日、毎日、読売、東京、日経、産経新聞の各記事

木村良一

（きむら・りょういち）

1956年10月18日生まれ。慶應義塾大学卒。慶大新聞研究所修了。ジャーナリスト・作家。日本医学ジャーナリスト協会理事。日本記者クラブ会員。日本臓器移植ネットワーク倫理委員会委員。三田文学会会員。元産経新聞論説委員・編集委員。元慶大非常勤講師。2002年7月にファルマシア医学記事賞を、2006年9月にファイザー医学記事賞を受賞している。

著書に『移植医療を築いた二人の男』（2002年、産経新聞社）、『臓器漂流』（2008年、ポプラ社）、『パンデミック・フルー襲来』（2009年、扶桑社新書）、『新型コロナウイルス』（2020年、扶桑社）などがある。

産経新聞社では社会部記者として警視庁、運輸省、国税庁、厚生省を担当し、リクルート事件、金丸脱税事件、薬害エイズ事件、脳死移植問題、感染症問題を取材した。航空事故の取材は主に運輸省記者クラブ詰め時代（1989～1991年）に経験し、日航ジャンボ機墜落事故の刑事処理（不起訴処分）も取材した。社説やコラムを書く論説委員を10年間担当した後、2018年10月に退社してフリーとなる。

本書は書き下ろしのノンフィクションです。

日航・松尾ファイル
―日本航空はジャンボ機墜落事故の加害者なのか―

第1刷　2024年6月30日

著者　木村良一
発行者　小宮英行
発行所　株式会社 徳間書店
〒141-8202　東京都品川区上大崎3-1-1
目黒セントラルスクエア
電話　編集(03)5403-4332
販売(049)293-5521
振替　00140-0-44392

装丁　金井久幸［TwoThree］
カバー写真　産経新聞社
カバーイラスト図　事故調査報告書から転載
本文写真　クレジットのないものは全て産経新聞社
事故調査報告書は運輸安全委員会(JTSB)のホームページで閲覧できます。

印刷　三晃印刷株式会社
製本　大口製本印刷株式会社

ISBN978-4-19-865847-2